Independent Innovation
Annual Report 2011

自主创新

年度报告

2011

经济日报自主创新调研小组◎编著

经济日报出版社

图书在版编目（ＣＩＰ）数据

自主创新年度报告（2011）/ 经济日报"自主创新"
调研小组编著. -- 北京:经济日报出版社，2012.1
　　ISBN 978-7-80257-389-5

　　Ⅰ.①自… Ⅱ.①经… Ⅲ.①技术革新—研究报告—
中国 Ⅳ.①F124.3

中国版本图书馆CIP数据核字(2011)第259243号

自主创新年度报告 （2011）

编　　著	经济日报"自主创新"调研小组
责任编辑	胡子清
责任校对	陈　悦
出版发行	经济日报出版社
社　　址	北京宣武区右安门内大街65号
邮政编码	100054
电　　话	编辑部 63584556 发行部63538621
网　　址	www.edpbook.com.cn
E-mail	jjrb58@sina.com
经　　销	全国新华书店
印　　刷	中国电影出版社印刷厂
开　　本	787*1092 mm　16开
印　　张	25.25
图文（面）	400
版　　次	2012年1月第一版
印　　次	2012年1月第一次印刷
书　　号	ISBN 978-7-80257-389-5
定　　价	58.00 元

前　言

　　提高自主创新能力是加快经济发展方式转变的重要途径和关键环节。党和国家历来高度重视科技进步和自主创新工作。改革开放初期，邓小平同志提出"科学技术是第一生产力"的著名论断，明确指出实现四个现代化的关键是科学技术的现代化。1995年，党中央、国务院正式提出实施科教兴国战略，要求把经济建设转移到依靠科技进步和提高劳动者素质的轨道上来。党的十五大明确要求把加速科技进步放在经济和社会发展的关键地位，实现我国技术发展的跨越。党的十六届五中全会进一步指出，要把推动自主创新摆在全部科技工作的突出位置。进入新的时期，国家"十二五"发展规划纲要再次强调，"要加快建设国家创新体系，着力提高企业创新能力，促进科技成果向现实生产力转化，推动经济发展更多依靠科技创新驱动"。

　　党和国家的一系列重大战略举措，保证了我国科技事业和自主创新工作不断进步。特别是"十一五"以来，我国坚定不移地走中国特色自主创新之路，自主创新工作已进入跃升发展阶段：创新能力显著提升，创新资源快速增加，人才队伍加速壮大，创新环境不断优化。近年来，我国在载人航天、探月工程、超级计算机、超级杂交水稻等重点创新领域取得重大成果。一批重要的法律法规相继出台并加快落实，各具特色的区域创新体系不断完善；一大批自主创新成果在三峡工程、青藏铁路等重大工程，抗震救灾、应对国际金融危机等重大事件和北京奥运会、上海世博会等重大活动中发挥了关键支撑作用。2010年，我国发明专利授权量上升到国际第三位，国际科学论文总量上升到国际第二位；全社会研发投入达6980亿元，是2005年的2.8倍；研发人员全时当量达255万人年，年均增长13%。全社会关注创新、支持创新、参与创新的局面正在形成。

2011年是"十二五"开局之年。"十二五"是我国全面建设小康社会的关键时期，是提高自主创新能力、建设创新型国家的攻坚阶段。从国内看，我国正处在工业化、信息化、城镇化、市场化、国际化深入发展的重要时期，加快转变经济发展方式，解决发展不平衡、不协调、不可持续等问题，对自主创新提出更加迫切的要求。

从国际看，国际金融危机影响深远，世界主要国家都将科技创新能力提升为国家发展战略，纷纷大幅增加研发投入，强化核心关键技术的研发部署，竞相抢占战略性新兴产业发展的先机和主动权，必将引发全球竞争格局的重大变革。

面对新的形势，我们必须清醒认识到，要完成"十二五"时期经济社会发展的目标任务，在激烈的国际竞争中赢得发展主动权，最根本的是靠科学技术，最关键的是大力提高自主创新能力。必须科学判断科技发展趋势和准确把握经济社会发展需求，着力解决自主创新工作中存在的原始创新能力比较薄弱、企业创新活力动力亟待加强、高层次创新型人才比较缺乏等突出问题，进一步发挥自主创新和科技工作对经济社会发展的支撑引领作用。

作为党中央、国务院指导经济工作的重要舆论阵地和国内外了解中国经济发展与动向的重要窗口，经济日报始终将推动我国自主创新能力建设视为重要职责。多年来，通过刊发报道、发表评论、组织讨论、举办论坛等方式，努力在全社会大力倡导自主创新意识，大力宣传自主创新成果，大力营造有利于提升民族自主创新能力的舆论氛围。

为了进一步提高全社会对自主创新的重视，全面总结梳理各地的积极探索和宝贵经验，为相关部门制订决策提供依据参考，经济日报从2011年11月21日开始推出系列报道《自主创新年度报告》，通过多路记者深入采访各地政府部门、市场企业和研究机构，用客观、权威、翔实的数据图片和案例，生动展示31个省区市"十一五"时期和"十二五"开局之年的创新亮点，科学探讨各地自主创新工作的路径特色，重点推介各地涌现出的先进典型，号召全社会继续坚定不移地抓住提高自主创新能力这个根本，加速健全创新体制，完善创新体系，培育创新主体，弘扬创新文化，为经济社会又好又快发展提供强大支撑。本书将系列报道的精粹，图文并茂地展示出来，作为创新成果的盛宴奉献给广大读者。

目 录
CONTENTS

1

开　篇

坚持自主创新　推动科学发展
——我国自主创新能力建设2011'年度报告

经济日报"自主创新"调研小组

2011年3月8日，"十一五"国家重大科技成就展在北京国家会议中心开展。"神舟七号"返回舱、"嫦娥三号"着陆器和月球车，下潜深度可达7000米的"蛟龙号"深海载人潜水器，世界上运算速度最快的"天河一号"超级计算机，反映我国高端集成电路制造装备突破性进展的65纳米刻蚀机，运用量子力学原理研究开发的光纤量子保密通信设备，拥有自主知识产权的纯电动轿车和混合动力轿车，利用微生物和膜技术的污水处理系统，国际上第一个进入临床试验的甲型H1N1流感疫苗，适合缺水无土岛礁环境的蔬菜无土栽培技术……一件件实物、一个个模型、一幅幅图片、一段段视频，吸引了众多参观者的目光。

2011，是"十二五"开局之年，中国的科技实力再次令世界惊艳；"神八"与"天宫"完美对接，蛟龙号潜入深海，超级计算机问鼎世界，铁基超导、诱导多功能干细胞等一批重大科技创新成果，使我国在前沿部分领域与国际先进水平比肩；电动汽车的试运行、口服重组幽门螺杆菌疫苗世界首个获准上市、一批创新药创制成功，民生科技实实在在地改变着人们的生活……

盘点"十一五"科技进步的诸多收获，梳理"十二五"开局之年自主创新的精彩之笔，增强了人们对于进一步推进自主创新的信心，展示了建设创新型国家的广阔前景。

新成就孕育新起点

当前，我国科技发展已经进入重要跃升期，自主创新能力显著提升。突出体现在以下几个方面：

1. 科技创新在服务国家重点产业、重大工程建设等方面发挥着越来越重要的作用。"新一代可循环钢铁流程工艺"、"油气田安全高效开采技术"、"京沪高速轨道列车"等技术的研发和推广，为钢铁、石化等重点产业的振兴提供了重要支撑；在青藏铁路、西气东输、三峡工程、西电东送等一批国家重大工程的建设和运行中，科技创新都发挥了不可或缺的作用。自主创新还在支持广西北部湾经济区开放开发、推进海南国际旅游岛建设、江西鄱阳湖生态经济区建设等战略中发挥了支撑作用。

越来越多的科技成果正在成为培育和发展战略性新兴产业的重要推动力，在发光二极管照明、光伏发电等领域掌握了一批关键核心技术，实施了"十城万盏"、"金太阳"等一批科技应用示范工程。目前，21个城市开展了半导体照明试点，160多万盏发光二极管灯具得到示范应用，节电超过1.64亿千瓦时。天津成为兼有航空与航天两大产业的城市，产业规模达到170亿元；贵州建成国内最大的反渗透膜材料及组件生产基地；内蒙古建成世界首个108万吨/年的煤直接制油生产线；盐湖矿产资源循环利用等关键技术的突破，使循环经济成为青海发展最具活力的亮点之一。

2. 推进自主创新的政策环境进一步完善。自主创新的理念不仅在全社会形成共识，而且已经渗透到国家战略、区域发展和企业生产经营的各个层面。"十二五"规划强调了科技进步和创新在加快转变经济发展方式中的重要作用。各地也纷纷将自主创新上升为城市和区域发展战略，并立法予以保障和落实。2011年11月30日，我国第一部促进自主创新的地方性法规——《广东省自主创新促进条例》审议通过，标志着自主创新进入法制化管理的新阶段。

为了贯彻《国家中长期科学和技术发展规划纲要》，国务院已经研究制订了78条实施细则，各地出台了500多条相关政策，内容涉及了税收、金融、政府采购、科技人才队伍的建设，以及教育与科普、科技创新基地与平台、军民结合等各个方面。随着《规划纲要》若干配套政策和实施细则的出台，有利于自主创新的政策体系正在逐步完善，形成了包括科技投入、税收优惠、金融支持、政府采购等许多含金量高的创新政策。比如，企业研发费用150%抵扣所得税的政策在许多省区已得到落实，江苏、上海、广东等省市的减免力度都达到数十亿元，激发了企业加大研发投入的积极性；2010年，上海、长春、深圳、杭州、合肥等5个城市启动私人购买新能源汽车补贴试点工作。浙江、安徽、江苏、山东、广东、青岛、四川、辽宁等成为国家技术创新工程试点省（市）。

3. 创新要素日趋完备，结构更加合理，创新条件更加成熟。创新型人才是创新的第一资源。2010年，我国研发人员数量达到255万人，占全球总量的1/5，居世界首位，已成为当之无愧的人才大国。尤为可喜的是，从国家的"千人计划"、"长江学者奖励计划"到深圳市的"孔雀计划"、杭州的

"5050" 计划等人才计划，把着眼点放在培养造就和引进领军人才和高水平团队上，一批在国际上有影响的、正值创新创业盛年的领军人才加入到我国自主创新的队伍中，使我国科技领军人才紧缺的状况得到了一定缓解。第一位当选美国科学院院士的华裔科学家、北京生命科学研究所所长王晓东、有"中国最年轻院长"之誉的深圳光启研究院院长刘若鹏和他的80后海归博士团队就是其中的典型代表，他们和他们的成果引领和改变着一个行业、一个企业，甚至一个领域。

新型科技中介组织和科技服务形式不断涌现，科技创新要素不断完善。工研院——这一由政府注资设立、致力于科技成果转化、转移和产业化的应用技术公共研发服务机构，近年来先后在西安、广州、昆山等地建成。为了"唤醒"分散的科技成果，研发服务业成为各创新主体之间的紧密联系和有效互动的撮合剂。不仅如此，实验室经济、工业设计企业、整体方案服务商、合同研发组织、第四方物流服务商等如雨后春笋般出现。

科技创新活动中，资本发挥着越来越重要的作用。我国的风险投资在过去5年增长了约3倍，中小企业创新基金支持了2万多个项目；创业板的出现，使风投对企业前端创新活动的投入变得更加积极。

科技创新能力不断增强，离不开持续的投入。"十一五"以来，全国R&D经费保持年均20%以上的增长速度，2010年达到7062.6亿元，各类企业研发经费占全社会研发经费的比重达到73.4%；2010年，国家财政科技拨款达到4114.4亿元，是2005年的近3倍。投入结构也更加优化，在科技部负责的项目经费中，对于经济发展和民生事业的投入比例已经达到了1:1。

4. 战略性新兴产业全面布局。随着七大战略性新兴产业的布局和一批科技重大专项的实施，科技创新不仅在应对国际金融危机、转变发展方式中发挥着不可替代的作用，也意味着对未来发展主动权的抢占。

——《电子信息产业调整和振兴规划》、《促进生物产业加快发展的若干政策》、《关于鼓励数字电视产业发展的若干政策》等政策的出台，有力地提振了产业信心，改善了产业环境，促进了产业的可持续发展。

——通过布局建设国家工程实验室、国家工程研究中心等，提高持续创新能力；通过实施85个国家重大产业技术开发项目，推动南方电网、中国建筑总公司等75家企业完善研发试验条件，搭建技术创新的支撑平台，增强了产业的创新能力，更为经济的长期健康发展提供了技术支撑。

——加大了对"新一代可循环钢铁流程工艺"、"高速铁路装备技术"等数十项科技计划项目的支持力度，加快了"高品质特殊钢生产技术"、"油气田安全高效开采技术"等一批有基础的产业关键共性技术的研发和推广应用，对于拉动和扩大自主创新技术和产品的市场应用规模、培育新的经济增长点、形成未来竞争优势产生了积极作用。

——针对产业化中的融资难问题，新兴产业创投计划加紧了实施步伐，有效地结合了政府资金与社会投资，促进创新成果产业化。

特别值得一提的是，《国务院关于加快培育和发展战略性新兴产业的决定》的发布，描绘了我国发展战略性新兴产业的"路线图"，各地纷纷将其作为区域经济可持续发展的引擎：江苏省实施高新技术产业"双倍增"计划，提出用5年时间使全省高新技术产业产值突破1万亿元；广东省制定高端新型电子信息、节能环保、新材料、航天航空和太阳能光伏、云计算等战略性新兴产业专项规划；湖南省提出"753"实施战略……点燃未来经济发展的火种已经播撒，一些领域的良好前景已初见端倪。

5. 国家技术创新工程有力地推动了技术创新体系建设，企业作为创新主体的地位明显增强。科技部、财政部、教育部、国务院国资委、全国总工会、中科院、工程院和国家开发银行组织实施的国家技术创新工程推动了以企业为主体、市场为导向、产学研相结合的技术创新体系建设。从技术创新体系建设的整体布局出发，着力建设分布全国的创新型企业、贯穿产业链的产业技术创新战略联盟、服务行业和区域的技术创新服务平台，构建起点、线、面结合的技术创新体系的基本框架，增强了企业主体的创新能力。

目前，国家技术创新的三大载体——创新型企业、产业技术创新战略联盟和技术创新服务平台建设取得明显成效。

——创新型企业成为我国企业创新发展的标杆。国家和地方分别支持550家和5000家左右企业开展创新型企业试点。2010年，550家创新型试点企业研发经费支出占主营业务收入的比例达1.70%，发明专利授权量约占国内企业发明专利授权量的36%，实现增加值4.6万亿元，占国内生产总值的11.4%。这些企业在通过自主创新增强核心竞争力、促进产业结构优化升级等方面，都具有示范意义。

——产业技术创新战略联盟全力打通产业技术创新链条。认定的56家试点联盟布局在所有战略性新兴产业和多数重点振兴产业，集聚了1100多家行业龙头企业、重点大学和科研机构，筹集了110亿元资金，开展联合攻关，突破了新一代钢铁可循环流程工艺技术、流化床甲醇制丙烯工业技术、虎符TePA技术标准（我国第一个基础性信息安全国际标准）等一批重大产业技术，一些成果已实现应用，带动了重点产业结构调整和战略性新兴产业成长。

——技术创新服务平台推动科技成果转化。充分发挥地方资源的作用，构建了一批以中小企业为对象、支撑服务区域优势产业集群转型升级的区域性技术创新服务平台，有力地推动了科技成果产业化。

企业创新能力的迅速提升，已经引起全球范围关注。在美国知名媒体《Fast

6

Company》评出的2010年全球最具创新力50强公司中，中国的华为技术有限公司、比亚迪股份有限公司分列第8、16位。

6. 民生科技投入不断加大，成果不断涌现，为改善人民生活发挥重要作用。科技以人为本，科技改变生活。作为改善民生、促进社会和谐、建设生态文明的基础性力量，科技发挥了重要作用，为人民生活带来福祉。

在保障粮食安全方面，"十一五"期间，我国大力发展农业科技，惠农惠民成效显著。超级杂交水稻等的创新成果，标志着我国农业育种技术已经达到世界领先水平，粮食良种覆盖率已达到95%以上。通过实施"粮食丰产科技工程"，"十一五"期间共计增产粮食4000多万吨，为我国粮食连续八年丰产发挥了关键作用。

在保障人民群众健康方面，国家实施了"重大新药创制"和"艾滋病和病毒性肝炎等重大传染病防治"两个国家科技重大专项，开展了全民健康科技行动，使得我国重大疾病防控和药物研发能力大幅提升。河北开发出具有自主知识产权的脑猝中治疗领域的全球领先药物——丁苯酞软胶囊；宁夏的生物医药发酵技术达到国际先进水平，红霉素、盐酸四环素系列原料药规模占据世界首位。

在生态环境方面，国家实施了"水体污染控制与治理"国家科技重大专项，组织了"十城千辆"电动汽车示范应用、金太阳示范工程等科技示范工程，开展了节能减排全民科技行动，科技进步在改善生态退化、节能减排、垃圾与污水处理、空气污染防治以及水面溢油、蓝藻水华暴发等应急处置中发挥了积极作用。重庆建成国内首台万吨级燃煤电厂二氧化碳捕集装置，二氧化碳捕集技术具有自主知识产权。

在公共安全方面，研制了一批应急装备，突破了一批安全保障关键技术，提高了公共安全科技保障能力，并在上海世博会等重大活动中发挥重要作用。在防御重大自然灾害方面，新技术广泛应用于重大灾害监测、预测、预报、应急处置等环节，科技进步在汶川地震、南方冻雪、舟曲泥石流等特大灾害中发挥了作用，减轻了人民群众的生命财产损失。

在方便人们出行方面，我国自主研发的中低速磁浮列车正在北京建设示范运营线；各类新能源汽车、电动汽车的研制和推广成果显著，不仅在奥运会、世博会上展示了风采，而且逐渐进入城市的日常交通服务，预计到2020年，我国电动汽车年产量将达到100万辆。

7. 从追赶者到合作者，国际地位显著提升。2010年，我国科技人力资源总量、研究与开发人员数跃居世界第1位，国际科技论文数跃居世界第2位，本国人发明专利授权量跃居世界第3位，中国PCT国际专利申请量跃居世界第4位，研究与开发经费跃居世界第3位。据欧洲工商管理学院（INSEAD）和世界知识产权组织（WIPO）2011年6月30日公布的《全球创新指数2011》排名，中国从2010年的第43位跃居到第29位，成为全球创新指数排名前30个国家（地区）中唯一的发展中国家，也是自该报告2007年首次发布以来，中国首次进入前30位。

与此同时，我国已与152个国家和地区建立了科技合作关系；在350多个国际科技组织中，有200多位中国科学家担任各级领导职务。创新能力的提升也使我国与发达国家成为平等合作的伙伴，在伽利略计划、热核聚变计划、人类基因组计划等国际大科学合作工程中，中国正成为重要的成员。

新课题期待新突破

在盘点自主创新丰硕成果的同时，不能不看到，我国科技投入总量不足、原始创新能力偏低、科技资源分散重复、高层次人才严重不足等诸多问题虽有好转，但仍然没有得到根本解决。从总体上说，我国经济社会发展尚未完成从要素驱动向创新驱动的质变，我国的自主创新还面临着许多瓶颈。

1. 科技投入总量不足与结构不合理、效益不高的问题并存。目前，国家重大科技项目投入在国家发展规划中没有稳定渠道，科技投入管理与调控缺乏有效的资源整合机制。由于缺乏顶层设计和统一规划，科技投入资金管理较为粗放，政府科技投入资金来自不同部门，往往项目重复和支持不足同在，投入不足与浪费低效并存。

"十一五"期间，研究与试验发展（R&D）经费投入强度（与GDP之比）的比重虽已从1.3%提高到1.76%，但仍低于"十一五"规划规定的2%目标，更远远低于主要发达国家平均2.5%的水平，与我国的经济规模很不相称。企业R&D经费占销售收入比例为0.7%~0.8%，远低于经济合作与发展组织国家平均2.4%的水平。特别是基础研究经费在全社会R&D经费中的比重偏低，长期徘徊在5%以下，远低于经济合作与发展组织国家12%~20%的水平。人力资源成本开支(俗称"人头费")在科研经费中的比重偏低，一般不超过5%，最多不超过15%，远低于50%的国际平均水平。这种制度安排降低了对创新人才的吸引力，影响了科技发展的可持续性。

2. 原始创新能力偏低，重点产业核心关键技术受制于人，高层次领军人才缺乏。2011年，我国平均每篇论文被引用6.21次，为世界平均水平的3/5，论文整体质量不高。自20世纪中后期涌现了人工合成胰岛素、杂交水稻等一批重大科技成果后，我国鲜有取得具有重大科学技术价值并得到国际公认的重大成就。

重点产业的核心专利技术明显偏少。在高技术领域，美国、日本拥有的专利占世界专利总量的90%左右，包括中国在内的其他国家仅占10%左右。制造业所需的大量技术装备，几乎每个子行业的高端产品都依赖进口，如农业机械中的大功率拖拉机和高端水稻玉米收割机70%以上需要进口或者依赖外资企业，内燃机中的大功率高速机80%以上需要进口，石化机械中的大功率泵阀和反应器60%以上需要进口，机床工具中的高端数控机床95%以上需要进口，基础件中的高压液压泵90%以上需要进口。

高层次、领军人才远不能适应自主创新的需要，尤其是国际顶级的中青年科技人才奇缺。我国科学家在国际权威科学院中出任外籍院士的数量不仅大大低于发达国家，而且还低于印度，获得国际性权威科学奖的人数寥寥无几。在158个国际一级科学组织和1566个主要二级组织中，我国参与领导层的科学家仅占总数的2.26%。

3. 科技和经济的结合还不够紧密，企业的创新主体作用需要进一步发挥。科技与经济结合的问题是我们一直在着力解决的"老大难"问题。经过多年的努力，科技与经济"两张皮"的现象仍然存在，产学研难以形成完整和高效率的创新链条。一方面，每年高达数万件的科技成果仅25%得到转化，真正实现产业化的则更低，只有5%，而发达国家的科技成果转化率却高达80%。另一方面，产业技术水平偏低，对外技术依存度为41.1%，远高于国际公认的5%~30%的合理区间。我国制造业在国际产业分工中长期处于低技术、低附加值的层次。目前在工业和服务业的很多产业部门中，低附加值产业占很大比重，而部分高附加值产业如信息产业，产值和数量增长很快，但由于核心技术掌握在跨国公司手中，导致大部分产品和服务的高额利润被外国公司赚走。

强调企业主体地位是因为企业离市场最近，且身处生产一线，最了解市场需要什么，有动力也有办法解决成果产业化时遇到的生产工艺问题。从实验室技术到产业化技术不是一个简单的放大过程，而是一次再创新。正因为企业主体地位没有真正确立，使得我国的集成创新缺乏有力的主导力量。长期以来，在国家科技计划安排当中，包括资源配置当中，大多以单个环节、单项技术指标立项，对产业系统性的技术集成关注不够。这是技术开发初级阶段的必然过程，但从科技与经济结合的内在要求来看，任何一个有市场竞争力的产品或新兴产业，决不仅仅是由一个核心技术形成的，必须依靠若干技术集成在一起，一些原本并不关键的材料、零部件技术也会制约产业化成功实现。以汽车行业为例，我们通常关注于发动机、变速箱的研发，也有了一些独到的技术，但是整车的设计和开发却仍然处于较低水平。汽车行业的现象不是个案，忽视各种技术的集成创新，正是我国拥有众多科技成果却无法变成财富的主要原因。

4. 商业模式的创新严重滞后。商业模式创新，核心是价值创新。美国的苹果公司和中国的海尔集团都是公认的技术领先企业，但苹果能从小众的"酷"产品提供商摇身为全球最大市值公司，海尔能在全球家电业盈利能力普遍下滑中逆市上扬，靠的不是"技高一筹"，而是商业模式，前者是"硬件、软件和服务融为一体"，后者是"零库存下即需即供的人单合一"。以互联网新兴产业为代表的新经济之所以在美国快速发展，与其1998年开始对商业模式（商业方法）创新授予专利有很大关系。据统计，当今美国企业60%的创新是商业模式创新，40%是技术创新。商业模式之于自主创新的重要性由此可见一斑。

我国已把知识创造、技术创新、产品创新摆到了战略高度，但对商业模式创新尚未引起足够的重视。有的企业虽然拥有很先进的技术，甚至是"独门绝技"，产品却在市场上"叫好不叫座"，其重要原因就是没有从"客户价值最大化"的角度，在构成要素、要素间关系或者动力机制等方面创新商业模式，开发用户潜在需求。科研人员没有把自主的知识创造、技术创新与市场对接，没有与企业形成联合创新的局面。也就是说，我国的创新主体之间、市场主体之间、创新主体与市场主体之间的良性合作局面还未有效形成，大批具有持续、高额盈利能力的商业模式还需进一步培育。我们如果不能在商业模式创新上有较大突破，很可能在新一轮产业革命中仍被锁定在全球价值链的低端。

5. 科技体制改革需要加强顶层设计。目前，我国科技管理职能分属不同政府部门，如何统筹协调各项科技政策和科技资源，推动形成自主创新能力建设合力，同时，在科技投入上，如何加强在国家整体目标上形成一致和分工合作，在一些战略方向和关键共性领域，集中资金和研究力量实施重点突破，以强化国家科技组织动员能力和协同集成能力，也是当务之急。这些都需要进一步深化科技体制改革，特别是加强顶层设计，以推动有限的科技资源实现优化配置。

新形势带来新挑战

当前，增强自主创新能力、建设创新型国家已成共识。但是必须清醒地看到，国内外形势正在发生新的变化。一方面，世界经济陷入低谷，我国经济发展中不平衡、不协调、不可持续的矛盾和问题也比较突出。另一方面，全球创新热潮持续升温，各国抢占科技核心资源的竞争愈加激烈，全球正进入空前的创新密集和产业变革时代。我国加快转变经济发展方式、全面建设小康社会迫切需要科技创新支撑。基于这样的现实，我们有必要重新认识自主创新面临的新形势、新机遇和新挑战。

1. 国际金融危机加快催生科技创新。当前，国际金融危机的阴霾尚未消散。联合国经济与社会事务部12月初发布的《2012年世界经济形势与展望》

认为，世界经济增长势头在2011年明显放缓。这意味着，世界各国还没有找到转变经济发展方式和调整产业结构的突破口。但是，各国一致认为，科技创新是摆脱危机的根本出路。谁掌握了先进科技，谁就掌握了经济社会发展的主动权，谁就能占据综合国力竞争的制高点。历史经验告诉我们，全球性经济危机往往催生重大科技创新与突破，从而孕育新的产业，催生新一轮的经济繁荣。1857年的世界经济危机，引发了以电气革命为标志的第二次技术革命；1929年的世界经济危机，引发了战后以电子、航空航天和核能等技术突破为标志的第三次技术革命。

突破口在哪里？人们普遍认为，目前这种过度依靠资源消耗的发展方式不可持续，必须依靠创新促进转型，发展绿色经济是不二选择，理应成为科技创新的重要方向。为此，许多国家将科技创新提升到战略的层面，加紧制定在新能源、生物医药、信息、生态环保等领域的研发战略。美国总统奥巴马在今年的国情咨文中，把鼓励创新放在"赢得未来"的四大支柱之首，宣称要把研发投入提高到自美苏太空竞赛以来前所未见的水平，特别强调清洁能源技术，将其称之为"我们时代的阿波罗计划"，从2009开始，10年间投入研发经费1500亿美元。欧盟通过《欧洲2020战略》，提出以知识和创新为基础的智能增长、可持续增长、包容性增长。新兴经济体在强劲经济的带动下，研发投入也大幅增加。

2. 世界科技本身酝酿革命性突破。回顾近百年世界科技革命的浪潮，量子力学、相对论、DNA双螺旋结构和计算机科学等奠定现代科技基础的重大科学发现，都发生在20世纪上半叶，此后一直没有出现可与这些革命性的科学突破相提并论的理论成就或重大发现，基本表现为对现有科学理论的完善，"科学的沉寂"达60余载。与此同时，世界范围内的学科交叉和技术整合趋势不断加速，科技创新成果产业化周期明显缩短，科技知识体系积累的内在矛盾已经凸显。在物质能量的调控与转换、量子信息调控与传输、生命基因的遗传变异进化与人工合成、脑与认知、地球系统的演化等科学领域，在能源、资源、信息、先进材料、现代农业、人口健康等关系现代化进程的战略领域中，一些重要的科学问题和关键核心技术发生革命性突破的先兆已日益显现，积蓄了新一轮科技革命的巨大力量，以智能、绿色和可持续为特征的新产业变革蓄势待发。

值得注意的是，国际金融危机爆发后，为了抢先找到可行的技术路线或者确立在技术路线选择中的话语权，主要发达国家纷纷加大对战略性新兴产业研究的支持力度，在新能源、新材料、信息网络、生物医药、节能环保、低碳技术和绿色经济等领域投入巨资，并借助其经济、科技优势，利用优惠的移民政策、充足的科研经费、一流的科研环境等手段，在全球范围争夺创新人才和资源。有关专家预测，未来一二十年内，世界科技发展将出现新的革命性突破。突出表现在一批新兴产业的快速形成，世界经济结构将随之发生颠覆性的变化，新兴产业冲击甚至替代现有产业势不可挡。

3. 科技全球化持续走向深入。随着经济全球化的不断深入，全球气候变化、能源安全、公共卫生安全、粮食危机、水资源危机等全球性重大问题正成为世界各国面临的重大挑战，科技在应对这些挑战中的作用日益显著。面临这些全球性问题，任何国家都无法、无力单独解决，于是，加大科技合作成为世界各国的共同选择。目前，全球创新资源流动加快，科技的"版图东移"趋势明显，全球多元创新中心正在形成。美国虽然仍是最强大的国家，但不再可能成为世界唯一的创新中心，创新资源已开始随着制造业的迁移向东方转移，更多的创新中心已具雏形。一个明显的表现就是跨国公司在我国设立的研发中心从2001年的不足200家增加到2010年的3300家，而且这些研发中心中有些已是其全球最大的研发机构。

必须看到，科技全球化的过程中，一定是合作与竞争共存，且竞争多于合作。发达国家在加强国际科技合作的同时，丝毫没有放松对核心技术的掌控和把握，以知识产权和技术标准为利器，千方百计保持自己的竞争优势。以低碳能源为例，发达国家正致力于这方面的创新，努力掌握核心知识产权，制定技术标准体系，希望借此谋求低碳经济"游戏规则"制定的主导权，"碳交易"、"碳关税"等规则无疑会成为规制世界发展格局的工具。由于科技和经济实力的快速提升，一些发达国家不断提高对我国引进先进技术的门槛和壁垒，千方百计阻挠我们掌握核心技术。比如，信息安全项目"PKI关键任务服务器"是国外对我们的"卡脖子"项目，国家863计划重点支持研发成功后，外国公司很快将原来8.3万美元的加密卡降到1.2万美元，想借此影响我国自主创新产品的应用。更有个别跨国医药企业，对我国自主研发的创新药物，先买断后雪藏。

4. 我国经济进入转变发展方式的快车道。改革开放以来，我国经济连续30多年保持了10%左右的增长速度，成为世界第二大经济体。但是，我国进一步发展的制约因素也在增大，特别是依靠资源消耗、规模扩张、低廉劳动力和出口导向的经济发展方式难以为继，土地、劳动力成本等比较优势正在丧失。我国经济社会实现又好又快的发展，迫切需要强大的科技支撑。

中国是"制造大国"，但远非"制造强国"。我国的出口产品中，70%是劳动密集型，在全球分工中仍处于低端的位置。正在全球热卖的iPad，每售出一台苹果公司就可获利163美元，而我国代工企业却只能得到4美元利润。更让人担忧的是，"中国制造"的劳动力优势、成本价格优势正在丧失。国际金融危机爆发后，美国等发达国家开始反思其依靠金融创新和信贷消费拉动的增长模式，重回实体经济，美国明确提出"再工业化"战略，将出口推动型增长和制造业增长视为可持续的增长模式。美国作为制造业最发达和技术最先进的国家进行这一调整，对中国以及其他国家的制造业将产生巨大影响。快速提升自主创新能力，将成为巩固和扩大我国制造业优势的重要支点。

5. 科技创新是文化发展的重要引擎。文化已经成为综合国力竞争的重要因素、经济社会发展的重要支撑。党的十七届六中全会明确提出，要进一步推动文化的大发展大繁荣，加快建设社会主义文化强国。当今时代，以信息技术为主的高新技术的发展，正在对提升文化创新能力、催生文化新业态发挥着日益重要的支撑和引领作用，正在成为促进文化产业发展的新引擎。传统文化业态正在与高新技术的融合中得到不断提升。出版、影视制作、报业传媒、演出会展业等传统文化行业，通过与数字化技术、网络技术、移动通信技术、计算机技术等高新技术的结合，明显提升了传统业态的发展活力。数字影像、声光多媒体、LED显示等诸多高新技术正在被更多的演出、展示场馆和大型文化传播活动广泛采用。高性能计算技术在动漫产品制作中的应用，大大缩短了渲染制作时间，提升了影视动漫产品的生产效率。由此可见，高新技术的广泛应用，正从各个方面影响着文化产业的发展，并进一步体现了科技在文化产业发展中的先导地位。

机遇稍纵即逝，挑战异常严峻。唯有坚持自主创新国策不动摇，才能在新的科技革命和产业革命中赢得主动、有所作为，实现经济发展方式从要素驱动向创新驱动的转变。

新目标昭示新跨越

"十二五"是深化改革开放、加快转变经济发展方式、全面建设小康社会的关键时期，也是提高自主创新能力、建设创新型国家的攻坚阶段。党中央、国务院对加快科技进步与自主创新十分重视。2011年3月15日，胡锦涛总书记在参观"十一五"国家重大科技成就展时指出，完成"十二五"时期经济社会发展的目标任务，在激烈的国际竞争中赢得发展的主动权，最根本的是靠科学技术，最关键的是大力提高自主创新能力。7月16日，温家宝总理在《求是》发表文章指出，科技要更好发展，必须继续深化科技体制改革。刚刚召开的中央经济工作会议也对科技进步和自主创新工作提出了新的要求，进一步明确了今后一个时期加快科技进步与自主创新的重点和路径。

深化科技体制改革，大力推进自主创新，当务之急是完善国家创新体系，在充分发挥市场配置科技资源的基础作用的同时，强化统筹协调，推动协同创新。

1. 加强科技与经济的政策协同，推动技术创新体系、知识创新体系、国防科技创新体系、区域创新体系、科技中介服务体系的协同创新。必须加快以研究机构和大学为主体的知识创新体系建设，加强关键技术和核心技术创新，在源头上实现知识创新、技术创新。以高校、科研院所为主要依托，充分调动各方面力量，围绕支柱产业、优势产业，整合资源，加强应用基础和高新技术研究，为自主创新提供技术源。同时，要以促进军民科技资源统筹配置、有效共享为重点，建设军民结合、寓军于民的国防科技创新体系。以组织实施重大专项为突破口，统筹军民科技计划，加大民口企业和科研机构参与国防科技计划的力度，促进军民科技从基础研究、应用研究开发、产品设计制造到技术和产品采购各环节的有机衔接。

根据综合协调，分类指导，注重特色，发挥优势的原则，以促进中央与地方科技力量的有机结合，推动区域紧密合作与互动，促进区域内科技资源的合理配置和高效利用为重点，围绕区域和地方经济与社会发展需求，建设各具特色和优势的区域创新体系，全面提高区域科技能力。整合分散在政府、科研机构、教学机构、企业的各类资源，建立"协作、共用、服务"的保障体系，搭建专业型的大型研发平台和大型科学仪器设施资源共享平台，实行科学数据等信息资源的共享。

加大对科技创新的金融支持力度，构建一套适合高新技术企业发展的信贷模式，推进多层次资本市场建设；积极利用金融创新工具，进一步完善风险定价机制；完善风险投资体制，通过建立多渠道的风险投资融资体系，以及灵活运用组合投资和联合投资的策略，以分散资金投放的风险。

2. 以企业为主体，推进协同创新。企业是自主创新的主体。面对复杂的经济形势，各类企业应该立足当前，放眼长远，抓住机遇，迎难而上。企业经营者要有自主创新的紧迫感，真正把自主创新当作企业的第一生产力抓紧抓好。认真做好自主创新战略的谋划，明确自主创新的定位、方向、产品、技术。建立健全有利于自主创新的体制与机制。政府要积极发挥经济和科技政策的导向作用，激励和引导企业真正成为研究开发投入的主体、技术创新活动的主体和创新成果应用的主体。鼓励企业参与国家科技计划项目的实施，对重大专项和科技计划中有产业化前景的重大项目，优先支持有条件的企业集团、企业联盟牵头承担，或由企业与高校、科研院所联合承担，建立以企业为主体，产学研结合的项目实施新机制。要以实施重大科技专项和培育新兴产业为突破口，围绕产业链部署完善科技经济金融协同推进的机制，通过核心技术突破和资源集成，在一定时限内完成重大战略产品、关键共性技术和重大工程。

3. 加强国际科技合作，整合国内国际科技资源，开展协同创新。在新的国际竞争态势下，坚持自主创新的同时，有效利用国际创新资源和市场，是我国提高创新效率、向全球价值链高端迈进的基本路径之一。要顺应经济科技全球化的发展趋势和要求，扩大科技对外开放，加强国际科技合作交流。充分利用全球科技资源，推进平等互惠的国际科技合作交流，加大参与国际科学计划的力度，支持我国科学家参与国际组织的领导工作，发挥我国在国际技术标准制定中的作用。进一步加强知识产权保护，促进技术交流和交易，支持海外先进技术的引进消化吸收再创新，鼓励和支持跨国公司在我国设立研发中心，支持科研机构和企业"走出去"。加强与发展中国家的合作，以推动先进技术转移和应用为重点，加大对发展中国家的科技援助。

4. 加快培养和造就高水平的科技人才队伍，使自主创新具有可持续性。人才是自主创新的核心。要努力营造宽松和谐的自主创新环境，激发科技人员的主动性、积极性和创造性。抓住贯彻实施"科技"、"教育"、"人才"三个规划纲要的有利时机，进一步形成创新型人才培养和使用的合力，以高端人才为引领，整体推进和重点突破相结合，培养造就和引进一批领军人才和高水平团队。完善人才激励机制和科技评价体系，转变"功利化"的评价机制，淡化各种以论文数量、项目经费、技术创收等为标准的考核与奖励。在遵循科学规律、尊重科技人员兴趣与选择的基础上，建立符合科学技术本身发展规律的、体现学科特点的、分类导向的成果评估与评价体系。提高科技人员的基本待遇，全方位保障科研人员收入、福利和基本科研服务，为其科研活动提供充分资源条件，为科研人员的自由探索、后续的开发转化等提供稳定支持。

5. 大力培育创新文化，建设创新型国家。文化是自主创新的灵魂。要进一步形成和发展有中国特色的创新文化，在全社会形成尊重知识、尊重人才、尊重创新的氛围。大力营造敢为人先、敢于创造、敢冒风险、敢于批判和宽容失败的环境，鼓励自由探索，发扬学术民主，提倡学术争鸣；继续弘扬"两弹一星"精神，鼓励科学家甘于寂寞、淡泊名利、献身科技事业；坚定不移地实施知识产权战略，加大知识产权保护力度，激发全社会的创新活力；大力加强科学普及工作，传播科学思想，弘扬科学精神，提高全民族科学素质，把我国建设成为一个创新型国家。

我们正处在新一轮世界科技革命和产业变革的前夜，机遇纷至沓来，挑战相伴而行。这是一个大有可为的时代。我们一定要抓住机遇，应对挑战，坚持自主创新不动摇，在社会主义现代化建设的史册上写下浓墨重彩的创新篇章。

首善之区领航前行

全面实施"科技北京"战略，
全力以赴抓好中关村国家自主创新示范区建设，
用好用足各项先行先试政策，切实发挥其引领带动和支撑作用，
着力聚集整合创新要素，着力加强创新制度安排，
着力推进创新成果产业化，
把北京建设成为国家创新中心。

——摘自《北京市国民经济和社会发展第十二个五年规划纲要》

　　"十一五"时期，北京自主创新能力显著增强，科技对经济社会发展的支撑能力大幅提升，中关村国家自主创新示范区建设取得明显进展，全社会创新环境进一步改善。2010年，全市地区生产总值达14113.6亿元，北京驶入了创新驱动、转型发展的轨道。

一、要素投入及主要科技产出指标

　　"十一五"时期，北京全社会研发经费逐年增长。2006年该项支出为433.0亿元，2010年增至821.8亿元，占地区生产总值的比重为5.82%，高于1.75%的全国平均水平（表1）。

　　北京市全社会研发全时人员总数大幅增长，从2006年的168398人年增长到2010年的193718人年（表2）。

　　2010年，北京市专利授权量达33511件（表3）。"十一五"时期累计专利授权量达99233件。2010年北京地区获得国家自然科学奖8项，国家技术发明奖11

项，国家科学技术进步奖53项。

二、自主创新能力建设主要指标

在提高自主创新能力的过程中，北京培育自主创新主体，优化创新创业环境，抢占科技制高点，促进科技成果向现实生产力转化。

1. 重大项目

"十一五"期间，在京单位全面对接11个民口领域国家科技重大专项，承担项目近1200个，占全国40％；申请中央财政经费235亿元，占全国45％；子午工程等6个重大科技基础设施落地建设，投资21.6亿元，占投资总额的66.3％（表4）。

2. 科技创新体系建设

"十一五"期间，制定实施了《关于增强自主创新能力建设创新型城市的意见》等200余项支持科技创新和产业化的地方法规、政府规章和规范性文件。累计认定高新技术企业6500个，占全国总数的22％。（表5）。

3. 开放合作与人才引进

北京与国内国际的科技合作与交流取得明显成效，人才引进和培养机制更加健全（表6）。

4. 政策保障

建立健全科技创新激励机制，完善自主创新政策法规体系及科技成果转化和知识产权流转体制（表7）。

三、重点领域成果与成效

加快科技成果转化和产业化，开发了一批具有国际领先水平的重大创新技术和产品。

1. 高新技术产业发展

2010年，高新技术产业实现工业产值3004.9亿元，比上年增长8.7%，占全市

表1：研发经费（按来源）　　（2010年）
- 国外资金 30.1亿元 占比 3.66%
- 其他 49.3亿元 占比 5.99%
- 政府资金 472.1亿元 占比 57.45%
- 企业资金 270.4亿元 占比 32.9%

表2：研发人员（按部门）　　（2010年）
- 科研院所 78260人年 占比 40.4%
- 企事业单位 85398人年 占比 44.08%
- 高等院校 30060人年 占比 15.52%

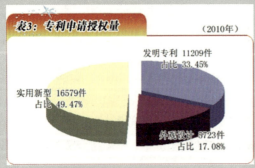

表3：专利申请授权量　　（2010年）
- 发明专利 11209件 占比 33.45%
- 实用新型 16579件 占比 49.47%
- 外观设计 5723件 占比 17.08%

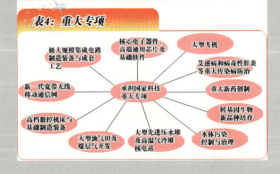

表4：重大专项
- 核心电子器件、高端通用芯片及基础软件
- 极大规模集成电路制造装备与成套工艺
- 大型飞机
- 艾滋病和病毒性肝炎等重大传染病防治
- 新一代宽带无线移动通信网
- 重大新药创制
- 承担国家科技重大专项
- 转基因生物新品种培育
- 高档数控机床与基础制造装备
- 水体污染控制与治理
- 大型油气田及煤层气开发
- 大型先进压水堆及高温气冷堆核电站

工业产值21.9%；实现增加值888.8亿元，增长14.2%。

汽车产业领域：2010年，北京汽车工业实现产值近2000亿元。北汽集团通过自主创新与引进吸收国外技术相结合，成功研制基于萨博整车平台的纯电动乘用车。

装备产业领域：2010年，实现产值2087亿元。在新能源装备、节能环保装备、仪控系统、数控机床等领域逐渐形成先发优势，涌现出兆瓦级永磁直驱风电机组、膜生物反应器系统等一批具有自主知识产权的高端技术产品。

生物和医药产业领域：2010年，生物医药产业销售收入560亿元，同比增长17%。生物医药工业总产值从2006年的204.3亿元增加到2010年的461.9亿元，年均增长率约为22%，占全市工业比重由2.5%上升到3.4%。

电子信息产业领域：2010年，规模以上电子信息制造业总产值达2229.1亿元，信息产业出口交货值达1148亿元。

都市产业领域：2010年，实现工业总产值1414亿元。截至2010年底，拥有国家级企业技术中心3个，市级企业技术中心36个，占全市工业市级以上企业技术

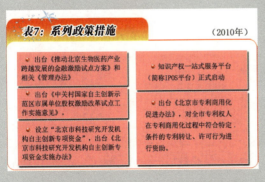

中心总数的13%。

2. 科技支撑新农村建设

2010年北京市种业销售额35亿元，比上年增长13%，占全国10%。

与科技部共建国家现代农业科技城，围绕"一城多园、五个中心"的建设布局，以一、二、三产融合引领农业向高端发展。截至2010年底，已启动建设新发地国际绿色物流区、昌平园农业先导技术示范基地等项目。

3. 中关村国家自主创新示范区

2010年，总收入过亿元的企业达1360家，新取得国际领先技术20余项，主导创制了国际标准76项、国家标准590余项。截至2010年底，中关村上市公司总数达175家，IPO融资额超过1600亿元，总市值突破1万亿元。32家中关村企业在创业板上市，初步形成了"中关村板块"。

4. 技术市场成果交易

技术市场规模逐年增长，2010年，北京市技术市场各类技术合同成交总数达50847项，各类技术合同成交额达1579.5亿元，对首都经济发展的直接贡献率达到9%，比2005年增长4.3个百分点。"十一五"期间累计签订技术合同25.6万项，实现技术合同成交额5422.8亿元，分别比"十五"时期增长64%和2.8倍（表8）。

（以上数据主要由北京市科学技术委员会、北京技术市场
管理办公室提供，部分资料摘自北京经济和信息化委员会网站）

智力优势如何成为发展优势

金 晶

与其他省区市相比，北京拥有不可比拟的智力资源优势，但智力资源并不简单等同于创新优势和发展优势。我们关注的是，北京是通过怎样的路径将这些智力资源转化为创新优势，成为一座城市转型发展的强大内生动力？

从整合科教资源，深化合作机制，到促进产业集群发展，提高成果产业化效率；从建设创新服务平台，到推进体制机制创新，营造有利于成果转化和产业化的创新环境……北京在自主创新工作中，充分结合市场配置资源的基础性作用和政府的引导作用，建立起以企业为主体、市场为导向、产业化为目标的科技成果转化工作体系。

科技成果转化有其自身规律，不但需要科技资源网络中多种要素组合作为基础，还需要注重创新链条上多个环节的相互衔接，以及服务体系中多元主体的协同互补。正是把握到这一规律性特点，北京市深化和发展科技人员转化、科技人员所在单位转化、科技服务机构转化、产学研用相结合转化等科技成果转化模式，推动以企业为主体，联合高校、科研院所、科技服务机构、用户和科技人员等，共同出资组建市场化、专业化的科技成果转化实体，促进科技成果转化的市场化运作和企业化经营。多渠道发现科技成果，多因素评价科技成果，多途径培育科技成果，多主体促进科技成果转化，"发现—评价—培育—推进"四个环节组成的工作路径渐渐成型。在政府的引导下，这诸多的元素不是进行简简单单的排列组合，而是进行了实实在在的有机组合。

北京市提出，"十二五"时期要使首都经济走上高端引领、创新驱动、绿色发展的轨道，率先形成创新驱动的发展格局，出台进一步促进科技成果转化和产业化的指导意见，提出坚持"全链条、全要素、全社会"的工作思路。北京将如何进一步挖掘科技资源的潜力？我们拭目以待。

2011·精彩之笔

- 3月，市区联动共同推进国家现代农业科技城昌平园建设。

- 4月，未来科技城15家央企开建。

- 4月，中意技术转移中心揭牌成立。

- 5月，星光联手蓝汛打造我国首个超大型新媒体云计算中心。

- 5月，全国科技活动周暨北京科技周开幕。

- 5月，第十四届中国北京国际科技产业博览会举办。

- 5月，国家现代农业科技城良种创制中心启动。

- 7月，国家现代农业科技城通州国际种业科技园建设启动。

- 7月，中国（大兴）工业设计产业基地首个园区启动。

- 9月，"十二五"时期科技北京发展建设规划发布。

- 10月，"G20工程创新成果转化基地"正式揭牌。

- 11月，"北京高端数控装备产业技术跨越发展工程（精机工程）"和"北京新一代移动通信技术及产品突破工程（4G工程）"启动。

E 创新先锋

宋延林

　　中科院化学所研究员、博士生导师、新材料实验室主任；北京印刷学院、北京航空航天大学兼职教授。已发表SCI收录论文150余篇，其中以封面形式在国际重要学术期刊发表论文12篇，多次被美国化学会（ACS）、英国皇家化学会（RSC）等作为研究亮点报道。主持和参加编写英文专著5部，中文专著1部，获授权发明专利50余项。获2008年国家自然科学二等奖、2005年国家自然科学二等奖和2004年北京市自然科学一等奖；获第十一届中国青年科技奖、首届中国化学会—阿克苏诺贝尔奖和第十届中国科学院杰出青年荣誉称号。

　　感言：随着环保意识和可持续发展理念的普及，开发环保绿色印刷材料和技术成为印刷业的发展趋势。要彻底解决现有印刷制版过程中的污染问题，能否摆脱感光成像的技术思路成为问题的关键。中国科学院化学研究所的科研人员通过纳米材料的创新和应用，成功研制出了无污染的绿色制版技术。

　　该技术的成功研发，源于团队长期的基础研究积累和纳米材料创新。但要形成产业化技术，还必须有设备、软件等系统的集成。另外，针对自主创新技术，国家应从技术、产品、商品的不同阶段给予政策上的支持及保护，同时还要加紧建立自己的标准体系，完善法制环境。

赵久然

北京市农林科学院玉米研究中心主任。近年来，赵久然研究员带领一支年轻团队取得多方面创新和突破：选育并审定50多个优良玉米品种，在生产上得到大面积应用。很多品种都是目前的主推品种，京科糯2000等系列糯玉米品种占全国糯玉米种植总面积约2/3；研发玉米DNA检测试剂盒获国家发明专利，制定玉米品种DNA鉴定标准，构建全球最大的玉米DNA指纹库等，实现了理论技术化，技术标准化。

感言：我们从事农业科技的科研工作者要坚持以科研为基础，发挥自身的科研优势；以需求为导向，要符合生产要求、农民需求、消费者需求、政府需求和最主要市场需求；以创造价值为核心，创造对生产、对农民、对消费者、对国家和对社会更有价值的品种和技术。创新就是不断超越已有的东西，但这种超越只有符合市场需求才有价值。没有价值的所谓创新就没有意义。

自主创新要坚持"产学研"相结合、"育繁推"一条主线不动摇；坚持理论与实践相结合，科研与生产相结合。从生产实践中找需求、定课题，研究出的成果还要及时回到生产实践中应用和检验。

我们创新中的一项重要工作就是选择。在千变万化的各种遗传变异类型中，将最符合目标、最有价值的类型选择并固定下来。

京东方科技集团公司

京东方是我国惟一拥有TFT-LCD液晶显示核心技术的高科技企业，是国内惟一可生产1.8-55英寸全系列液晶显示产品和解决方案的提供商。目前，京东方可使用专利技术数达5000余项，每年新增申请专利500余项， 2011年新增专利申请量将超过1000件，居国内同业先列。

经过多年的自主创新实践及产业化积累，京东方已拥有领先的α-si TFT背板设计、制造及全套产业化技术，突破了LTPS TFT背板设计及工艺技术，掌握了4MASK、GOA、纯Al、3ms、240Hz等行业前沿技术。同时，Oxide（氧化物）、Organic（有机）、Flexible（柔性显示）等前瞻技术研究已取得阶段性成果。依托TFT-LCD工艺技术国家工程实验室、OLED联合实验室等新型显示技术的研发和创新平台,京东方推出了双视角、3D显示、全高清等新产品，走在显示技术研发的前沿。

2011年，京东方自主设计、自主建设的中国大陆首条第8.5代TFT-LCD生产线投产，彻底结束了我国大尺寸液晶显示屏完全依赖进口的历史。京东方的积极举措不仅完成了我国对大尺寸液晶显示环节的布局，还对提升产业国家竞争力、促进我国电子信息产业的发展具有重大意义。

面向未来，京东方将继续加快技术创新步伐，在新一代低功耗、低成本LCD和AM-OLED等领域积累核心实力，同时与关键技术、材料和装备厂商开展"深度合作、协同开发、共创价值"活动，推进整个产业链的技术升级。

北京北方微电子公司

北方微电子公司2001年进军高端半导体设备领域。经过十年的努力，如今的北方微电子已经成长为国内高端半导体设备生产的领军者，成功为国内半导体、太阳能、LED三大产业主流客户提供高端设备及工艺全面解决方案，在国内率先实现了"精良品质，卓越服务，中国制造"的跨越式发展，成为高科技产业令人瞩目的新星。

2006年，创新成果"100nm高密度等离子刻蚀机"通过科技部和北京市政府组织的联合验收。相应产品2007年交付三家国内主流芯片厂商使用，成功实现技术与市场的重大突破。LED关键设备之一ELEDE330等离子刻蚀机从2010年4月立项到研发成功进入市场参与全球供应商竞争，仅用了不到5个月时间，截止到2011年上半年，已占有50%市场份额，赢得了包括蓝光、中镓等主流客户的信任。

同时，北方微电子加强对自主研发技术的知识产权保护。初步建立了知识产权管理和风险防范体系。公司2007年成为北京市重点企业知识产权联盟理事单位，同年被评为北京市首批专利示范企业；2009年12月被国家知识产权局确定为"国家企事业知识产权试点单位"；2010年11月一项核心技术专利获得了"中国专利优秀奖"和"北京发明专利二等奖"。

展望未来，北方微电子公司致力于成为一家值得信赖并受人尊重，在集成电路、半导体照明、太阳能光伏领域拥有领先技术，具有国际影响力的高端装备及工艺解决方案提供商。

环渤海崛起创新高地

加快集聚国内外科技和教育资源，
增强自主创新能力，壮大创新人才队伍，
推动发展向主要依靠科技进步、劳动者素质提高、
管理创新转变，着力构筑自主创新高地。
完善自主创新体系，培育自主创新主体，优化创新创业环境，
积极抢占科技制高点，促进科技成果向现实生产力转化，
显著提升创新能力和竞争能力。

——摘自《天津市国民经济和社会发展第十二个五年规划纲要》

　　"十一五"时期，天津市加快转变发展方式，调整优化产业结构，地区生产总值由2005年的3905.64亿元，增加到2010年的9108.83亿元，初步形成航空航天、新能源、生物医药等八大优势支柱产业为代表的高端高质高新产业结构。综合科技进步水平保持全国第三位，并提出"着力构筑自主创新高地"的新目标。

一、要素投入及主要科技产出指标

　　"十一五"时期，天津市全社会研发经费逐年增长。2006年该项支出为95.24亿元，2010年增至229.56亿元，占地区生产总值的比重为2.49%，高于1.75%的全国平均水平（表1）。

　　天津市全社会研发全时人员总数大幅增长，从2006年的37115人年增长到2010年的58771人年（表2）。

　　"十一五"时期，天津市专利授权量达3.5万件，是"十五"时期的3倍。2010年专利授权量达10998件（表3），并获得国家科技奖励13项。

○ 天津港集装箱码头群 武自然供图

二、自主创新能力建设主要指标

在提高自主创新能力的过程中，天津市着力培育自主创新主体，优化创新创业环境，促进科技成果向现实生产力转化。

1. 重大项目

2010年，天津市执行国家和市级各类科技计划项目2463项。在13个国家科技重大专项中，参与承担了83个重大专项项目研发（表4）。

2. 科技创新体系建设

加快建设产学研相结合的技术创新体系，认定高新技术企业883家，成为全国首批15个国家高技术服务产业基地之一（表5）。滨海新区成为国家级创新型城区和创新型试点园区，建设各类创新创业载体284个。

3. 开放合作与人才引进

天津市与国内国际的科技合作与交流取得明显成效，人才引进和培养机制更加健全（表6）。

4. 政策保障

建立健全科技创新激励机制，完善自主创新政策法规体系及科技成果转化和知识产权流转体制（表7）。

三、重点领域成果与成效

加快科技成果转化和产业化，开发了一批具有国际领先水平的重大创新技术和产品。

1. 高新技术产业发展

2010年，高新技术产业实现工业产值5100.8亿元，比上年增长21.84%，占全市工业产值30.6%；实现增加值1328.3亿元，增长23.95%。

表1：研发经费（按来源）　　（2010年）

其他资金6.98亿元 占比3.0%
国外资金8.24亿元 占比3.6%
政府资金44.14亿元 占比19.3%
企业资金170.20亿元 占比74.1%

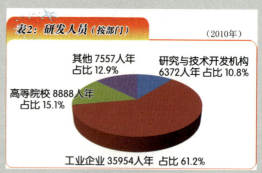

表2：研发人员（按部门）　　（2010年）

其他7557人年 占比12.9%
研究与技术开发机构6372人年 占比10.8%
高等院校8888人年 占比15.1%
工业企业35954人年 占比61.2%

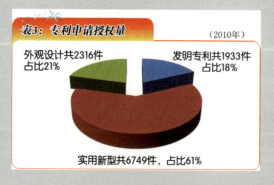

表3：专利申请授权量　　（2010年）

外观设计共2316件 占比21%
发明专利共1933件 占比18%
实用新型共6749件，占比61%

表4：承担国家级科技计划项目　　单位：项

	2006年	2007年	2008年	2009年	2010年
合计	603	693	912	1195	1379
基础研究计划	2	5	5	55	82
国家自然科学基金	380	405	475	560	697
863计划	46	73	142	169	141
国家科技支撑（攻关）计划	17	33	71	80	74
科技型中小企业技术创新基金	46	48	88	204	247
国家重点新产品计划	38	28	28	32	32
火炬计划	18	68	57	58	73
星火计划	56	33	46	37	33

航空航天产业：形成以大飞机、直升机、无人机、大火箭、卫星为代表的"三机一箭一星"产业格局，成为兼有航空与航天两大产业的城市，产业规模达到170亿元。

电子信息领域：开发出居世界第一和第三位的天河一号和曙光星云超级计算机，曙光高性能计算机产业基地销售收入超过12亿元。

生物医药产业：加快天津国际生物医药联合研究院、中科院工业生物技术研究所等重大创新平台建设，产业规模达350亿元，引进生物医药领域国家千人计划领军人才28人。

新能源产业：以风力发电、绿色高能电池、太阳能电池为主的产业规模超过400亿元，风力发电设备占全国1/3以上市场份额。

环保科技产业：建成年产2.6万吨工业水处理药剂、国际最大规模余热发电成套装备等产业化基地，产业规模超过400亿元。

科技服务业：大力发展工程设计和研发服务业，认定技术先进型服务企业32

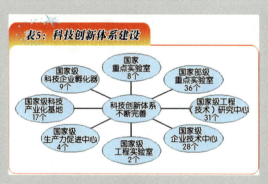

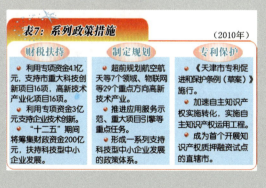

家，产业增加值达到285亿元，年增长速度超过20%。

2. 改造提升传统产业

实施制造业信息化、中药现代化科技工程、节能减排科技工程等，促进高新技术在传统产业中的推广应用。

超临界萃取、分子蒸馏、膜分离技术等现代中药制造技术在中药企业广泛应用，纳米技术在涂料、制药、医用器械等产业及企业中应用。

开发出具有自主知识产权、无污染排放的直接制环氧丙烷催化成套技术和中试装备，并应用于万吨级工业化工程。

3. 科技支撑新农村建设

实施国家各类农业科技计划项目89项。农产品保鲜和水稻杂交育种跻身国家各战略联盟并成为主要发起单位。12个星火项目获资金支持，7个项目列入国家农业科技成果转化资金项目计划。

4. 科技型中小企业群体发展壮大

把发展科技型中小企业作为全市创新驱动、内生增长发展道路的重要战略部署，认定科技型中小企业2万家，占全市企业数的10%以上，科技小巨人企业超过1000家，群体工业总产值占全市的30%。到2012年科技型中小企业数量将达3万家，培育科技型小巨人企业1500家。

5. 技术市场成果交易

2010年，天津市技术市场各类技术合同成交总数达9541项，各类技术合同成交额达119.79亿元（表8）。

（以上数据主要来自《2011天津年鉴》和《2011天津科技统计数据》，部分数据由天津市科学技术委员会提供）

E一线观察

创新高地　高在何处

张　双

天津市"十二五"规划纲要提出要着力构筑自主创新高地的目标，旨在完善自主创新体系，培育自主创新主体，优化创新创业环境，积极抢占科技制高点。从这一目标任务来看，天津自主创新高地的"高处"有三：

一是起点高。天津市通过聚集国内外优势资源，实现自主创新与世界经济发展的前沿趋势和先进理念对接，在起点处"取法乎上"。随着京津同城化效应的日益凸显，天津重新审视京津共有智力资源的价值，并将其作为自主创新能力提升的"厚重底气"和引资引智的"金字招牌"。同时，北方市场的巨大潜力和吸引力，以及天津对自身地域、交通和成本等优势的充分挖掘，都成为天津构筑自主创新高地的重要基石。

二是目标高。天津在引进项目的同时，注重引进相关研发中心、研究院和高端人才，结合政府在产业布局上的规划与服务，力促配套产业发展和上下游产业链条打造，最终形成既个体化又系统化的产业集群。产业集群的优势一旦形成，便会释放出更强烈的吸引力，汇聚更多优质资源，形成长期竞争优势。

三是水平高。在产业集群的形成过程中，天津市不断完善以企业为主体的自主创新体系，既重视大项目大企业，也力促科技型中小企业发展壮大。通过鼓励研发单位创业、引进外地科技型中小企业和推动传统中小企业转型升级三条路径，实现科技型中小企业发展数量的"铺天盖地"，同时实施"巨人成长"工程，使领军型科技企业发展能够"顶天立地"，为迎来层出不穷的自主创新成果奠定了坚实基础。

2011·精彩之笔

- 3月，召开科学技术奖励大会，对获得2010年度国家和天津市科学技术奖的科技成果进行表彰。

- 4月，成功举办2011海水淡化及水再利用国际研讨会，成为2013世界脱盐大会举办城市。

- 4月，"国家生物医药国际创新园企业创新药物孵化基地"建设获科技部立项支持，被列入国家"重大新药创制"科技重大专项。

- 6月，成功举办第五届中国企业国际融资洽谈会—科技国际融资洽谈会，为科技型中小企业搭建投融资平台。天津滨海国际知识产权交易所揭牌。

- 7月，成功举办2011国际生物经济大会，邀请1000名国内外专家、学者与会，促成100项合作项目对接签约。

- 7月，启动滨海新区国家863计划产业化伙伴城区建设，滨海新区推出6项政策助推国家863计划项目实现科技成果转化。

- 8月，出台《天津市市级科技型中小企业发展专项资金使用实施方案》，将在"十二五"期间对科技型中小企业给予资金支持。

- 9月，作为新型动力电源的高能镍碳超级电容器在津研制成功，取得纯电动车动力电源领域的重大突破。

- 10月，推出第6批20项自主创新产业化重大项目，计划总投资46.5亿元。前5批100项自主创新产业化重大项目共完成投资248.1亿元。

- 10月底，天津市科技金融服务中心揭牌，"科技企业投融资服务网"开通。

CE 创新先锋

刘昌孝

中国工程院院士，药物动力学专家，现任天津药物研究院名誉院长和学术委员会主任，天津中医药大学中药学院院长，天津药物研究院研究员、释药技术与药物动力学国家重点实验室主任，国际药物代谢学会中国办事处主任、中国药理学会副理事长、天津药理学和药学会理事长。他从事药理学和药物代谢动力学研究40余年，承担国家重大研究项目23项，领导完成150余个新药的药物动力学研究。在国内外发表论文300多篇，在国内外出版中英文版学术专著16本，1992年获得国务院特殊津贴，是我国药物动力学学科的带头人和开拓者之一。

感言：独立自主知识产权，专利尤其是可产业化的发明专利是自主创新的体现，能否实现产业化则是检验自主创新"含金量"的标尺。在产业化过程中，企业作为主体，不但需要长期持续地关注自主创新，还需要借"智"，即充分利用社会力量。

药不是"拼"出来的，研发是一个系统工程，安全、有效、可持续产业化的每一步都可能影响全局。企业做自主创新，不能像小作坊一样单打独斗，需要借助社会力量，需要在公共平台上成长。

科学无国界，但是关键技术、发明专利、企业秘密是有国界的，自主创新一定要把眼光放长远，放稳心态，厚积而薄发。

张芝泉

天津赛象科技股份有限公司董事长，
曾荣获天津市劳动模范、国家科技进步一等
奖等荣誉称号。张芝泉曾承担国家重大技术
装备研制项目计划"载重子午胎成套设备及
工程子午胎关键设备研制"项目36个子项中
13个子项的研制，62岁开始创业，开发了子
午线轮胎关键设备，多数产品的技术水平达
到或超过了国际同类产品的先进水平。

感言：民营企业的发展从一诞生就面临着如何在市场环境下生存的问题，
就是要不断地创新开发出新的产品。要想实现持续的自主创新，还需要有超前思
维，即挖掘客户潜在需求，变被动地跟随市场为主动地引导市场。

为了保证公司持续发展的要求，公司每年将确保科技投入不低于当年产品销
售收入8%的资金，用于新产品的开发和原有产品的技术创新，只有这样的决心和
恒心，才有可能形成自主知识产权和自有核心技术。

让一流的人才去做一流的事，以项目聚集技术人员进行开放式创新。

自主创新还需要良好的外部环境，如与国内外高校的科研机构或上下游企业
的独有技术相配合，以市场为导向形成产学研相结合的研发团队，共同参与到轮
胎企业的技术创新，与重要客户建立技术研发战略联盟，整合企业的内外部资源
实现共同成长。

天津曙光计算机产业有限公司

天津曙光计算机产业有限公司是一家在天津注册，在中国科学院和天津新技术产业园区管理委员会大力推动下，以国家"863"计划重大科研成果为基础组建的高新技术企业。

公司成立至今始终专注于服务器领域的研发、生产与应用，依托超级计算机的扎实功底，立足自主研发，通过不断技术创新，构建出拥有完全自主知识产权的全系列精品服务器，在互联网、金融、电信、生物、气象、石油、科研、电力等多个行业有着大量地成功应用，确立了其在服务器领域国内领先的优势地位。

公司与中科院计算机所、国家智能计算机研究开发中心和国家高性能计算机工程中心有多年的研发合作，先后研发了TC2600刀片服务器、曙光龙芯防火墙和Gridview机群管理软件等产品，其中2010年发布的中国首台实测性能超千万一次的超级计算机——曙光星云，在第35届全球超级计算机TOP500排行中排名第二，创造了中国高性能计算机全球排名的最好成绩。2011年3月，曙光公司正式发布全球注册的品牌新标识"中科曙光+Sugon"，开始国际化进程。

未来，公司将进一步加大自主创新和对外合作，大力发展战略性新兴产业。统筹考虑产业布局和市场开发，着力突破关键技术问题。

天津长荣印刷设备股份有限公司

天津长荣印刷设备股份有限公司成立于1995年，这个在天津北辰区成长起来的"小巨人"企业，是一家专业生产、销售印后设备的高新技术企业，主导产品有圆压平电脑烫金机、高精密高速自动模切机、高精密自动平压平电脑全息烫印模切机以及高速自动糊折盒机等。公司注册资本1亿元，占地10万余平方米，拥有员工近700人，2010年实现营业收入突破4亿元，利税突破亿元。公司于2011年3月在深圳证券交易所成功挂牌上市。

公司拥有在印刷领域自主开发、研制印后设备的技术实力，获得过多项专利技术成果：MK920SS平压平双机组式自动模切烫印机实现了一次走纸多次烫印的功能，此项发明填补国际空白。"MK21060STE型机组试模烫机"及"MK3920SW型卷筒纸机组式烫印机"先后通过天津市级新产品鉴定，专家委员会认为以上两项产品均属国内首创，达到了国际先进水平。

截至目前，该公司拥有授权专利38项，计算机软件著作权登记2项，已受理审核中的专利43项。目前，公司已成为亚洲第一、世界第二的印后设备生产厂家，产品行销全国各地和美国、日本等20多个国家和地区。

未来，公司将秉承"不断创新、永续发展"的经营方针，朝着制度化、专业化、国际化发展，成为最具竞争力的印后设备制造企业。

昂起长三角创新龙头

以提高知识竞争力为核心，以应用为导向，
抢占科技制高点、培育经济增长点、服务民生关注点，
全面增强原始创新、集成创新和引进消化吸收再创新能力，
全面推进制度创新、管理创新和文化创新，
充分激发经济社会发展转型的内在动力和活力，
率先实现城市发展向创新驱动转变。

——摘自《上海市国民经济和社会发展第十二个五年规划纲要》

© 资料图片

　　"十一五"时期，上海充分发挥浦东新区先行先试的带动作用和上海世博会的后续效应，率先提高自主创新能力。2010年，地区生产总值达到16872.42亿元，驶入了创新驱动、转型发展的科学轨道。

一、要素投入及主要科技产出指标

　　近年来，上海市不断加大自主创新要素投入力度，创新资源的集聚效应更加明显。

　　1. "十一五"时期，上海市全社会研发经费逐年增长。2006年该项支出为258.84亿元，2010年增至481.70亿元，占地区生产总值的比重为2.81%，高于1.75%的全国平均水平（表1）。

　　2. 上海市全社会研发人员总数大幅增长，从2006年的80140人年增长到2010年的134952人年（表2）。

　　3. "十一五"时期，上海市专利授权量达14.87万件，是"十五"时期的2.86倍。2010年专利授权量达48215件（表3），并获得国家科技奖励58项。

二、自主创新能力建设主要指标

"十一五"时期，上海市充分发挥资源优势和区位优势，着力构建自主创新体系，打造自主创新平台。

1. 重大项目

2010年，在13个国家科技重大专项中，上海市共牵头承担了9个专项中的365个项目，2010年上海承担（立项）国家973计划111项，863计划128项，科技支撑计划47项（表4）。

2. 科技创新体系建设

整合全市科技文献单位以及235家在沪国家级、部委级研发基地和检测机构资源，优化平台布局，提高公共平台服务效率（表5）。

3. 科技开放

充分利用上海世博会契机，开展公共科技外交活动，接待72批国外重要科技团组来访，组织20余次科技交流活动（表6）。

4. 政策保障

加快出台一系列政策，帮助科技企业实现科技成果转化和产业化，加速高新技术产业化进程（表7）。

三、重点领域成果与成效

2010年，上海市用先进技术改造提升传统产业，用先进技术支撑战略性新兴产业发展，大力发展现代服务产业，高新技术产业化9个重点领域产业规模达到8859亿元。

1. 高新技术产业发展

新能源领域：核电AP1000主泵签订8台研制协议，高效晶硅太阳能电池产能

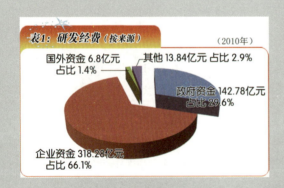

表1：研发经费（按来源）　（2010年）
国外资金 6.8亿元 占比 1.4%
其他 13.84亿元 占比 2.9%
政府资金 142.78亿元 占比 29.6%
企业资金 318.28亿元 占比 66.1%

表2：研发人员（按部门）　（2010年）
科研院所 23241人年 占比 17.2%
高等院校 21565人年 占比 16.0%
企事业单位 90146人年 占比 66.8%

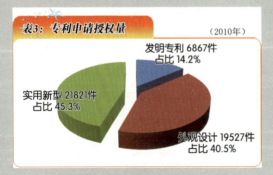

表3：专利申请授权量　（2010年）
发明专利 6867件 占比 14.2%
实用新型 21821件 占比 45.3%
外观设计 19527件 占比 40.5%

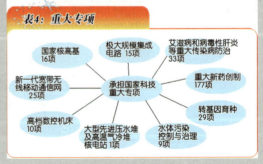

表4：重大专项
国家核高基 16项
极大规模集成电路 15项
艾滋病和病毒性肝炎等重大传染病防治 33项
新一代宽带无线移动通信网 25项
承担国家科技重大专项
重大新药创制 177项
高档数控机床 10项
转基因育种 29项
大型先进压水堆及高温气冷堆核电站 1项
水体污染控制与治理 9项

超过1.7吉瓦，薄膜太阳能电池关键设备PECVD和LPCVD下线，3.6兆瓦风机并网发电。

民用航空制造领域：大型客机三大中心（研发设计、总装制造、客户服务）和商用飞机发动机等实质性启动。C919大型客机全机结构初步设计方案完成；ARJ21支线飞机累计飞行400多架次。风云三号气象卫星顺利升空。

先进重大装备领域：等离子体刻蚀机、清洗机等实现首台业绩突破，复合盾构、轨道交通车辆实现出口。

电子信息制造业领域：909升级改造工程建设顺利，展讯通信40纳米手机基带芯片一次流片成功。

新材料领域：核电用U型管、新型锆合金管等投入批产，SOI外延片打入国际市场。

海洋工程装备领域：中船长兴二期获得国家核准，3000米深水半潜式钻井平台即将交付。

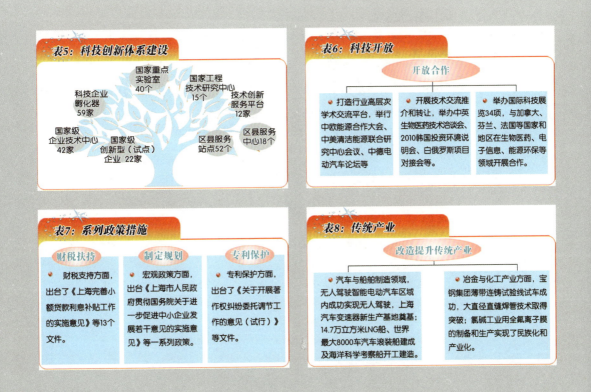

2. 改造提升传统产业

上海促进传统制造业高技术化，实现产业升级换代，对关键技术集中力量进行攻关，有力地提升了传统产业的技术含量和产品附加值（表8）。

3. 现代服务业发展

信息服务领域：即时电子商务服务平台系统、数字电视VOD前端点播平台、云计算产业基地和云计算创新基地搭起软、硬件支撑环境。

科技服务领域：曙光5000A超级计算机、多项目晶圆（MPW）服务、自主创新产品认定系统提升科技服务的水平。

4. 现代高效农业

"超高产优质粳稻品种（系）或杂交组合的创新"、"节水抗旱稻高产栽培技术集成"等项目通过专家组验收。申请新品种保护授权12个，通过品种审定30个，发明专利授权8项。

5. 技术市场成果交易

2010年，上海市技术市场的交易额持续走高，技术交易合同认定登记数量达2.6万余项，认定登记额达525.45亿元，同比上涨7.3%。

（以上数据由上海市科学技术委员会提供）

创新，让城市更美好

李治国

上海是我国科技创新实力较高的城市之一，但其仍然面临资源环境约束趋紧、商务成本攀升、高层次人才缺乏和创新创业活力不足等瓶颈。为此，上海提出将以高新技术产业化和战略性新兴产业为导向，加快提升知识资本集聚、积累能力，推动发展动力向创新驱动转变。

为了更好发挥自主创新对于转型发展的驱动作用，上海以新兴产业培育为主攻方向，聚焦战略性新兴产业发展，加快产业关键技术突破，形成较为完善的产业自主技术体系；以基础能力提升为依托，鼓励科学家自由探索，形成由高层次创新型人才、战略性新兴产业科技人才、青年科技人才和科技保障人才组成的人才体系；以集成应用示范为抓手，布局若干技术水平领先、集聚效应显著、服务能力突出、区域分布合理的重大创新示范工程，打造创新网络关键节点，促成创新要素高效联动；以技术创新体系构建为保障，不断完善企业动力激活机制、市场价值实现机制和科技统筹管理体制，建立健全以企业为主体、市场为导向、产学研相结合的技术创新体系。

可以看到，上海市在科技创新工作中更加关注应用导向，围绕经济社会转型发展需求加强基础研究，在重点领域加大科技攻关力度，加快技术创新成果的转移、转化及推广应用，使城市转型发展真正建立在人力资源优势充分发挥、创新创业活力竞相迸发的基础之上。

上海已经进入自主创新能力跃升和创新体系建设突破的黄金期，通过积极推进自主创新，奋力抢占科技制高点，加快培育新的经济增长点，不断增强科技对经济社会发展的支撑引领作用，上海正在创新驱动、内生增长的科学轨道上加速前行。

CE 2011·精彩之笔

- 1月，首台代表国际尖端技术水平的薄膜太阳能电池关键生产设备——等离子体增强型化学气相沉积设备（PECVD）下线。

- 1月，上海张江高新技术产业开发区获批建设国家自主创新示范区，是继北京中关村、武汉东湖之后的第三家国家级示范区。

- 2月，上海"中国–乌克兰科技园"、"中国–俄罗斯科技合作基地"揭牌。

- 4月，上海创业接力融资担保有限公司开业，成为国家及上海市有关管理办法出台后，上海首家开业的新设融资性担保公司。

- 5月，我国首座自主设计建造的第六代深水半潜式钻井平台——"海洋石油981"建成，最大作业水深3000米，钻井深度可达12000米。

- 6月，中航工业商发举行大型客机发动机金属模型揭幕，标志着我国大型客机发动机第一阶段方案设计成果的展示和阶段工作完成。

- 8月，乳业生物技术国家重点实验室建设启动，该实验室是中国乳制品行业惟一的国家重点实验室。

- 8月，振华重工海工配套件产品中标新加坡Swiber公司海洋石油铺管船全套甲板设备，这是我国企业首次将铺管系统推向国际市场。

- 9月，国内首家新建住宅建筑通信配套设施第三方专业维护公司在沪正式成立，标志着国内首家第三方专业维护模式启动。

- 10月，上海汽车首款自主品牌新能源量产车型上市，标志着其新能源产业化工作已进入深度发展阶段。

- 10月，上海市科委正式启用"'千人计划'科技事业发展服务专窗"，为入选中央和该市"千人计划"人才及其核心团队提供科技政策咨询、计划项目申报等服务。

创新先锋

贺荣明

上海微电子装备有限公司总经理。他自2002年起先后承担国家科技部"十五"重大科技专项100nm高端光刻机的研制、国家02科技重大专项90nm光刻机研制任务，任项目负责人和国家光刻设备工程技术研究中心主任。

在贺融明带领下，截止2011年10月31日，公司已申请中国专利900多项，其中申请发明专利735项，发明专利授权274项，申请国外发明专利30项，授权5项。光刻机领域的中国发明专利申请量排名第2，超过了世界市场占有率第2名的光刻机厂家在中国的专利申请量，在部分核心技术方面的专利申请量已经接近第1名。公司先后被评为上海市知识产权示范企业和国家知识产权示范创建企业。

贺荣明于2007年被上海市人民政府授予"上海市科技领军人物"，2010年12月被国家科技部和国家02专项实施管理办公室授予"国家计划执行突出贡献奖"。

感言：模仿国外技术没有出路。我们就是通过技术的自主创新，及时把阶段性成果转化为市场应用性项目，即'沿途下蛋'，才能够开发出比国际光刻机设备技术超前的产品，在快速产业化方面迈出了一条新路。

国内半导体设备产业要发展，如果光靠设备厂商自己埋头苦干，不与外界交流合作，那么肯定步履维艰。对外合作与自身发展要结合起来，辩证地看，如果不苦练内功，把所有的希望都寄托在对外合作上，那么肯定得不到好的合作；相反，如果只顾闷头拉车，把门关死，就会变成封闭式发展。

王振义

1924年11月出生于上海。著名医学家、中国工程院院士、上海交通大学医学院附属瑞金医院终身教授，上海血液学研究所名誉所长。荣获2010年度国家最高科学技术奖。

作为一名血液学专家，王振义院士在60余年的从医生涯中，为医学实践和理论创新做出了重大贡献，他成功实现了将恶性细胞改造为良性细胞的白血病临床治疗新策略，奠定了诱导分化理论的临床基础；确立了急性早幼粒细胞白血病治疗的"上海方案"，阐明了其遗传学基础与分子机制，树立了基础与临床结合的成功典范；建立了我国血栓与止血的临床应用研究体系。王振义院士于1988年在《Blood》上发表的论文，迄今已被广泛他引1713次，为全球引证率最高和最具有影响的代表论文之一。1994年，王振义院士获得国际肿瘤学界的最高奖——凯特林奖，评委会称他为"人类癌症治疗史上应用诱导分化疗法获得成功的第一人"。

感言：一个人的成功，在于你自己的努力。关键需要对科学有兴趣；要善于抓住机会，勤于思考，敢于提出与前人不同的见解；遇到挫折时要有不怕失败的精神。

在工作中遇到的特殊情况，不要轻易放过，要多问为什么，要有刨根问底的精神，这样才会发现新问题，提出新想法，才能保持创新的能力。

作为一名医生，病人的利益永远是第一位的，病人的痛苦是医生毕生研究的动力。

华谊丙烯酸有限公司

上海华谊丙烯酸有限公司，是上海华谊（集团）公司和上海高桥石油化工公司按9：1出资比例共同组建的化工生产企业，公司占地17.2公顷。

作为全国最大的专业生产丙烯酸及酯系列产品的制造商之一，公司在引进外方先进技术和设备的基础上，消化吸收引进技术，形成具有自主知识产权的专利技术。

公司主要生产装置能力为年产4万吨丙烯酸和10万吨丙烯酸酯，生产"亚星"牌冰晶型丙烯酸、丙烯酸、丙烯酸甲酯、丙烯酸乙酯、丙烯酸丁酯、丙烯酸异辛酯等产品，其中冰晶型丙烯酸为目前国内独家生产。

同时，公司还有丙烯酸羟基酯、丙烯酸乳液、塑料容器包装桶等生产装置，能生产丙烯酸羟丙酯、丙烯酸羟乙酯、苯丙乳液、压敏胶、造纸浆料和200L、25L包装桶等系列产品。

已取得中国质量认证中心（CQC）颁发的ISO-9002质量证书，ISO14001,OHSAS18001环境职业健康安全体系证书，产品已远销欧美市场。

公司本着质量第一，用户至上，价格合理，信守合同的宗旨，竭诚为用户提高优质服务。

上海华谊丙烯酸有限公司在企业发展的过程中，坚持自己的企业文化，诚实守信，团结拼搏，致力于加强企业的凝聚力和竞争力。

上海振华重工公司

上海振华重工公司(英文缩写ZPMC)，1992年成立，于上海本地和南通、江阴等地设有8个生产基地，占地总面积1万亩，总岸线10公里，特别是长江口的长兴基地有深水岸线5公里，承重码头3.7公里，是全国也是世界上最大的重型装备制造厂。

ZPMC研制的大型港口集装箱机械和矿石煤炭等散货装卸机械产品，技术一流，耐用可靠，如今已遍布全世界76个国家，并占世界市场75%以上的份额。ZPMC具有年产100万吨钢构的能力，特别是可以制作单件重达2000吨或者更大的重型钢桥钢梁以及风电基础结构件、厂房模块钢构、电厂钢构、码头钢构等其他类型。目前正在建造的世界桥梁界视为难度最高的美国旧金山新海湾大桥已接近完工。ZPMC具有强大的海工设备研发制造能力,可提供各种海上工程船舶如大型起重船、铺管船、挖泥船、大型船厂龙门吊及钻井平台等。2010年刚刚交付世界最大的韩国三星8000吨起重船和首艘海外铺管船。ZPMC同时已进军各类节能环保设备领域，包括风电、海水淡化、污水处理、再制造等设备的研发制造，其中特别是在风机钢结构、风电设备安装船及平台等颇有建树。

正是依靠科技创新，振华重工这家创业时公司成立时只有十几个人、最初投资100万美元的企业,现在已发展到员工近4万人，世界重型装备制造领域内的知名企业。

魅力山城攀高峰

继续实施科教兴渝和人才强市战略，
提高自主创新能力，
全面推动经济社会发展向主要依靠科技进步、
劳动者素质提高、管理创新转变，建设国家创新型城市。
坚持自主创新与开放引进相结合，
完善创新体制机制，加强自主创新基础能力建设，
加快建设长江上游地区的科技创新中心和科研成果产业化基地。

——摘自《重庆市国民经济和社会发展第十二个五年规划纲要》

◎ 渝中半岛全貌　袁志强供图

　　"十一五"时期，重庆抓住建设全国统筹城乡综合配套改革试验区、设立两江新区等重大历史性机遇，经济社会发展取得巨大成就，地区生产总值由2005年的3486.20亿元增加到2010年的7925.58亿元。自主创新能力显著提升，经济社会发展向主要依靠科技进步、劳动者素质提高、管理创新转变。

一、要素投入及主要科技产出指标

　　"十一五"时期，重庆全社会研发经费逐年增长。2006年该项支出为38.07亿元，2010年增至100.27亿元，占地区生产总值的比重为1.27%（表1）。

　　全社会研发全时人员总数大幅增长，从2006年的27976人年增长到2010年的37078人年（表2）。

　　"十一五"时期，重庆专利授权量达3.4万件，是"十五"时期的2.6倍。2010年专利授权量达12080件（表3），获得国家科技奖励14项。

　　高新技术企业2010年专利授权3472项，其中发明专利授权438项，占授权总数的12.6%。

二、自主创新能力建设主要指标

重庆市坚持自主创新与开放引进相结合，完善创新体制机制，加强自主创新基础能力建设，加快建设长江上游地区的科技创新中心和科研成果产业化基地。

1. 重大项目

2010年，重庆执行国家和市级基础研究类项目1059项（表4）。参与了11个国家民口科技重大专项中的64个项目研发。

2. 科技创新体系建设

加快建设以企业为主体、市场为导向、产学研相结合的技术创新体系，认定高新技术企业155家（表5）。

3. 开放合作与人才引进

重庆市与国内国际的科技合作与交流取得明显成效，人才引进和培养机制更加健全（表6）。

4. 政策保障

重庆加强自主创新政策法规的落实，加强创新政策措施的衔接配套，建立健全科技创新激励机制，先后出台《关于对高新技术企业和国家级创新型企业实施财政奖励有关事宜的通知》、《科技投融资专项补助资金管理暂行办法》及《关于加快高新技术企业发展的意见》。

成立重庆知识产权仲裁院，建立重大知识产权纠纷协调机制，不断完善自主创新政策法规体系及科技成果转化和知识产权流转体制，营造了有利于自主创新的政策环境。

三、重点领域成果与成效

重庆市把抓住发展机遇和创新发展理念、发展模式有机结合，加快科技成果转化和产业化，在多个重点领域取得了一批具有国际领先水平的重大创新成果。

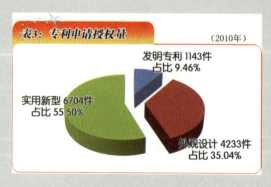

1. 高新技术产业发展

2010年，高新技术产业实现工业产值1487亿元，比上年增长28.7%，占全市工业产值的14.4%；实现增加值336亿元，增长12.5%。

电子与信息技术领域：重庆金美通信自主研发的综合通信调度系统，服务2010年上海世博会安防工程；重庆仪表材料研究所开发的表面温度监测与过温报警系统，在煤化工行业中得到了广泛应用。

生物、医药技术领域：高新技术企业37家，实现总收入75亿元，分别占该领域企业数和总收入的11.3%和4.6%，GPX200C储能式高频X射线机被科技部列为国家重点新产品。

核电领域：重庆水泵厂具有完全自主知识产权的百万千瓦压水堆核级泵通过鉴定，实现我国核电站安全关键泵国产化的重大突破。

新材料领域：高新技术企业42家，实现总收入205亿元，分别占该领域企业

表4：承担国家级科技计划项目　　单位：项

	2006年	2007年	2008年	2009年	2010年
合计	500	488	615	834	975
基础研究计划	249	295	368	469	589
国家自然科学基金	247	294	367	468	587
863计划	72	26	37	17	35
国家科技支撑（攻关）计划	74	34	13	36	37
科技型中小企业技术创新基金	45	57	65	181	143
国家重点新产品计划	21	17	16	22	25
星火计划	18	19	39	14	16

表5：科技创新体系建设

国家重点实验室 6个
国家工程技术研究中心 10个
国家级科技企业孵化器 7家
国家部级重点实验室 5个
国家级企业技术中心 17个家
国家级科技产业化基地 3个
国家级生产力促进中心 8个
国家级工程实验室 2个

表6：科技开放

开放合作
- 组织实施国家级国际科技合作项目33项。
- 3个单位成为国家级国际科技合作基地，5个单位成为市级国际科技合作基地。
- 组织单位参加"中意区域技术与创新论坛"和"中意区域技术与创新展"。

人才引进
- 新引进两院院士4名。新建院士工作站1个。
- 实施海外留学人员"直通车"资助计划。

数和总收入的12%和12.6%，研制出LYSO人工晶体，突破了晶体生长关键技术，填补了国内在该领域的技术空白。

新能源高效节能领域：高新技术企业20家，实现总收入34亿元，分别占该领域企业数和总收入的5.9%和2%。

环境保护领域：高新技术企业14家实现总收入31.7亿元，分别占该领域企业数和总收入的4.1%和2%。

2. 改造提升传统产业

建成国内最大的合川双槐电厂原烟气净化综合实验基地，可进行烟气脱硫、脱硝、脱汞、脱碳等多种烟气污染物控制技术的研究与试验。

建成国内首台万吨级燃煤电厂二氧化碳捕集装置，二氧化碳捕集技术具有自主知识产权。

重庆中电投远达环保工程有限公司牵头组建了中国脱硝产业技术创新战略联盟，被环保部批准为惟一的燃煤电厂二氧化硫减排核查核算培训基地。

3. 科技支撑新农村建设

2010年，育成渝优7109、渝香203、大足黑山羊等国审农业新品种5个，累计推广农作物新品种1500余万亩，增产粮食近8.1亿公斤。

选派首席专家、科技特派员到农村基层开展科技咨询310场次，发展特色产业7个。

4. 打造两江新区世纪创新创业城

89家高新企业入驻两江新区创新创业城，包括各类科技创新型企业70家，各类研发机构11家，各类金融、管理、咨询等服务类企业8家。项目涵盖交通装备、动力装备、机器人、智能终端研发、云计算5大产业领域，对重庆在相关领域形成竞争优势发挥了重要支撑作用。

5. 技术市场成果交易

2010年，重庆市技术市场各类技术合同成交总数达2222项，各类技术合同成交额从2006年的56.8亿元增加到147.5亿元。

（以上数据主要由重庆市科学技术委员会提供）

释放企业创新活力

谢 兴

地处西南，深居腹地，重庆拥有的创新资源相比许多地区并无明显优势。但是在2010年科技部公布的综合科技进步水平指数上，重庆位居西部第2位，全国第12位，新产品产值率更是居于全国首位。一个明显的特点是，在重庆提升自主创新能力的过程中，无论是研发经费投入、人员构成还是研发成果，企业的主体地位十分突出。为何重庆企业的创新动能如此充足？

在渝企业舍得投入，善于转化的原因，首先是拥有良好的创新机制和强大的政策支持。重庆是我国西部大开发战略的重要支点，也是国家明确要求建设的长江上游的科技创新中心和科研成果产业化基地，不但享受西部大开发共有的政策，更有独享的三峡库区中央支持发展的政策和国家级统筹城乡综合配套改革试验区政策。多重政策的叠加、汇集，为重庆加快提升自主创新能力提供了良好环境，有力调动了重庆企业自主研发的积极性。

其次是打造高效基础服务平台。重庆市通过汇聚当地各类科技资源，初步建立起涵盖生物、医药、材料、汽车摩托车、道路、交通、机械、食品安全等众多领域的大型仪器资源共享平台，在超声治疗仪器这个重庆优势行业中率先成立知识产权协会。这些举措不仅有效降低了企业特别是中小型创新企业的科研成本，也有效避免了重复投资，提高了创新效率。

强大的金融支撑则能有效解决企业尤其是科技型中小企业创新资金不足的难题。通过搭建"投、保、贷、补、扶"一体化科技金融体系，重庆帮助那些发展初期的科技创新型企业解决资金问题，为其存活发展、创新驱动提供了有力支撑。对创新企业而言，申请有低门槛、服务有好中介、支持有组合拳，它们的创新动力自然十足。

政策指引方向，平台筑牢基础，金融保驾护航……一个长江上游科技创新中心城市正加速崛起。

2011·精彩之笔

- 1月，重庆圆基新能源创投基金成立，总规模达2.5亿元。

- 2月，国家新能源汽车、功能材料两个高新技术产业化基地落地两江新区。

- 3月，与中科院签署全面科技合作协议和共建中国科学院重庆绿色智能技术研究院协议。

- 4月，重庆市与科技部启动共建两江生物医药产业园工作。

- 5月，2011年重庆市科技活动周开幕，启动全民科技行动计划。

- 6月，两江新区世纪创新创业城（筹）揭牌，引进了10个院士专家团队和10家高科技企业。

- 9月，重庆市推进实施工业研发千亿元投入计划等六项举措，建设内陆最大技术创新基地。

- 9月，重庆市"十二五"重大科技示范工程正式启动，首批启动示范工程15个，总投资75亿元。

- 10月，2011国际知名研发机构重庆行动开幕，引进11个境外研发机构，签署103项科技合作协议，引进412项境外先进技术。

- 11月，重庆市创新成果展示评估与交易中心揭牌运行。

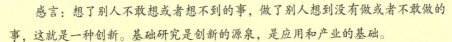创新先锋

罗凌飞

重庆北碚人，西南大学教授，博士生导师，首席科学家，国家杰出青年科学基金获得者，教育部创新团队带头人。第一位获得德国马克斯普朗克协会主席——副主席奖的中国人。

1995年，被保送到南京大学。

1999年，被保送到中国科学院上海生物化学研究所，硕士、博士连读。他的本科毕业论文是在上海生物化学研究所完成的。

2000年9月，从全世界1000多名申请者中被选中，到了德国马克斯普朗克生物物理化学研究所和哥廷根大学，加入分子生物学国际计划。同时，攻读硕士、博士。

2004年获分子生物学博士学位。同年2月19日的国际权威学术杂志《自然》上，发表了他的主要研究成果。

2004年11月，被西南师范大学聘为双聘教授。

感言：想了别人不敢想或者想不到的事，做了别人想到没有做或者不敢做的事，这就是一种创新。基础研究是创新的源泉，是应用和产业的基础。

生物医学的基础研究既要有基础理论的创新，也要具有长远的应用价值或前景。我们所从事的器官再生研究，就是要从别人想不到的角度出发，既要在基础理论上有所突破，又要为进一步的生物医学应用奠定基础。

赵 会

国家首批"千人计划"特聘专家、长安汽车工程研究总院副院长、碰撞安全总工程师。

1990年至1997年留学美国底特律韦恩州立大学材料科学与工程机械工程专业，是北美汽车碰撞安全设计知名专家。在福特公司工作期间，他先后参与并出色组织了10多款福特汽车碰撞安全的设计项目，他研制开发的翼虎SUV和F150皮卡侧碰撞安全保护系统，性能远优于日本和欧州的同级别车，获得了6项发明专利及公司多次嘉奖。

回国后，他全面负责碰撞安全设计试验和国家"863"项目C115开发（长安出口轿车自主集成开发与产业化V805）研发工作。他带领碰撞安全设计团队，在不到两年的时间里，解决了一系列碰撞安全设计中的重大技术难题，使长安汽车的碰撞安全能力得到极大提升。同时，他多次赴美国底特律为长安引进汽车技术人才，为长安的发展作出了很大贡献。

感言：技术创新不是扬弃，而是继承和发扬光大，尤其是在自主汽车技术创新方面，一定要保证先将别人的先进技术学到手，消化好，再进一步发展和提高，这才是我们能够达到世界一流水平的必经之路。自主创新还应包括体制的创新，在技术领域消除门位思想，让专家和科学家们的意见充分体现在重大科技决策和流程当中。

中冶赛迪集团

中冶赛迪集团有限公司（CISDI）是世界500强企业中国冶金科工集团（MCC）旗下的国有大型科技型工程技术公司，是以市场为导向，以设计为龙头，工艺、设备、三电相结合的技术服务和基于核心产品系统集成的工程技术公司。2003年以来在全国勘察设计企业营业收入百强排名中一直位列前十强。

中冶赛迪为国外钢铁行业客户提供整体解决方案以及工程咨询、工程设计、工程总承包等技术服务，以总包设计上海宝钢和独立自主设计攀枝花钢铁基地而扬名中外。

中冶赛迪也一直致力于非钢铁业务的发展，于1993年开始从事并承接民用建筑、道路桥梁、市政环保、轨道交通方面的业务，并取得了丰硕的成果，并形成了专业化的设计咨询、项目管理团队。

中冶赛迪并率先将钢铁工程技术输出国门，为国民经济的快速发展和中国钢铁工程技术走向世界做出了重要贡献。

2010年，中冶赛迪在其成都分公司基础上，在成都高新区注册成立了中冶赛迪成都工程技术有限公司，主要为建筑、市政和交通行业的客户提供设计咨询、项目管理服务，并承担以设计为龙头的工程总承包任务。目前，公司在成都高新区占地50亩的办公基地正在建设中。

中电投远达环保工程有限公司

中电投远达环保工程有限公司成立于1999年，是中国电力投资集团公司、重庆九龙电力股份有限公司等单位出资组建的高科技环保企业，注册资本金7500万元。

该公司专注于环保技术的研发与应用，在燃煤电厂烟气污染控制技术与装备研发方面居于国际领先水平。公司建有"燃煤烟气净化国家地方联合工程研究中心"，掌握了15种环保核心工艺技术，拥有专利130项，累计在全国26个省市地区签约脱硫脱硝项目近100项，装机容量近6000万千瓦，合同总金额超过90亿元，脱硫EPC市场占有率居全国前列。

该公司的技术路线为：引进技术奠定基础、自主创新推动发展。在引进技术的基础上，通过产学研合作，进行了引进技术的消化、吸收、优化和自主创新，现已掌握了7种不同的烟气脱硫脱硝技术（3种自主知识产权技术），成为国内同行业中拥有技术最多的企业，提高了公司核心竞争力，确保公司市场占有率稳居国内同行业三甲。

远达公司经国家人事局批准，还设立了企业"博士后科研工作站"；组建了"重庆市能源环境工程研究中心"，同时也是远中国电力企业联合会指定的"全国烟气脱硫技术管理与运行维护人员培训基地"。为技术创新工作提供了良好的平台。

增创新优势 岭南再奋起

强化自主创新对加快转型升级、
建设幸福广东的核心推动作用，
以制度创新推动创新能力的全面提升，
推动经济社会发展走上创新驱动之路。
到2015年，率先建成创新体系健全、创新要素集聚、
创新成效显著的全国自主创新示范省，
初步建成亚太地区重要的区域创新中心。

——摘自《广东省国民经济和社会发展第十二个五年规划纲要》

◎ 秀美的珠江两岸 许乔振供图

　　"十一五"时期，广东省始终把自主创新作为实现经济发展方式转变的核心推动力，着力实现由广东"制造"向广东"创造"的转变，在推进科学发展新征程上迈出了重要步伐，2010年实现地区生产总值46013.06亿元。

一、要素投入及主要科技产出指标

　　1. "十一五"时期，广东省全社会研发经费逐年增长。2006年该项支出为313.04亿元，2010年增至808.75亿元，占地区生产总值的比重为1.76%，高于1.75%的全国平均水平（表1）。

　　2. "十一五"时期，广东省全社会研发全时人员总数大幅增长，从2006年的14.71万人年增长到2010年的34.47万人年（表2）。

　　3. "十一五"时期，广东省专利授权量达36.5万件，是"十五"时期的2.3倍。2010年专利授权量达119346件（表3），并获得国家科技奖励36项。

二、自主创新能力建设主要指标

在提高自主创新能力的过程中，广东省加快科技创新体系建设，积极抢占科技制高点，承担了多项国家级科技计划项目，并积极促进科技成果向现实生产力转化。

1. 重大项目

2010年，广东执行国家和市级基础研究类项目2515项（表4），在13个国家科技重大专项中，参与承担了36个重大专项项目研发。

2. 科技创新体系建设

加快建设以企业为主体、市场为导向、产学研相结合的技术创新体系，截至目前，广东省认定高新技术企业超过5000家（表5）。

3. 引进海内外科研创新团队

广东与国内国际的科技合作与交流取得明显成效。2009年首批引进11个创新科研团队，目前团队已由93人扩充至313名，实现了"以团队引团队，以人才引人才"的人才倍增效应。目前，首批引进的团队创新创业工作进展顺利，一批重大创新成果有望在2年至3年内实现产业化，预计产生数千亿元的产值。

4. 政策保障

近年来，广东省建立健全科技创新激励机制，完善自主创新政策法规体系及科技成果转化和知识产权流转体制。先后制定了《广东省促进自主创新若干政策》、《关于加强产学研合作提高广东自主创新能力的意见》等10多个政策性文件，制定出台了《广东省重大科技专项项目管理暂行办法》等规范性文件，自主创新政策体系不断完善。

三、重点领域成果与成效

广东省高新技术产品产值从2005年的1.2万亿元增加到2010年的3万亿元，

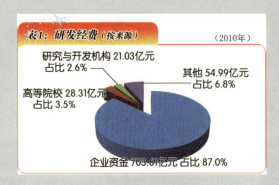

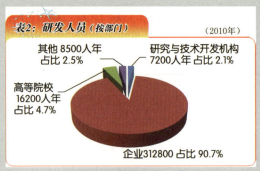

表4：承担国家级科技计划项目　单位：项

	2006年	2007年	2008年	2009年	2010年
基础研究计划	5	9	10	82	125
国家自然科学基金	607	752	954	1130	1578
863计划	43	104	222	248	252
国家科技支撑（攻关）计划	46	44	89	104	112
火炬计划	520	460	428	313	325
星火计划	272	261	241	134	123

"十一五"期间年均增长20.1%；高新区工业总产值从2005年的5555亿元增加到2010年的约1.5万亿元，年均增长22.0%。

1.高新技术产业发展

LED产业领域：2010年，广东省LED产业实现工业总产值853亿元，实现比上一年翻一番的目标。企业接近3000家，从业人员55万人，带动就业220万人。

新能源汽车领域：在动力电池、整车轻量化等方面取得了一系列技术突破。国内首辆混合电力电动车"燃料电池—锂离子电池混合电力电动汽车"，已经过验收并在珠海的电动汽车制造厂经过了1000多公里的道路运行试验。

电子信息产业领域：2010年广东省软件业务收入达2417.1亿元，占全国18.1%。截至目前，广东物联网产值超800亿元，M2M（机器对机器）数量超过460万台，RFID（射频识别技术）相关的企业超过2000家。

装备制造业领域：推进"数字化制造装备产业共性技术"重大专项，围绕墙

表5：科技创新体系建设

国家级工程（技术）研究中心 16家
国家级企业技术中心 49家
国家级生产力促进中心 7家
国家级工程实验室 7家
国家重点实验室 17个
国家级科技企业孵化器 23家

表6：改造提升传统产业

2007年陶瓷清洁生产创新联盟成立，组织实施"陶瓷行业清洁生产关键共性技术"等一系列专题研究。

佛山市勒流镇在中国地质大学（武汉）"小五金清洁生产"专项计划的帮助下，成功解决了六价铬等有害物质替代问题。

中山大涌红木家具专业镇与北京林业大学合作，推广先进烘干技术和工艺，解决了木材烘干过程中的污染问题。

表7：技术合同成交额　　　　单位：亿元

2006年	2007年	2008年	2009年	2010年
110	182	185	248	243

材生产、汽车模具等重点产业需求，针对数字化制造装备领域开展关键共性技术攻关，研制出4类8种具有自主知识产权的行业关键装备。

新材料领域：惠州亿纬锂能股份有限公司和武汉大学对高能锂/亚硫酰氯电池功能电解液产业化装备进行了联合攻关，投入300万元设计和制造了我国第一套锂亚电池电解液产业化装备。

2. 改造提升传统产业

通过共建产学研创新联盟、示范基地，派驻企业科技特派员，实施高校与专业镇对接等手段，突破了一批传统产业共性技术和关键技术瓶颈（表6）。

3. 科技支撑新农村建设

广东省实施农村科技特派员科技服务行动计划，鼓励农业科技人员深入农村基层开展服务，引导技术、管理等生产要素向农村聚集，加快农业科技成果转化和应用。攻关水稻"三控"生产技术等，实现重大突破。

4. 科技型企业发展情况

广东省中小企业已突破百万户大关，占该省企业总数的99.8%以上，其中科技型中小企业多达数万家。

广东省中小企业累计获得国家创新基金立项支持共1829项，资助金额达11.7亿元。目前，广东省承担创新基金项目的企业中，已有冠豪高新技术股份有限公司、中山大学达安基因股份有限公司等30家公司上市。

5. 技术市场成果交易

"十一五"时期，广东技术市场成果交易十分活跃，呈整体上升趋势。2010年，广东技术市场各类技术合同成交总数达17558项，各类技术合同成交额达243亿元（表7）。

（以上数据主要由广东省科学技术厅提供）

自主创新"实"字当头

庞彩霞

"十一五"期间,广东省科技创新成绩喜人。科技部发布的《中国区域创新能力报告》显示,广东的区域创新能力综合排名已由全国第3位升至第2位,创新经济绩效和创新环境等多项分指标更居首位。

凝视这份成绩单,我们发现:虚功实做,是广东自主创新工作的显著特色。

"实"在工作思路。近年来,广东遵循大科技、大开放的工作思路,围绕创新目标,联动多主体、多因素,共同协助、相互补充、配合协作,从而形成协同创新的工作局面。协同创新是提高自主创新能力和效率的最佳形式和途径,已经成为广东积极践行的新型创新模式。

"实"在创新领域。高新区是自主创新的主战场。近年来,广东将科技创新的重心下放到数百个以传统产业为主的专业镇内。针对"一镇一主业"的特征,广东以转高、转优、转强为目标,采取"一镇一策"的办法,支持各专业镇制定适合自身特点的发展规划和配套政策,致力搭建各类公共技术创新平台,解决产业共性技术难题,推动传统产业从价值链低端迈向中高端。

"实"在组织模式。广东创新科技管理模式,紧扣创新链与产业链的有机融合,高效率地提高区域创新能力。其一,寻找突破口,使创新有"径"可寻。广东省科技厅先后组织绘制了数十个"产业技术路线图",沿着"市场需求分析→确定产业目标→技术壁垒分析→凝练研发需求→整合科技创新资源"这一路径,找准了攻克相关产业的关键共性技术的着力点。其二,以大开大合方式寻求最大限度的协同攻关。对内推进实施"三部两院一省"产学研合作,对外探索"哑铃型"的国际科技合作模式,推动国内外高端创新资源与广东创新需求紧密对接。其三,创新招才引智模式,确保自主创新的后劲和潜力。广东率先探索团队式引进模式,有力地带动了国内外各类科技人才的聚集。据悉,目前广东已成功引进31个省级创新团队和32位科技领军人才,汇聚了282名海内外高层人才。

"十二五"时期,广东提出要建设自主创新示范省。何为"示范省"?答曰:要闯出科技发展新路,形成广东科技特色,发挥示范带动效应。相信广东未来的创新之路将走得更稳、更实!

2011·精彩之笔

- 1月，广东总结近年来专业镇发展情况，交流经验，推广典型，推动专业镇依托自主创新，实现科学发展。

- 3月，广东省大力推广应用LED照明技术及产品。

- 5月，第11届亚太科学中心协会年会在广东科学中心开幕。

- 6月，广东省引进第二批创新科研团队、领军人才。

- 7月，广东省工程技术研究开发中心建设20周年总结表彰大会召开。

- 8月，广东省向全社会介绍了组织实施战略性新兴产业核心技术攻关情况及战略性新兴产业核心技术攻关组织申报的基本情况。

- 9月，国家自然科学基金委员会—广东联合基金签约合作。

- 10月，广东省人大常委会法工委组织开展《广东省自主创新促进条例》立法调研。

- 11月，第八届中国国际半导体照明展览会暨论坛开幕式举行，该论坛是我国最具规模的半导体照明行业年度盛会之一。

- 11月，广东省启动创新医疗器械产品应用示范工程。

E 创新先锋

刘若鹏

深圳光启高等理工研究院院长、首席科学家。美国杜克大学电子与计算机工程系博士。开发了最先进的超材料系统。

2010年，刘若鹏率其核心团队在深圳成立光启高等理工研究院成为广东省首批引进的12个创新科研团队之一。良好的创业环境与完整的IT产业基础，再加上对深圳的深厚感情，让刘若鹏他们决定在深圳创业。

成立仅一年时间，刘若鹏率领的光启发展迅猛——整个团队已经从最初十几人发展到眼下300多人；在基础研究方面，超材料的微结构由2009年发明"隐形衣"时的6000

个，飙升至如今的上亿个，并且平均每周申请25项发明专利，年内将超过千项，光启在超材料领域将迅速形成对原创性知识产权的覆盖，在超材料这个战略性新兴产业，光启所代表的中国力量将拥有标准话语权；在技术应用方面，仅仅是一个"射频模块组"，应用不过一个月就收获了千万元订单，而领衔成立的"深圳超材料产业联盟"，则意味着一个超万亿的产业集群发出了崛起宣言。

感言：从科研的角度来看，每一个学科在各自的轨道上已经走得很深了，未来世界上呈现高速成长的产业和研究方向最终都将集中在交叉学科领域。我们团队里有研究新材料、电子学、光学、电磁学、机械工程、传感器网络等等，我们有一个共同的目标：从最基础的原创技术做起，在中国创造出使梦想变为现实的前沿性科技成果，而不再是跟踪式的发展。

盛司潼

美国弗吉尼亚大学分子生理与生物物理博士，美国约翰霍普金斯大学医学院博士后，深圳华因康科技有限公司创始人、技术总裁。

他带领高通量基因测序系统研发团队，主要研究方向为国际新一代高通量基因测序技术，包括微纳米加工、微体积溶液控制、高效率分子化学反应、基因信息大面积高通量成像等现代基因生物领域最新技术。盛司潼入选国家首批引进海外高层次人才"千人计划"。

感言：如果说20世纪是电子科技时代，那么21世纪就是生命科技的世纪，这也是国际公认的发展趋势。深圳在这方面应该早谋划、早出手，能否再创电子产业那样的辉煌，就看深圳有没有国际视野的技术革新和产业布局的决心。深圳面临的国际竞争日益激烈，必须赢在起跑线上。抓技术、抓创新、抓标准，特别是对于初创型具有国际先进水平的自主创新企业应该重点扶持，跳跃式发展，从而提升深圳科技创新的国际水平。

深圳应该增强竞争意识，立足于"抢"人才，以战略的眼光谋求人才引进策略的多样化，充分发挥市场和政府"两只手"的作用，拓宽引才渠道，敢于把手伸向世界发达国家和地区，"出海网才"。

深圳迈瑞生物医疗电子股份有限公司

深圳迈瑞生物医疗电子股份有限公司是中国领先的高科技医疗设备研发制造厂商，同时也是全球医疗设备的创新领导者之一。自1991年成立以来，迈瑞公司始终致力于临床医疗设备的研发和制造，产品涵盖生命信息与支持、临床检验及试剂、数字超声、放射影像四大领域，将性能与价格完美平衡的医疗电子产品带到世界每一角落。时至今日，迈瑞公司在全球范围内的销售已扩展至190多个国家和地区。

迈瑞公司总部位于中国深圳，同时在深圳、北京、南京、成都、西安、上海、美国西雅图、新泽西、瑞典斯德哥尔摩设立有研发中心，在中国31个主要城市设立了分公司，在美国、加拿大、英国、荷兰、德国、法国、意大利、俄罗斯、土耳其、印度、印尼、墨西哥、巴西、西班牙、埃及、哥伦比亚设立了海外子公司，在世界各地形成强大的分销和服务网络。截至2010年12月，全球员工超过6300人。

2006年9月迈瑞公司作为中国首家医疗设备企业在美国纽交所成功上市；同年10月，获科技部批准正式挂牌成立"国家医用诊断仪器工程技术研究中心"。2008年5月完成对美国Datascope监护业务的收购，成为全球生命信息监护领域的第三大品牌。担纲引领民族医疗设备发展之重任，迈瑞公司正朝着成为守护人类健康的核心力量的宏伟愿景跨越发展。

广州佳都集团有限公司

广州佳都集团有限公司始创于1992年，总部位于中国广州，是一家多元化、国际化民营高科技企业集团。

佳都集团创业之初主要从事IT分销代理业务，在不到十年的时间里发展成为亚洲IT产品分销亚军、新加坡主板上市的第一家中国科技企业。2005年，佳都集团居安思危，主动谋求转型升级，启动3×3年战略转型滚动发展计划，向价值链高端进军，大力投入科技创新，发力现代信息服务业。

秉持成为"中国现代信息服务业领跑者"的战略使命，佳都集团通过引进吸收、自主研发和资本运作，构建了以软件与信息服务为核心，以科技投资服务为拓展的业务布局。其中在软件与信息服务产业群中的智能安防、轨道交通智能化、通信增值业务、通信云计算与ICT综合服务四大领域形成了具有国际领先水平的核心竞争力；科技投资服务产业主要布局科技金融服务、数字地产与园区服务等两大关联领域。

目前，集团旗下共有16家子公司，其中战略性新兴产业骨干企业2家，"创新型企业"2家，并拥有1家技术研究院，4个工程技术中心，营销服务网络遍及中国及亚太地区96个城市。

佳都集团致力于成为受市场尊重，受员工爱戴，多元化均衡发展的国际知名企业集团，获"中国企业500强""中国服务企业500强""中国自主创新百强企业""中国产学研合作创新奖"等殊荣。

攀登创新之"滇"

围绕重点产业振兴和战略性新兴产业培育
对产业创新能力的重大需求，
在整合、优化现有创新平台的基础上，继续新建一批国家级、
国家地方联合和省级工程研究（技术）中心、
工程实验室、重点实验室、企业技术中心。
构建以滇中城市经济圈为中心的科技创新聚集区
以及与优势产业发展相适应的科技示范带，形成区域创新格局。

————摘自《云南省国民经济和社会发展第十二个五年规划纲要》

©云南华能小湾水电站　王进贤摄图

　　"十一五"时期，云南省以提高自主创新能力为核心，以建设创新型云南行动计划八大工程为重点，自主创新能力明显提升，注重为经济建设主战场服务、为产业发展和转型升级服务、为培育具有云南特色的战略性新兴产业服务，地区生产总值由2005年的3463亿元，增加到2010年的7224亿元。

一、要素投入及主要科技产出指标

　　"十一五"时期，云南省全社会研发经费逐年增长。2006年该项支出为20.9亿元，2010年增至44.2亿元，占地区生产总值的比重为0.61%（表1）。

　　云南省全社会研发全时人员总数大幅增长，从2006年的16106人年增长到2010年的22552人年（表2）。

　　"十一五"时期，云南省专利授权量达12543件，是"十五"时期的1.98倍。2010年专利授权量达3823件（表3），并获得国家科技奖励12项。

二、自主创新能力建设主要指标

在提高自主创新能力的过程中,云南省培育自主创新主体,发挥市场在竞争性领域配置科技资源的作用,注重财政投入的前瞻性、战略性、公益性,促进科技成果向现实生产力转化。

1. 重大项目

2010年,云南省执行国家和省级基础研究类项目588项(表4),在13个国家科技重大专项中,云南省参与承担了其中3个重大专项项目研发。

2. 科技创新体系建设

加快建设以企业为主体、市场为导向、产学研相结合的技术创新体系,认定高新技术企业334个(表5)。

3. 开放合作与人才引进

云南与国内国际的科技合作与交流取得明显成效,人才引进和培养机制更加健全（表6）。

4. 政策保障

建立健全科技创新激励机制，完善自主创新政策法规体系及科技成果转化和知识产权流转体制（表7）。

三、重点领域成果与成效

加快科技成果转化和产业化，在生物、新材料、节能环保等领域开发出一批具有国际、国内领先水平的重大创新技术和产品。

1. 高新技术产业发展

2010年，334家高新技术企业实现工业产值1088.33亿元，比上年增长19.9%，占全省工业产值13.81%；实现增加值248.74亿元，增长29%。

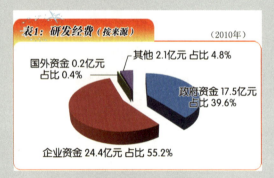

表1：研发经费（按来源） （2010年）
国外资金 0.2亿元 占比 0.4%
其他 2.1亿元 占比 4.8%
政府资金 17.5亿元 占比 39.6%
企业资金 24.4亿元 占比 55.2%

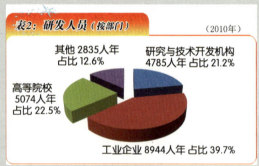

表2：研发人员（按部门） （2010年）
其他 2835人年 占比 12.6%
研究与技术开发机构 4785人年 占比 21.2%
高等院校 5074人年 占比 22.5%
工业企业 8944人年 占比 39.7%

表3：专利申请授权量 （2010年）
发明专利 652件 占比 17.05%
实用新型 2026件 占比 53%
外观设计 1145件 占比 29.95%

表4：承担国家级科技计划项目 单位：项

	2006年	2007年	2008年	2009年	2010年
合计	249	246	285	369	482
基础研究计划	3	7	4	5	4
国家自然科学基金	154	176	231	267	337
国家科技支撑（攻关）计划	26	28	21	47	82
科技型中小企业技术创新基金	15	6	2	5	1
火炬计划	12	10	18	26	26
星火计划	17	7	8	15	12

生物领域：生物育种方面，突破优质柠檬脱毒种苗快繁、油菜规模化小孢子培养等关键核心技术；特色天然药物方面，6个新药申报新药临床试验批件，2个中药材种植基地新获GAP认证；花卉方面，突破主要鲜切花标准及病虫害高效检测等关键核心技术，花卉新品种授权量占全国授权总数的85%以上。

新材料领域：建设云南冶金集团1万吨海绵钛、6万吨钛白粉、3000吨多晶硅，昆钢2万吨钛板，云铜1.5万吨高速铁路专用铜合金导线，玉溪蓝晶科技800万片蓝宝石单晶片，鑫圆锗业200万片太阳电池用锗单晶片等重点项目。

高端装备制造领域：打破技术垄断，开发应用昆船机场行李自动处理系统；大、重型精密柔性制造系统关键技术领域实现重大突破；PR系列高级存折打印设备市场占有率达70%。

光电子领域：昆明经济技术开发区获批成为国家光电子材料及产品科技兴贸创新基地；自主研发的高分辨率OLED微型显示器生产工艺技术达到同类产品国际领先水平；光电探测器、光学望远镜、红外热成像系统等光电子产品技术水平

达到国内领先水平。

节能环保领域：云铝自主研发出低温低电压铝电解新技术；云南恩典公司印刷业有机废气净化、回收再利用专利技术，使有机废气减排率达到95%以上、废气中有机溶剂回收率达到90%以上。

新能源领域：突破高效提取工艺及生物柴油配方关键技术，完成小桐子规模化、集约化栽培技术示范种植面积116万亩，建成年产3000吨生物柴油的中试加工生产线。

2. 改造提升传统产业

突破超薄铝箔制造、不锈钢复合板制造、铸轧法生产彩印用PS版基、利用磷肥副产物氟硅酸生产冰晶石、冶金法太阳能电池用多晶硅制造、低浓度煤矿瓦斯发电等25项关键核心技术；开发动力电池用磷酸铁锂正极材料、电容器用铝箔、中波红外焦平面探测器、烟草薄片滚刀式切丝机、轧制中宽幅硬质金属带材的高精度轧机、生物质气化成套设备等拥有自主知识产权的重大新产品25个。

3. 现代农业发展情况

"云薯103"、"云蔗99-91"通过国家新品种鉴（审）定；自主选育的两系杂交稻"云光17号"和杂交玉米"云瑞8号"及自主研发的"测土配方施肥技术"等3项科技成果，被农业部列为2010年全国农业主导品种和主推技术在全国推广；"滇陆"猪成为云南省通过国家级审定的第3个猪新品种；"永德蔗糖循环经济模式"已成为全国蔗糖产业示范推广的循环经济典型模式。

4. 高新技术企业发展情况

按照国家新标准，2010年认定高新技术企业123家，其中8家企业被科技部认定为国家火炬计划重点高新技术企业，2家企业已在深交所成功挂牌上市。

5. 技术市场成果交易

2010年，云南省技术市场各类技术合同成交总数达1050项，各类技术合同成交额从2006年的8.26亿元增长到2010年的11.21亿元。

（以上数据主要由云南省科技厅提供）

立足特色　扬长补短

杨　颖

云南省地处西南边陲，经济基础比较薄弱，但在许多单项领域，云南自主创新亮点频现：有色金属及稀贵金属采选冶技术、装备水平进入全国先进行列；中药现代化、花卉新品种研发、生物燃料在行业内具有重要影响……这些极具区域特色的创新成果在推动云南经济社会发展的同时，也加快了我国区域创新体系的建设。

长期以来，拥有丰富自然资源的云南省，由于科技人才、研发资金等科技资源不足，发展方式较为粗放，产品科技含量少、附加值低。针对这一现象，云南抓住自身具有科技基础和比较优势的特色产业，通过科技创新，改造提升传统产业、培育发展战略性新兴产业，把资源禀赋转化为产业优势。从2008年起开展的建设创新型云南行动计划，围绕具有比较优势、特色产业——有色金属新材料、磷化工和煤化工、装备制造业、生物质能源、花卉产业、中药现代化建设产业化创新基地。行动计划实施以来，利用生物资源优势发展生物产业，利用有色金属优势发展矿冶与新材料、化工产业等，大大拉长了产业链、提高了附加值。

在创新主体方面，云南实施创新型企业培育工程。开展高新技术企业上市培育专项工作，培育一批在行业内具有较强自主创新能力和竞争力的创新型企业。在人才方面，云南省科技人才队伍从数量到质量上，与国内发达地区相比都存在明显的差距和不足，特别是科技领军人才严重匮乏。针对特色和优势产业发展的科技需求，云南省实施高端科技人才引进计划，构建有利于引进高端人才的创新平台，为自主创新提供智力支撑，工作成效明显。

"十二五"时期，云南还将在与国家战略进行充分衔接的基础上，立足省情，选择具有比较优势、能够率先突破的产业重点发展，力争将生物、光电子、高端装备制造、节能环保、新能源、新材料等具有云南特色与优势的战略性新兴产业培育成支柱产业和先导产业。

结合当地实际、打造自身特色，通过科技创新扬长补短，云南的创新实践对于那些财力并不充裕、创新资源不足的欠发达地区来说具有借鉴意义。

2011·精彩之笔

- 1月，贵研铂业股份有限公司稀贵金属综合利用新技术重点实验室成为国家重点实验室。

- 1月，国家磷资源开发利用工程技术研究中心成为云南省第二个国家级工程技术研究中心。

- 2月，云南省政府常务会议审议通过《云南省"十二五"科学和技术发展规划》。

- 5月，云南南天电子信息产业股份有限公司和贵研铂业股份有限公司成为第三批国家级创新型企业。

- 8月，APEC沼气资源开发利用国际科技合作论坛在昆明举行。

- 10月，云南省农科院花卉研究所自主选育的"秋日"成为我国首个在欧盟获授权的非洲菊新品种。

- 10月，云南省6家高新技术企业被评选为国家火炬计划重点高新技术企业。

- 10月，中国航空生物燃料首次用于客机试飞取得成功，试飞所用生物燃油原料是云南省开发成功的小桐子精炼油。

- 11月，云南省两家企业获科技部第一批现代服务业创新发展示范企业认定。

- 11月，云南省3位科技工作者获何梁何利基金科学与技术奖励，在全国有获奖者的省份中，获奖人数最多。

创新先锋

朱有勇

云南农业大学教授，博士生导师，2011年11月10日当选中国工程院院士。在多年的学习和实践中，他对生物多样性控制作物病害的现象和规律进行了开创性研究，并在理论研究的基础上，建立了十余项作物多样性生态控病技术，累计推广1亿余亩，取得显著的社会、经济和生态效益。曾获得的荣誉奖励包括国家技术发明二等奖1项，联合国粮农组织科学研究一等奖1项，国际农业磋商组织优秀奖1项，何梁何利科技进步奖1项。

感言：云南省应当立足于丰富的生物多样性资源，着力发展生物经济产业，争取在烟草、茶叶、糖业、中药材、花卉等方面形成更多更好的自主创新品牌和技术。由于历史和社会等多方面的综合性原因，我省生物产业的自主创新还存在诸多不足，如花卉、烟草等作物具有自主知识产权的品种较少，经济作物的无公害生产和深加工技术亟待完善。云南的生物产业自主创新空间极大，为广大科技人员提供了创新研究的良好平台。我省在整合优化已有的创新平台的基础上，应当因地制宜地研发更多原创性技术，立足本地特色，扬长补短，打造自身发展方向，与国家整体规划充分衔接，为云南生物经济再上新台阶做出应有的贡献。

朱兆云

正高级工程师、国家执业药师、执业中药师、国家科技奖评审专家。现任云南省药物研究所党委书记、所长。他是"十一五"云南十大科技人物，在药品研究领域硕果累累，荣获过"中国第二届发明创业奖"和多项省部级科技奖，研发并成功实现产业化的"金品"系列5个药品进入国家基本医疗保险药品目录。

感言：自主创新是科学技术发展的战略基点和调整产业结构、转变增长方式的中心环节。近年来，国家对科技创新加大了政策的支持和投入的力度，充分重视和引导企业在自主创新中的主体作用。云南省科学技术厅坚持在"自主创新、重点跨越、支撑发展、引领未来"方针的指导下，在多个领域取得了重大的突破和骄人的成绩。从长远发展来看，我们还将从基础科学和共性技术方面的研究进一步加强。

自主创新是一个国家发展的动力，没有自主创新，就无法产生出核心产品，而核心产品是买不来的。许多事例无一不证实了当今国家的实力，很大程度是体现在科技自主创新的实力上，这就充分说明了自主创新对于建设创新型国家的重要性。这是国家发展的重大战略问题，需要我们予以充分地肯定和重视，意识到它的紧迫性。正如温家宝总理指出的："没有科技发展，就没有中国的发展；科技发展的未来，决定着中国发展的未来。"

云南冶金集团股份有限公司

　　该公司是以铝、铅锌、锰、钛、硅五大产业为主，集采选冶、加工、勘探、科研、设计、工程施工、内外贸以及冶金高等教育为一体的国家520户重点企业和云南省政府重点支持的10户大型工业企业，位居中国企业500强之一。集团获得3项国家科技进步二等奖。其中集团公司的两项代表性技术——"锌精矿加压浸出、长周期电解锌技术""富氧顶吹-鼓风炉强化还原-大极板、长周期电解炼铅技术"，分别获得2007年和2009年国家科技进步二等奖；集团所属企业—昆明有色冶金设计研究院股份公司作为参加单位完成的"西部低能耗建筑设计关键技术与应用"，获得2010年国家科技进步二等奖。

　　云南冶金集团所有主体生产经营企业已通过ISO9000质量体系认证，多数企业实现了质量、环境、职业安全管理的"三标合一"，整体发展形势良好。在今后的发展进程中，该集团计划按照科学发展观的要求，加快新型工业化建设步伐，深入构建和谐发展的企业集团，坚持大项目建设带动大发展，把自主创新摆在更加突出的位置。同时，在立足省情的基础上，该集团将会努力加快建设和发展铝、铅锌、锰、硅、钛五大主导产业，力争把集团建设成为主业优势突出、产业链丰富且具有较强核心竞争力的知名矿业大公司。

昆明中铁大型养路机械集团有限公司

　　简称昆明中铁，是隶属于国务院国资委管理的中国铁建股份有限公司，始建于1954年。多年来，昆明中铁肩负着 "为铁路强基固本"的神圣使命，以发展我国铁路养路机械事业为己任，通过引进技术、消化吸收和再创新，积累了一批自有技术和核心技术，具备了较强的自主创新能力，创立了符合国情的大型养路机械发展模式和技术体系，开发了一批具有自主知识产权的新产品，形成了良好的品牌效应。

　　2008年3月随中国铁建整体上市。它是国家铁路大型养路机械生产基地、国家火炬计划重点高新技术企业，具备了独立研发高端大型养路机械新产品的能力。其研发的 "铁路线路大型养路机械成套装备技术与应用"获2006年度国家科技进步二等奖；2008年荣获国家首届 "标准创新贡献奖"；拥有国家专利80余项，主持制订大型养路机械铁道行业标准30余项。

　　昆明中铁将继续坚持 "自主创新、重点跨越、支撑发展、引领未来"的指导方针，以 "掌握世界一流技术、生产世界一流产品、建成世界一流基地"为目标，按照 "引进先进技术、联合设计生产、打造中国品牌"的总体要求，大力推进原始创新、集成创新、引进消化吸收再创新，全面提升企业的自主创新能力，推进产业结构调整，转变经济发展方式，实施精益化管理，加快走出去步伐，把企业做大做强，建设成为世界领先、具有强大竞争力的铁路工程机械国际知名企业，世界一流的铁路养路机械设备基地，为铁路装备现代化贡献力量。

大美青海蓄势待发

瞄准未来产业发展的制高点，增加研发投入，
设立重大科技专项，实施重大科技工程，
增强产业关键共性技术原始创新、
集成创新和引进消化吸收再创新能力，
努力在新能源、新材料、高原医学、
高原生物等领域取得科技竞争新优势。

——摘自《青海省国民经济和社会发展第十二个五年规划纲要》

　　"十一五"时期，青海省围绕科学发展、保护生态、改善民生三大历史任务，积极探索欠发达地区实践科学发展观的成功之路，地区生产总值由2005年的543.20亿元，增加到2010年的1350.43亿元，自主创新能力明显提升。

一、要素投入及主要科技产出指标

　　"十一五"时期，青海省全社会研发经费逐年增长。2006年该项支出为3.34亿元，2010年增至9.94亿元，占地区生产总值的比重为0.74%（表1）。

　　青海省全社会研发全时人员总数从2006年的2592人年增长到2010年的4856人年（表2）。

　　"十一五"时期，青海省专利授权量达1179件，是"十五"时期的2.77倍。2010年专利授权量达264件（表3），并获得国家科技奖励3项。

二、自主创新能力建设主要指标

　　青海省把科技引领、创新驱动放在推进转变经济发展方式的突出位置，把科

© 资料图片

技创新作为推动产业结构优化升级的中心环节，大力提高自主创新能力，促进科技成果向现实生产力转化。

1. 重大项目

2010年，青海省执行国家和省级基础研究类项目54项（表4），在13个国家科技重大专项中，参与承担了1个重大专项项目研发。

2. 科技创新体系建设

加快建设以企业为主体、市场为导向、产学研相结合的技术创新体系，认定131个科技型企业、38个高新技术企业、12个创新型企业（含国家级7个）（表5）。

3. 开放合作与人才引进

青海省与国内国际的科技合作与交流取得明显成效，人才引进和培养机制更加健全。拥有博士后工作站2个，开展了中国畜间主要原生动物疾病诊断方法的建立等国际合作项目。

4. 政策保障

建立健全科技创新激励机制，完善自主创新政策法规体系及专利保护机制体制（表6）。制定《青海省科技进步条例》、《青海省科技人才中长期发展规划（2010-2020年）》，修订完成《青海省自然科学研究系列中高级专业技术职务任职资格评审条件》，起草完成《青海省自然基金管理办法》，《青海省专利促进与保护条例》正式实施。

三、重点领域成果与成效

加快科技成果转化和产业化，开发了一批国际领先的重大创新技术和产品。

1. 高新技术产业发展

2010年，高新技术产业实现工业产值64.27亿元，比上年增长12.62%，占全省工业产值4.09%，实现增加值17.74亿元。

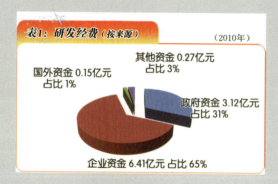

表4: 承担国家级科技计划项目 单位: 项

	2006年	2007年	2008年	2009年	2010年
合计	62	73	66	77	106
基础研究计划	2		3	1	5
国家自然科学基金	13	19	21	35	45
国家科技支撑（攻关）计划	9	5	2	7	4
科技型中小企业技术创新基金	12	17	16	22	35
国家重点新产品计划	8	7	4		
火炬计划	5	3	4	10	13
星火计划	13	22	16	2	4

生物医药领域：生物科技产业园区升级为国家级青海高新技术产业开发区，围绕青藏高原特色动植物资源开发利用，重点发展生物技术、中藏药、高原绿色食品加工等高新技术产业，开发出系列明胶、藏药、沙棘油、沙棘VP粉等知名品牌产品。

新材料领域：开发出多晶硅等新能源材料，高性能铝箔等金属新材料，特殊道路沥青等建筑新材料。

节能环保领域：西宁市餐厨垃圾资源化无害化处理示范项目被国家发改委和建设部命名为"西宁模式"；铁合金生产行业中，建成矿热炉余热发电装置，硅铁冶炼可降低电耗1000KWH/T左右。

新能源领域：已形成多晶硅材料、单晶硅拉晶、切片、电池、光伏组件及光伏发电为一体的光伏产业链。实施国家"863"计划重大项目"大型光伏并网系统设计集成技术研究示范及装备研制"。

装备制造业领域：新增省级创新平台6个，完成国家重大科技专项6个，成功

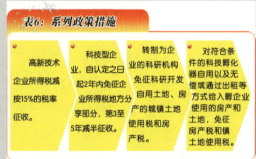

研制我国首台套拥有自主知识产权、具备世界一流水平的连续油管作业设备。

2. 改造提升传统产业

开发了重载铁路机车用轴承钢、高速铁路机车用特殊钢、风力发电用高质量轴承钢等钢种，提高了特殊用钢的国产化率。

对锡铁山铅锌矿进行技术改造，提高主金属铅锌回收率5个百分点以上，硫回收率提高30%，钢回收率提高5%。

开展电解铝节能工艺技术集成研究，铝电解的能量利用率提高10%，铝电解的能耗与排放指标达到国际领先水平。

3. 科技支撑新农村建设

"十一五"期间，实施国家各类农业科技计划项目139项。选育的农畜品种有9个通过国家审定。8个星火计划和7项国家科技支撑项目获得资金支持，13个项目列入国家农业科技成果转化资金项目计划。

实施各类科技项目1354项，通过审定农业新品种40个，建设了2个国家级农业科技园区和29个省级农业科技园区，发展科技特派员924名，农作物及牧草新品种示范推广面积达318万亩。

4. 科技型企业发展情况

截至2010年底，科技型企业92家，总收入达43.28亿元，资产总额达94.15亿元，科技活动经费3.07亿元，占当年销售收入的7.1%。科技型企业拥有专利总数441项，科技成果302项，认定新产品476项。

5. 技术市场成果交易

2010年，青海省技术市场各类技术合同成交总数达464项，各类技术合同成交额达11.46亿元（表7）。

（以上数据由青海省科学技术厅提供，部分数据摘自《青海科技统计数据》）

寻找绿色发展的动能

董 磊

与其他中西部地区相似，青海正处于经济加速发展、产业加快转型的关键时期，也面临着经济基础相对薄弱和发展方式亟待转变的两难境地。如何探索出转型发展的新途径，青海明确提出"绿色引领、开放创新"的目标，自主创新将成为青海"十二五"时期绿色发展的主要驱动力。

青海的资源和生态具有鲜明特点，能源和矿业资源十分丰富，独特的高原气候环境，为生态农牧业、特色生物产业发展提供了得天独厚的条件；青海是长江、黄河的发源地，生态环境关系到青海乃至全国的生态安全和可持续发展。青海三江源国家生态保护综合试验区的确立，进一步凸显了青海生态安全屏障的战略地位。

面对资源开发和生态保护的双重压力，青海着力依托自主创新，将特色资源转换成绿色经济。近年来，循环经济已成为青海经济社会发展最具活力的"亮点"之一，新能源、生态农牧业、生态旅游业等绿色产业已经在这片高原上显现出勃勃生机。这些发展成果的背后，是盐湖矿产资源循环利用关键技术的突破，是三江源生态保护技术难题的解决，是生态畜牧业、现代农业科技创新成果的推广……

绿色发展着眼于变废为宝，通过资源的合理利用谋求资源效率的最大化，而自主创新是提高资源利用效率的最重要途径之一。绿色发展的实现意味着产业的升级，不论是传统产业的改造还是高新技术产业的发展，都依赖于自主创新和技术进步。

青海正进一步加快绿色发展的脚步，围绕发展绿色经济的现实需求，以绿色科技引领作为"十二五"时期科技创新的主线，大力发展循环经济，加快推进传统产业转型升级，积极培育新能源、新材料、生物医药等战略性新兴产业，形成高端化、高质化、低碳化、生态化的绿色产业体系。在这一过程中，大幅度提升自主创新能力，加快构建以企业为主体、市场为导向、产学研相结合的开放型区域创新体系，实现在若干战略性新兴产业和重点区域的突破，显得尤为迫切。

依托自主创新，走出一条绿色发展之路，青海的实践值得期待。

2011·精彩之笔

- 1月，青海省创业发展孵化器有限公司被认定为国家科技企业孵化器，成为青海第2家国家级企业孵化器。

- 2月，青海省盐湖集团和西宁特钢获批国家创新型企业，至此，青海已有4家国家创新型企业，5家国家创新型企业试点单位。

- 3月，青稞黄酮分析及制备工艺研究取得重大成果，达到国内领先水平，青稞黄酮具有抗氧化、抗缺氧、抗疲劳及抗寒冷作用。

- 4月，西宁国家创新型试点城市动员大会召开，西宁市将成为青海的率先试验区和创新要素集聚区。

- 7月，青海省与中国工程院签署科技合作协议，中国工程院将发挥思想库优势，联合推进青海经济与社会全面发展。

- 8月，海南州生态畜牧业国家可持续发展实验区建设启动，为国内首个以生态畜牧业发展为主题的国家可持续发展实验区。

- 9月，青海省自然科学基金启动，将进一步加快青海学科带头人、优秀青年科技人才的培养和创新团队的形成，培育拥有自主知识产权的科研成果。

- 10月，科技部与青海省部省工作会商第一次会议举行，共同推进柴达木循环经济试验区、农业信息化及高原现代生态农牧业发展。

- 10月，青海国家高新技术产业开发区建设动员会召开，计划将其建成产业转型升级引领区、自主创新示范区和科学发展先行区。

- 11月，"青海省知识产权局、交通银行青海省分行知识产权质押融资战略合作协议"签约，为拥有自主知识产权的中小企业搭建了一个质押融资平台。

E 创新先锋

吴天一

　　中国工程院院士，我国高原医学和低氧生理学科的开拓者之一。科技部省部共建高原医学重点实验室主任，中华医学会高原医学分会主任。他在青藏高原长期从事高原医学研究，在人类高原适应学科领域开拓了"藏族适应生理学"研究，通过对不同海拔和不同群体的大量对比，提出了机体对高原低氧适应依靠器官水平功能适应和细胞水平组织适应两种途径的论点。在国际上首先证实青藏高原存在Monge病，其所提出的慢性高山病量化诊断标准被接纳为ISMM国际标准。他提出的符合我国高原实情的高原病防治措施，在实际应用领域取得了良好的实效。

　　感言：青海省的自主创新应当以绿色发展为核心，其未来产业发展的自主创新要与国家的科技规划战略和经济社会发展密切接轨，我们应当明确自己的目标，"有所为，有所不为"，通过广泛实践找到适合自己的优先主题，依靠坚强的团队合作，打好科技创新攻坚战。

　　独一无二的青藏高原环境，促使我国的高原医学走上了一条自主创新的发展之路。长年在高原从事医学研究的实践让我深刻感受到，每一项研究成果的取得，都离不开研发人员自主创新的源动力。我们要鼓励研发人员开展科研课题，就必须加大对科研活动和人才培养的投入，重视高端人才的先导作用，为专家团队搭建广阔的科技创新平台。

马培华

理学博士，研究员、中科院和东北大学博士生导师。35年来，他在中国科学院青海盐湖研究所从事盐湖资源分离提取、资源综合利用和无机材料研究。作为首席科学家承担并完成具有自主知识产权的国家高技术产业化示范工程"青海盐湖提锂及资源综合利用"项目。完成国家及省重点科技攻关计划项目8项，发表学术论文200多篇，获授权发明专利15项，曾获中国科学院自然科学奖二等奖、青海省科技进步奖一等奖、国家重点科技攻关优秀奖，在资源研究和利用方面拥有丰富的实践经验。

感言：当今时代发展的灵魂是改革与创新。与资源、资本、劳动力等传统生产要素相比，创新人才的科技创新活动已成为新世纪推动经济发展的根本动力。面对资源开发和生态保护的双重压力，青海应着力依托自主创新，将特色资源转换成绿色经济，从而获得人与自然的和谐发展。青海地大物博、资源丰富，独特的高原气候为特色生物产业的发展提供了得天独厚的有力支持，未来发展潜力巨大。近年来，青海在资源开发与综合利用、青藏高原特色产业发展等领域取得了一批重要的自主创新成果。青海资源环境具有独特性，通过对特殊性的深入研究培育特色产业更需要创新精神的发挥。青海经济发展的潜力要靠优化创新环境来孕育，靠多出创新成果来释放。

青海盐湖工业股份有限公司

　　该公司位于举世闻名的察尔汗盐湖，始建于1958年，它是中国最大的钾肥生产基地，是青海省四大优势资源型企业之一，也是柴达木循环经济试验区内的龙头骨干企业。作为国内首家大型钾肥工业生产企业，地区的艰苦性、企业代表行业的唯一性和钾资源的集中性，构成了该企业的鲜明特征。经过多年的发展，盐湖股份公司已形成了一套比较完善的集科研开发、生产经营、后勤服务、建筑安装、工程监理、酒店服务、资本运作为一体的大型现代化公司。

　　从"十一五"开始，盐湖股份公司在做大钾肥主业的同时，逐步向盐湖资源综合利用迈进，目标是聚集柴达木盆地丰富的盐湖资源、天然气资源、煤炭资源、水电资源等，建设三大工业基地，即：大型钾工业基地、大型碱工业基地和大型镁工业基地，形成钾、钠、镁、锂、气五大产业群。

　　在科技创新方面，该公司开发了具有自主知识产权的"钾肥反浮选冷结晶生产工艺"，建成了西部大开发十大标志工程之一百万吨钾肥生产装置，年产钾肥120万吨，企业在钾肥生产过程中一直追求技术革新，2010年氯化钾产品品位从95%提高到98%，钾收率由55%提高到63%。2008年12月"年产100万吨钾肥生产技术开发及产业化"项目获国家科技进步二等奖。

西部矿业集团有限公司

　　该公司是青海省一家以矿产资源综合开发为主业的大型矿业公司，主要从事铜、铅、锌、铝、铁等基本金属、黑色金属和非金属磷矿的采选、冶炼、贸易等业务。它是集地质勘查、采矿、选矿、冶炼、进出口贸易、投融资于一体的大型矿业企业，业务范围涵盖有色基本金属、盐湖化工、黑色金属、能源、非金属矿等领域。已发展成为总资产达325亿元，拥有员工11590人的公司，在全国12个省、市、自治区和部分海外地区拥有40余家直接或间接控股子公司。

　　西矿集团以"开发西部、报效国家"为宗旨，以"信念、忍耐、务实、奋进""忠诚、包容、立业、报国"为企业精神，坚持科学发展观，取得了良好的经济效益和社会效益。在青海省五十强企业排名中连续六年位列第一名，并入围中国企业500强，排名397名，是青海省首家进入中国500强的企业。公司获得国内外重大科技成果奖项25项，申请发明专利66项，建成国家级西部矿业企业技术中心、西部矿业博士后科研工作站，省级科研交流平台17个。

　　二十多年的行业经验和得天独厚的地域条件，铸就了西部矿业在我国西部地区乃至周边国家和地区开发矿产资源的雄厚优势。该公司将继续秉承竞争、开放的经营理念，坚持科学的发展观，努力把西部矿业建设成为主业突出，资产优良，管理规范，在国内资源储量与资源开发方面居于前列，具有一定国际竞争力的采、选、冶一体化的大型基本金属矿业公司，最终实现"矿业报国"的理想。

草原遍开创新花

把科技进步与产业结构优化升级、
生态保护、民生改善有机结合起来，
以原始创新为基础，
以集成创新和引进消化吸收再创新为重点，
促进科技成果向现实生产力转化，
实现技术跨越带动经济跨越。

——摘自《内蒙古自治区国民经济和社会发展第十二个五年规划纲要》

　　"十一五"时期，内蒙古自治区深入贯彻落实科学发展观，加快产业结构调整，整体实力显著提升。2010年，地区生产总值达到11620亿元，综合科技进步水平在全国排位由2005年第24位前移至第21位。由此，内蒙古进一步认识到自主创新重要作用，要求各项工作切实体现科技创新由"促进"到"支撑"，由"推动"到"引领"的转变。

一、要素投入及主要科技产出指标

　　1. "十一五"时期，内蒙古全社会研发经费逐年增长，2006年该项支出为16.49亿元，2010年增至63.72亿元，占地区生产总值的比重为0.55%（表1）。

　　2. 内蒙古全社会研发人力投入大幅增长，从2006年的1.38万人年增长到2010年的2.48万人年（表2）。

　　3. "十一五"时期，内蒙古专利授权量为7201件；是"十五"时期的1.8倍。2010年专利授权量为2096件，获得国家科技进步奖2项（表3）。

◎ 内蒙古自治区乌兰察布市辉腾锡勒草原风电场　马建荃供图

二、自主创新能力建设主要指标

近年来，内蒙古自主创新能力不断提升，主要体现在多项重大专项取得突破、创新体系不断健全、开发合作和人才引进持续深入，政策保障日益完备。

1. 重大项目

"十一五"时期，内蒙古承担国家级科技计划项目1154项，包括国家"973"、"863"、自然科学基金、科技支撑计划、重大专项以及中小企业创新基金等，获中央财政科技投入支持11.54亿元。

2. 科技创新体系建设

加大自主创新平台建设力度，着力形成以企业为主体、市场为导向、品牌为目标、产学研结合的技术创新体系（表4）。

3. 开放合作与人才引进

以提高引进消化吸收再创新能力为核心，推进国内外科技交流合作。推动人才引进工作，调动各种智力资源，促进自主创新工作开创新局面（表5）。

4. 政策保障

围绕财税政策、奖励机制、知识产权保护等方面，营造良好创新氛围（表6）。

三、重点领域成果与成效

目前，内蒙古共实施63个重大科技项目。实际完成投资18.1亿元，其中自治区财政拨款2.4亿元。已累计取得了新产品、新品种118项，开发出新技术、新材料、新工艺、新装置共111项，获得国家发明专利41项、国外发明专利4项。

1. 高新技术产业发展

新能源领域：生产出我国第一台具有完全自主知识产权的稀土永磁兆瓦级风力发电机；在太阳能单晶硅、多晶硅材料清洁高效生产等方面获得突破；形成兆

表1：研发经费（按来源）（2010年）
其他资金 2.00亿元 占比 3.1%
政府资金 9.38亿元 占比 14.7%
企业资金 52.34亿元 占比 82.1%

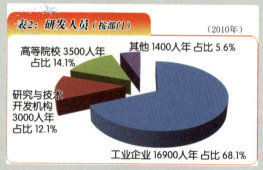

表2：研发人员（按部门）（2010年）
高等院校 3500人年 占比 14.1%
其他 1400人年 占比 5.6%
研究与技术开发机构 3000人年 占比 12.1%
工业企业 16900人年 占比 68.1%

表3：专利申请授权量（2010年）
外观设计共2163件 占比 30.12%
发明专利共818件 占比 11.39%
实用新型共4200件，占比 58.49%

表4：科技创新体系建设
国家级高新技术企业 123家
自治区企业研发中心 69家
国家级创业中心（孵化器）3家
自治区级高新区 8家
国家级示范生产力促进中心 4家
自治区高新技术特色产业化基地 18家

瓦级光伏电站工程化应用技术；建成电动汽车用镍氢动力电池生产线。

新材料领域：支持稀土永磁材料、稀土贮氢合金等功能材料的研发及产业化，支持稀土精矿优化生产工艺，稀土冶炼清洁生产技术。

生物技术领域：建立了我国具有自主知识产权的2500株乳酸菌资源库，建成了年产100吨益生乳酸菌发酵剂、年产100吨益生乳酸菌制剂生产线。建成全国最大的超临界二氧化碳萃取沙棘油工业化生产基地。

2. 改造提升传统产业

装备制造领域：研制成功世界上最大的3.6万吨黑色金属垂直挤压机；研制出具有世界先进水平的百米高速钢轨万能轧制生产工艺；开发出具有自主知识产权的热轧带钢后置式"超快速"冷却设备并应用于包钢CSP生产线。

煤炭高效清洁利用领域：建立了间接煤制油示范项目，是国内完全自主知识产权煤基液体燃料合成浆态床工业化技术；建立我国第一个无井式气化采煤工业

性试验工程；建立世界首个108万吨/年的煤直接制油生产线；建成世界首套煤制乙二醇工业示范装置。

3. 新一代信息技术

建设"草原硅谷"云计算产业园区，打造国家级的云计算IDC集群基地。

4. 现代农牧业领域

农牧业作为内蒙古的特色优势产业，也在自主创新的推动下实现了多项突破，相关研究水平步入世界前沿（表7）。

5. 技术市场成果交易

市场交易额大幅度上升，从2006年的41.12亿元增长到2010年的86.9亿元。

（以上数据主要由内蒙古科学技术厅提供，

部分数据来自《2011内蒙古统计年鉴》）

资源优势对接人才优势

胡文鹏

对内蒙古自治区而言，丰富的自然资源是其经济发展和自主创新的重要优势。但相对于东部沿海发达地区的区位，内蒙古对人才的吸引力和集聚力明显欠缺。要将内蒙古的资源优势更加充分、高效地转化为发展优势，必须让资源优势与人才优势对接，吸引汇聚更多的自主创新人才。

实现资源优势与人才优势对接，是内蒙古自主创新的现实选择。内蒙古煤炭探明储量和远景储量均居全国第二位，矿产储量潜在价值达13万亿元，居全国第三位，稀土探明储量更是占全国的97%……而与之不相适应的是，内蒙古国民生产总值长期徘徊在中间位置。这与内蒙古人力资源相对缺乏，技术革新相对落后，潜在的经济优势远未发挥出来有着莫大的关系。

实现资源优势与人才优势对接，是内蒙古自主创新的最佳选择。近年来，内蒙古在高层次人才培养、高端科研机构设立、高精尖技术突破上取得了不菲的成绩。但由于本土人才培养投入大、周期长、见效慢，整体来看内蒙古人力资源依然存在着整体缺乏、相对薄弱、分布不均等现象。因此，构建"培养、引进、吸收"三位一体的人才资源体系，以培养本土人才为战略目标，以引进高层次创新人才为重要手段，以吸收一切优秀社会智力资源为有益补充，打造与内蒙古资源优势和发展水平相适应的人力资源库，是当下内蒙古实现跨越发展的最优方案。

实现资源优势与人才优势对接，更是内蒙古自主创新的自觉选择。近年来，内蒙古结合自身在煤化工、冶金、稀土新材料、新能源、生物技术、先进装备制造业和现代农牧业等领域的资源优势，在打造人才成长平台上下功夫，在营造人才成才氛围上花心思，在创新引进高端人才机制上动脑筋，不断培养和壮大科技创新人才队伍，为内蒙古提高自主创新能力、提升经济发展水平提供了重要保证。

"不求为我所有，但求为我所用"。内蒙古以优势资源开发为重点，实施重大科技项目首席专家负责制，建立虚拟研究院和科学顾问委员会等，实现了对远在千里之外的重点实验室、技术研发中心前沿研究成果的充分利用。2010年，内蒙古又大力推行"草原英才"工程。在不到一年的时间里，引进高端人才325人，培养本土高层次人才335人，提高了相关领域的科研实力和资源转化的水平。此外，内蒙古还在北京设立京蒙高科企业孵化器有限责任公司，这是国内首个由政府设立的异地孵化器。

CE 2011·精彩之笔

- 2月，内蒙古干细胞医学工程技术研究中心成立。

- 3月，内蒙古第九届农牧业科技成果博览会举办，完成交易额近5亿元，创历史新高。

- 4月，内蒙古科技重大专项攻关工程启动。

- 5月，国家科技重大专项"3.6万吨黑色金属垂直挤压机及工艺研究"项目通过验收。

- 7月，内蒙古自治区人民政府、北京师范大学签署人才合作协议书。

- 7月，内蒙古企业知识产权托管工程试点启动。

- 8月，由内蒙古农业大学和深圳华大基因研究院联合宣布：蒙古羊、蒙古牛、蒙古马和阿拉善双峰驼全基因组序列图谱绘制完成。

- 8月，内蒙古自治区召开全区科技特派员创业行动推进会。

- 9月，内蒙古科技厅与中关村科技园区管委会签署合作框架协议。

- 10月，内蒙古自治区首家资源环境工程院士工作站成立。

 E 创新先锋

李春龙

　　包钢集团总经理，在钢铁生产和技术管理方便有多年的实践经验，带领宝钢集团多次创造生产和销售的高峰，被誉为全国杰出专业技术人才。

　　感言：自主创新是一个系统工程，我们需要进一步提高对创新理念的认识，增加技术落后的危机感，将科技的进步与产业的结构优化结合起来思考，在自主创新中实现资源、技术、管理三者的有机统一。推动经济社会发展，必须依靠创新驱动和人才支撑，必须加快教育改革发展，发挥人力资源优势，全面推动经济发展向主要依靠科技进步、劳动者素质提高和管理创新转变。

　　实现资源优势与人才优势的对接，是内蒙古自主创新的最佳人选。内蒙古要积极引进区外人才，以大力培养本土人才为目标，广泛联系社会院校、科研院所以及高科技公司等社会智力资源，通过政策引导，让多种人力资源形成合力。只有在营造人才的氛围上多花心思，不断培养和壮大科技创新人才队伍，才能够培育更多的为本土所需的高层次人才，从而为内蒙古提高自主创新能力、提升经济发展水平提供坚实有力的后盾支持。我们应当充分利用这个机遇，努力充实自己，争取在自己的工作领域中达到更精更专，提高自身的全面素质。

栗世芳

现任包头市汉诺威工业装备科技有限责任公司总经理。她是太阳能光热利用及储能方面的技术专家，国家"千人计划"特聘专家和自治区首批"草原英才工程"专家。

感言：对于科技创新型人才，特别是有实战经验的高层次创新创业人才，在行业发展规划，产业政策制定的过程中，要有话语权。相关部门可以创造条件倾听他们的观点，吸纳他们科学合理的建议，充分调动其积极性为科技创新注入力量。

中小型企业是维护社会稳定，创造就业机会不可忽视的一只生力军。国家现在非常重视中小型企业的发展，很多地区通过重点支持中小型科技企业，特别是战略性新兴产业领域的中小型企业已经取得非常明显的社会及经济效益。内蒙古是煤炭资源大省，一直为本省及周边地区的能源供给做出着积极的贡献。目前，通过国家产业政策的多方引导，通过科技、发改委、各个行业管理部门的积极支持可以补充一部分资金投入，暂时缓减高科技企业的研发经费的困难。但是高科技企业只有做到大规模产业化才可以起到科技创新的真正作用。我们需要向发达地区学习其先进的管理运营理念，为企业发展提供更加便捷的金融服务和更加个性化的信贷政策，从而真正做到调整产业结构，科技创新，引领未来，最终建立起健全创新创业平台，造福后人。

北方重工业集团有限公司

　　该公司始建于1954年，是国家"一五"期间的156个重点建设项目之一，隶属于中国兵器工业集团公司，是国家特大型企业，建厂多年来为国防建设做出了重大贡献。它集特殊钢冶炼、铸锻造、机械加工、焊接装配、电气液压、仪器仪表、专用车辆、总装调试等于一体，具有较强的科研开发及综合生产加工能力，具备完善的质量保证体系。

　　该公司自主研制的世界首套3.6万吨黑色金属垂直挤压机，于2009年7月13日成功完成热调试，挤出第一根合格的厚壁无缝钢管。这是我国振兴装备制造业迈出的坚实一步，标志着我国大口径厚壁无缝钢管制造技术获得重大突破，并在耐高温高压厚壁和异型材料的制造领域达到世界先进水平。

　　近年来，公司在兵器工业集团的正确领导下，牢牢把握装备制造业快速发展的有利时机，以提升发展能力，塑造"北方重工"品牌，打造百亿集团为目标；以谋求产品发展和资源优化配置为主线；以产品结构、组织结构、人力结构持续调整为手段；以"目标责任、考核评价、监督执行、服务保障"四大体系为保证，坚持走"集团化管理、市场化运作、专业化经营、规模化发展"之路，着力提高市场意识、竞争意识、成本意识、服务意识、责任意识，形成了矿用车及工程机械、特种钢及延伸产品、煤矿综采设备、铁路配件、改装车五大板块产品。

汇全环保动力有限公司

　　该公司成立于1997年，至今在内蒙古已建成集铁精矿选厂、稀土选厂、石材加工厂、稀土永磁体加工厂及专门生产稀土永磁电机和风力发电设备为一体的具有丰富产业链的集团公司。

　　该公司是以科技开发型为主导方向的企业，它采用科学有序的管理模式，生产效率高，产品质量好，生产成本低，有很强的市场竞争优势。其自主研发的MW级双电枢混合励磁风力发电机组，填补了国内多项技术空白，共获得19项国家专利、两项国际专利。今年，该公司又开发研制出1.5MW大型风光互补风力发电机，能自动调节叶片与太阳能板方向，可提高发电量20%。

科学技术是第一生产力，人才是筑起科技大厦的基石。该公司在多年的发展过程中，把重视人才、吸引人才、激励人才和人力资源管理与开发作为公司长期发展的人才战略，努力引进高层次创新人才，以吸收一切优秀的社会智力资源作为人力管理的根本，从而打造出与本土优势资源和发展水平相适应的人才管理方案。在此基础上进一步提高了相关领域的科研实力和资源转化及再利用的水平，实现环保与经济效益的和谐共处。

伊泰煤炭股份有限公司

该公司是以煤炭生产经营为主业，以铁路运输、煤化工为产业延伸的大型企业，其直属及控股的机械化煤矿共7座，年生产能力为2600万吨。公司所生产经营的煤炭具有低灰、特低磷、特低硫、中高发热量等特点，是天然的"环保型"优质动力煤。其所运营管理的伊泰集团煤间接制油示范项目，采用国内完全自主知识产权的煤基液体燃料合成浆态床工业化技术，一期工程年产16万吨，于2009年3月成功产出煤制合格的柴油、石脑油等产品，对于保障能源安全、促进煤炭资源多元开发等具有重要意义。

该公司坚持科学的发展观，走可持续发展道路，全力推进产业结构升级，全面提升专业化水平和竞争实力。它严格按照国家经济政策的规范要求自身的管理运营，认真贯彻"三个代表"重要思想，落实科学的发展观，坚持"四个不变"的办企原则，即：坚持加强党对企业的领导，集团公司党委是领导核心不变；坚持合法经营，照章纳税，两个文明协调发展的方向不变；坚持依靠广大职工，充分尊重广大职工的主人翁地位的宗旨不变；坚持为地方和国家的社会主义建设积极做出贡献的思想不变。它坚持"产品零缺陷，满意百分百"的经营理念，诚信经营，狠抓质量管理和合同兑现，努力提高售后服务水平，因而在各项事业取得了快速发展，业绩逐年上升，赢得了大量的客户和广泛的市场。

燕赵大地唱响创新之歌

把科技进步和创新作为加快转变经济发展方式的重要支撑，
深入实施科教兴冀、人才强省战略，
促进经济增长由主要依靠物质投入向科技引领、创新驱动转变。
加速构建以企业为主体、市场为导向、
"产、学、研、金、介"紧密结合的技术创新体系，
促进创新要素向企业集聚，
培育一批具有核心竞争力的创新型企业。

——摘自《河北省国民经济和社会发展第十二个五年规划纲要》

© 资料图片

"十一五"期间，河北省针对传统产业比重大，资源、能源依赖性强的实际，把增强科技创新能力，提升行业产业技术水平作为调结构的战略基点，着力推动经济发展向科技引领创新驱动转变，取得显著成效。2010年，河北省地区生产总值实现20197.1亿元，位居全国第6位，是2005年的1.7倍。科技支撑经济社会发展的能力不断提升。

一、要素投入及主要科技产出指标

2010年，河北省全社会研发投入经费达134.8亿元，占GDP比重为0.78%（表1），自2006年以来，年均增长24.9%。

河北省全社会研发人员总数从2006年的43740人年，增长到2010年的62305人年（表2）。

2010年，河北省取得专利授权量达10061件，较上年增长47.1%，占全国1.2%。每万人发明专利拥有量为0.13件（表3），获得国家级科技奖励14项。

二、自主创新能力建设主要指标

在提高自主创新能力过程中，河北省把科技重大专项作为重要载体，聚集创新资源，着眼引领示范，注重实用应用技术研究和成果转化，突破了一批关键共性技术。

1. 重大项目

在国家科技重大专项中，河北省参与承担了其中的7个重大专项项目研发，在一批重大自主创新项目中取得突破（表4）。2010年，河北省有近700个项目在国家"863"、"973"、科技支撑等计划中立项。

2. 科技创新体系建设

建设了一批高水平的高新技术产业开发区和高新技术产业化基地等，搭建多层次、多类型、面向社会开放的创新创业平台，在转化科技成果、孵化科技型企业、培育新兴产业等方面发挥了重要作用（表5）。

3. 开放合作与人才引进

在科技资源的引进利用上，搭建跨省交流交易平台，扩大国际交流。重点发挥环绕京津的区位优势，加强与驻京大院大所大学大集团的科技合作，积极服务环首都绿色经济圈建设（表6）。

4. 政策保障

落实企业研发费用加计扣除等税收激励政策，加强知识产权创造、应用、保护，打造自主创新"软"环境（表7）。

三、重点领域成果与成效

2010年，河北省高新技术企业达578家，其中销售过100亿元的有3家。高新技术产业产值达3410.4亿元，其中增加值达804.9亿元,比上年增长30%以上。

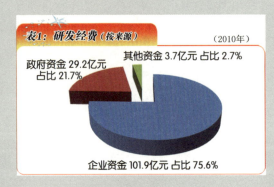

表1：研发经费（按来源）　（2010年）
政府资金29.2亿元 占比21.7%
其他资金3.7亿元 占比2.7%
企业资金101.9亿元 占比75.6%

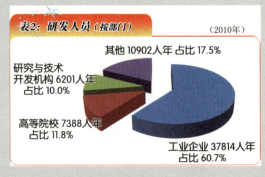

表2：研发人员（按部门）　（2010年）
其他10902人年 占比17.5%
研究与技术开发机构6201人年 占比10.0%
高等院校7388人年 占比11.8%
工业企业37814人年 占比60.7%

表3：专利申请授权量　（2010年）
发明专利共954件 占比9.5%
外观设计共2269件 占比22.5%
实用新型共6838件，占比68%

表4：重大项目

重大专项中承担项目	重大成果转化项目	取得突破的自主创新项目
国家核高基	组织实施27项省级自主创新重大成果转化项目	钙调素
极大规模集成电路		杂交谷子
高档数控机床		五十米口径天线
大型油气田		丁苯酞
水体污染控制		
重大新药创制		
转基因育种		

1. 传统产业领域

河北传统产业的资源、能源依赖性强，通过加强自主创新与科技进步，加快经济发展方式转变，推动传统产业升级。

钢铁产业领域：开发汽车专用钢、重大装备等科技项目，实施曹妃甸大钢"新一代可循环钢铁流程工艺技术"重大项目。筛选"钢铁企业低压余热蒸汽发电"等20多项节能减排技术进行示范推广。建立了国家冶金新材料基地，使我国成为世界上第二个拥有非晶带材工业化生产技术的国家。

汽车产业领域：支持长城汽车突破高端柴油发动机关键技术，石家庄东方久乐公司智能型安全气囊产品国内领先，秦皇岛戴卡兴龙已成为世界第一的轮毂企业。

高速动车领域：唐车集团研发出时速350公里、380公里高速动车组。

其他装备制造领域：煤矿采运设备、石油钻机、特高压输电装备、数控机

床、大型核电蒸发器、大型轧辊等产品的制造研发，不断向高端演化。

2. 战略性新兴产业领域

部分战略性新兴产业关键领域，已实现重大技术突破和成果转化，成为新的经济增长点。

光伏、风电产业领域：高纯多晶硅材料、多晶硅电池处于世界领先，硅单晶生长工艺、石英坩埚等方面形成一批自主创新成果。自主研发出超薄硅片切割工艺，硅片厚度降至170微米，高纯多晶硅材料纯度达到99.9999999%。研发出完全具有自主知识产权的3兆瓦海上风电机组。石家庄光谷、保定电谷建设不断加快。

新能源、新材料领域：积极推动新能源汽车产业技术创新，唐山成为"十城千辆"试点市。突破钒产品分离提炼技术，解决了钒电解液、电堆等关键技术。

电子通信领域：卫星导航、卫星通信芯片等10多个项目列入国家科技重大专项。建立全国导航芯片与终端产业技术创新战略联盟，组建河北省半导体照明产业技术创新联盟。

生物制药领域：18个项目列入国家"重大新药创制"重大科技专项。开发出我国第三个具有自主知识产权的一类新药丁苯酞软胶囊，是脑卒中治疗领域的全球领先药物。

3. 现代农业领域

通过加强现代农业技术创新应用，培育了一批农业新品种，实现大面积推广应用，提高农业综合生产能力和效益（表8）。

4. 技术市场成果交易

2010年河北省技术交易额实现137.4亿元，比去年增加38.2亿元，同比增长38.51%。

（以上数据由河北省科学技术厅提供）

从"快增长"到"优增长"

雷汉发

河北是一个经济大省，但不是一个经济强省。究其原因，是河北经济基本上建立在以资源采掘为依托的原材料工业上，虽然在一定程度上推高了地区生产总值，但经济效益低下，资源环境压力增大的问题越来越突出。如2010年，该省钢铁产业总量达到1.2亿多吨，占到全国五分之一，但仅此一项产业能源消耗和水源消耗就占到全省工业的40%和30%。

有鉴于此，当地在推进发展方式转变、大力调整产业结构的过程中，始终坚持发展高效技术产业，坚持采用高效技术改造传统产业，坚持把自主创新作为撬动产业结构优化的有力杠杆。

今年，河北拿出10亿元专项资金用于扶持和引导企业进行技术改造。在"十二五"期间，河北工业将完成传统产业技术改造投资2.7万亿元以上，年均增长30%以上，每年滚动实施省重点技术改造项目1000项以上。此外，河北还强力发展新能源等8大战略性新兴产业。在自主创新的有力支撑下，河北省结构调整的步伐正不断加快。

最新数据表明，河北省高新技术产品和以高新技术为支撑的机电产品，正日益成为推动出口的主要动力。2010年河北这两项产品的出口总额分别比上年增长74.5%和44.2%，反映出长期以来产业偏"重"、层次偏低的河北省经济结构正在发生积极变化，科技进步和自主创新正成为当地经济社会发展从"快增长"向"优增长"转变的重要推动力。

2011·精彩之笔

- 1月，"河北省钢铁行业技术升级专项资金"设立，3亿元资金主要资助骨干钢铁企业、高等院校、研究机构开发共性关键技术和重大装备，开展节能减排技术研发示范。

- 2月，河北省召开科学技术奖励大会，对2010年度282个获奖项目予以表彰奖励。

- 3月，河北省第十一届人民代表大会常务委员会第二十二次会议，表决通过了新修订的《河北省科学技术进步条例》。

- 3月，中国出口容量最大的发电机变压器在保定天威保变电气股份有限公司研制成功。

- 6月，对石家庄市农科院"石麦15号"小麦等三个优良农作物新品种，分别给予300万元奖励。

- 7月，举办北戴河全国科技成果展，展示"十一五"期间我国重大科技成就190项，参观人数达13.7万人次。

- 7月，重达77.2吨、直径5.5米的离心宽厚板工作辊在中钢集团公司邢台机械轧辊有限公司成功浇铸，创下同类产品"辊身直径"、"单重"两项世界之最。

- 8月，河北晶龙集团实现自动化大型单晶炉批量化生产，填补国内空白。

- 9月，华北制药股份有限公司成功研发出"药用辅料级基因重组人血白蛋白"，成为世界第三家具备产业化能力的企业。

- 11月，河北省人民政府、中国科学院科技合作座谈会暨"十二五"全面战略科技合作签约仪式举行。

E 创新先锋

吴以岭

　　中国工程院院士，以岭医药集团创办人，河北省中西医结合医药研究院院长。吴以岭教授始终坚持工作在科研、医疗一线，为了中医药事业的发展，为了中医药学术创新倾注了大量心血。自上个世纪八十年代开始，致力于中医络病理论的创新性研究，取得多项科技成果，获国家科技进步二等奖2项，国家发明奖一项，2002年度河北省省长特别奖，2004年度全国优秀科技工作者，获省部级奖励十多项。

　　其所创办的以岭医药集团以"络病学说"理论为依托研制国家级新药5个，坚持以基础理论创新为指导，创新药物研发思路、生产工艺，全面建设创新型企业。作为一家民营医药企业，它投入了上亿元资金进行创新药物研发和研发平台建设，并且以每年总收入6%的资金投入到新药研发中，铸就了"科研、教学、临床、生产、营销"五位一体的现代医药研发与生产的高技术平台，走出了一条自主创新的企业发展之路。

　　感言：任何一项创造发明，都要先有理论上的突破。纵观中医学术发展史，无数鲜明的事例均表明了只有重大的学术理论创新才能带来治疗方法和药物的革命性变化。理论创新是中医药学学科发展的灵魂和核心，也是实现中医药现代化和产业化的根本保障。我们需要将创新的思维融入到医学理论和临床实践之中，以先进的思想带动中医事业的繁荣昌盛。

赵治海

河北省张家口市农业科学院谷子研究所所长，他攻克了谷子杂交的技术难题，并将其应用于生产，最高亩产810公斤，填补了世界空白。杂交谷子是我国继杂交水稻之后对世界粮食安全的又一重大贡献，它靠天然降水增产粮食，可以减少地下水开采，对粮食安全和水安全意义重大。从1982年至今，他坚持从事山区开发创业和优质杂交谷子育种和推广工作，运用谷子光温敏两系技术，解决了山区谷子产量低、除草难，杂交种制种难、种子成本高等问题，目前培育

的品种推广到8个省区，为农民增收41666.7万元。被誉为燕赵大地杂粮谷子业的"袁隆平"，为国家的粮食事业做出了重要的贡献。

感言：搞自主创新，谷子有谷子的特性，为什么要套用水稻、高粱的模式去研究？一个人一辈子吃什么、喝什么、用什么都不重要，关键是用自己的生命和智慧给后人留下点什么。我们千辛万苦搞自主创新，就是想真正做点有意义的事。珍惜光阴，用自己的学识为人民的幸福生活添砖加瓦，这样的人生才会拥有价值，无怨无悔。在平凡的岗位上认真负责地完成自己的工作任务，不断挑战自己的能力，用创新的精神打造出更加优秀的成果，这样的人生终会充满精彩的过程与回忆。

北车集团唐车公司

　　唐山轨道客车有限责任公司隶属于中国北车，公司的前身是中国铁路机车车辆工业的摇篮——始建于1881年的唐山机车车辆厂新造客车系统。5年前，唐车公司还是一家只能设计制造时速160公里等级列车的铁路客运装备企业。从引进、消化、吸收、再创新，到成为拥有完全自主知识产权的动车研发制造公司，唐车用最快的时间走完了国外同类企业20年的路。在发展过程中，唐车采取引进技术消化吸收再创新的方式，大大节省投入时间和资金。制造的CRH3型"和谐号"动车组，代表着当今世界高速动车组制造技术的先进水平。 高速动车组技术引进给唐车带来的不仅仅是时速350公里以上的CRH3，经过技术引进、消化、吸收、再创新，一个强大的技术平台正在形成。

　　在创新思想的指导之下，从1994年至今，唐车为中国铁路6次大提速批量提供了新型客车。铁路技术装备现代化赋予了唐车公司新的发展机遇，目前，公司已经成为世界一流的高速铁路客运装备制造基地之一。公司制造的CRH3型"和谐号"动车组，达到了世界动车组技术的先进水平，在京津城际铁路的最高运营速度为每小时350公里，最高试验速度达每小时394.3公里。唐车公司作为国家首批91家创新型企业之一，构建了以铝合金、碳钢材质为主导的2条车体生产线，形成了由高速动车组、城轨车、中低速普通客车、特种车4个系列构成的产品体系。

中科廊坊科技谷

中科廊坊科技谷地处京津走廊腹地，西距北京市区约40公里，东距天津市区约60公里，采取政府主导、民营企业运作的方式，是专注于研发机构和高科技成果转化，集工作、生活、休闲于一体的城市产业综合题，目前吸引了大量科研院所和创新型企业入驻。2007年初，中科廊坊科技谷被联合国列为"联合国推进高新技术产业化及国际合作示范项目"，这是联合国工业发展组织在中国合作建设的唯一一家推进中国高新技术产业化与国际化示范项目。

中科廊坊科技谷以科技研发孵化和高技术成果转化为重点，突出自主创新平台建设，集聚国内外科技成果、海内外创业精英、国内民营资本、国际风险投资基金、中央和地方科技政策，面向国际和国内，联合科技部建设国家级技术交易中心、联合中科院建设国家级科技成果孵化及转化中心。中科廊坊科技谷着力发展以科技研发为核心的2.5产业，打造集"工作、生活、休闲"于一体的全球第四代科技园，创建国家级科技与金融创新之城，建设中国特色的"硅谷"。

其总体定位于"中国高科技成果转化基地"，是在新思路、新空间和新机制下创建的新型科技园。它不仅注重高科技产业的聚集，而且注重开拓高新技术产业发展的新模式、新思路，着力打造具有中国特色的"科技谷文化"。通过机制创新、技术创新和文化创新等有力措施，打造中科廊坊科技谷的核心竞争力。

海峡西岸澎湃创新潮

加快建设创新型省份是加快转变、跨越发展的重要支撑。
着力构建特色鲜明的区域创新体系。
强化创新基础能力建设，加强政府引导，
加快完善以企业为主体、市场为导向、
产学研相结合的技术创新体系，推进科技、产业融合发展，
提高科技对经济增长的贡献率，
力争自主创新能力走在全国前列。

——摘自《福建省国民经济和社会发展第十二个五年规划纲要》

　　"十一五"时期，福建省紧紧抓住海峡西岸发展纳入国家战略的重大历史机遇，始终坚持把自主创新作为强省之基、跨越之本、活力之源，综合实力迈上新台阶。2010年，地区生产总值达到14737.12亿元。

一、要素投入及主要科技产出指标

　　"十一五"时期，福建省全社会研发经费逐年增长。2006年该项支出为67.43亿元，2010年增至170.90亿元，占地区生产总值的比重为1.16%（表1）。

　　"十一五"时期，福建省全社会研发全时人员总数大幅增长，从2006年的40233人年增长到2010年的76738人年（表2）。

　　"十一五"时期，福建省专利授权量达51455件，是"十五"时期的2.3倍。2010年专利授权量达18063件（表3），并获得国家级科技奖励29项。

二、自主创新能力建设主要指标

　　福建省委、省政府提出："要坚定不移地把科技置于'十二五'时期优先发

© 厦门湾南岸招银港区 林 辉供图

展的战略地位，使科技更好地服务于经济发展、服务于民生改善，让科技创新成为福建跨越发展的强大动力。"近年来，福建省以提高自主创新能力为科技工作的首要任务，推动经济发展走向创新驱动、内生增长的轨道。

1. 重大项目

2010年，在13个国家科技重大专项中，福建省参与承担了其中2个重大专项项目研发（表4）。

2. 科技创新体系建设

加快建设以企业为主体、市场为导向、产学研相结合的技术创新体系，认定高新技术企业1207个（表5）。

3. 开放合作与人才引进

福建省与国内国际的科技合作与交流取得明显成效，人才引进和培养机制更加健全。

"十一五"时期，福建先后成立闽台科技合作基地和国际科技合作基地。

2010年，组织申报科技部国际合作计划项目和政府间科技合作计划项目，获科技部国际合作计划项目立项3项、扶持经费1288万元。同期，福建还先后引进院士16位，成立博士后工作站70家。

4. 政策保障

福建省不断建立健全科技创新激励机制，为自主创新营造良好政策环境，先后制定出台了《关于贯彻落实企业研究开发费用税前加计扣除政策有关事项的通知》、《福建省高新技术企业认定管理实施细则（试行）的通知》等一系列政策文件。

三、重点领域成果与成效

福建加快建立以企业为主体、市场为导向、产学研紧密结合的技术创新体系，大力推进创新要素向企业集聚，使企业技术创新成为福建科学发展、跨越发

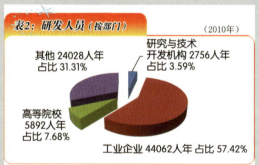

展的不竭动力。5年来，组织实施了13个科技重大专项，共获得发明专利208项、软件著作权65件，制定标准、规范242项，突破了一批制约重点产业发展的关键技术瓶颈。

1. 高新技术产业发展

2010年，高新技术产业实现工业产值7073.61亿元，比上年增长36.5%；实现增加值1838.25亿元，增长30.9%。

新一代信息技术领域：通过"北斗二代"卫星导航终端与核心器件重大专项的引导，引进了北斗二代导航领域的技术团队，并获国家重大专项定向重大项目2项的支持。

新材料技术领域：在有色金属钨及硬质合金、特种陶瓷、新型功能纤维等方面取得良好成效，其中从事钨系硬质合金新材料的福建金鑫钨业有限公司加入国家有色金属钨及硬质合金产业技术创新战略联盟。

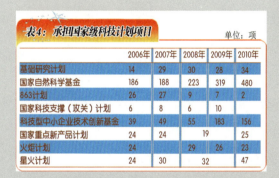

表4：承担国家级科技计划项目　　单位：项

	2006年	2007年	2008年	2009年	2010年
基础研究计划	14	29	30	28	34
国家自然科学基金	186	188	223	319	480
863计划	26	27	9	7	2
国家科技支撑（攻关）计划	6	8	6	10	
科技型中小企业技术创新基金	39	49	55	183	156
国家重点新产品计划	24	24		19	25
火炬计划	24		29	26	23
星火计划	24	30	32		47

表5：科技创新体系建设

国家级工程技术研究中心4家
国家级工程实验室2家
国家级企业技术中心27家
国家级工程研究中心1家
国家级生产力促进中心10家
国家部级重点实验室15家
国家重点实验室6家
国家级科技企业孵化器7家
国家级科技产业化基地7家

表6：技术合同成交额　　单位：亿元

2006年	2007年	2008年	2009年	2010年
6.42	16.87	18.97	26.23	38.12

装备制造业领域：重点开展激光精密加工技术集成和工程化研究，研发专用、精密、高速、大型数控机床，实施机器人等智能化装备的研发，以及混合动力客车及关键零部件研发，在重点领域取得突破。

节能环保领域：在高效照明产品和节能控制系统、低能耗绿色建筑设计施工技术、燃煤污染减排关键技术等方面取得重大进展。福州、厦门、漳州、平潭被科技部列入"十城万盏"半导体照明应用示范工程试点城市，LED照明示范应用进一步加快。

2. 改造提升传统产业

通过实施制造业信息化工程，加快推进传统产业改造提升。承担的"十一五"国家科技支撑计划"面向PLM的数字化设计制造与信息管理集成系统开发与应用"课题顺利通过科技部验收。累计投入科技经费7120万元，带动企业投入资金77894万元。累计培训制造业信息化人才7万多人次，服务企业2137家。

3. 科技支撑新农村建设

研发出乌龙茶初加工单项关键设备节能日光萎凋设备、红外线连续萎凋设备等8项新技术、新产品；研发出乌龙茶精加工单项关键设备立体式多功能风选机、平面圆筛机动平衡装置等3项新技术新产品，多项技术填补了国内空白。

研发果树修剪机、微型耕耘机、自动水果清洗机等产品、创新技术27个，共申请了20件专利。

4. 科技型企业发展情况

共获得国家科技型中小企业技术创新基金资助866项60785万元，省创新资金资助690项21510万元，创新型产业集群培育初见成效，福晶科技等10多家科技型企业上市，并有一批拟上市。

5. 技术市场成果交易

2010年，福建省技术市场各类技术合同成交总数达5137项，各类技术合同成交额达38.12亿元（表6）。

（以上数据主要由福建省科学技术厅提供）

"要素驱动"换挡"创新驱动"

王 晋

对福建而言，"跨越发展""转型升级"在"十二五"时期显得格外紧迫。福建的自然资源并不富集，要素投入、环境保护等方面的成本越来越高，经济增长的传统动力正逐步衰减，经济发展迫切需要由"要素驱动"向"创新驱动"转变。

从绝对数字看，福建的科技投入在全国排名并不靠前，但从科技成果转化、科技对经济社会发展的贡献等指标看，福建却有不小的进展。数据显示，2010年，福建省科技促进经济社会发展指数居全国第5位，高新技术产业化指数居全国第6位。

提高科技成果转化率，一直是科技工作的重点。企业是科技创新的主体，但福建缺少"大块头"企业，在福建的传统优势产业，如服装、制鞋、石材等，存在众多中小企业，产业链有待延伸，研发投入不足。同时，高校和科研机构不很多，也是福建科技发展的制约因素。

基于此，福建出台了一系列有利于增强自主创新能力的政策法规，并积极引进创新科研团队，支持高层次人才创业。

一个亮点是，通过纵向和横向整合，形成创新合力。当地通过与科技部、国家知识产权局、中科院等单位建立科技工作联席会议、省部和厅市会商等方式，有效整合各层级、各方面的资源，构建"政、产、学、研、用、金、介"协作大机制，推动企业成为科技创新的主体，让大量传统制造企业获得新的增长动力。

另一个亮点是，科技管理部门进一步创新服务，成为科技成果产业化的重要推力。通过机制创新，福建形成了产学研密切合作的机制，支持高校、科研机构与企业共建研发中心，共担科技项目，共享转化利益。大力推进科技服务业，为科技型中小企业开发、转化高新技术成果提供"孵化"服务，培育出一批有巨大成长潜力的科技型企业。

传统产业通过自主创新迈向高端化，新兴产业通过自主创新实现规模化，福建以科技支撑经济发展的思路十分明晰。

作为改革开放的先行地区，开放是福建的优势。闽台合作交流的良好态势，进一步提升了福建的软实力。被称为"6·18"的"中国·海峡项目成果交易会",至今已举办九届,促成了2.1万多个项目在福建签约落地转化。

当前,福建正着力抓好"两个落地"——重大科技成果落地转化,重点科研机构落地建设,通过这"两个落地",科技成果产业化的速度将进一步加快,科技创新平台的建设将进一步加强,高端技术人才将进一步集聚。

在刚刚闭幕的福建第九次党代会上,福建省委指出,从"要素驱动"向"创新驱动"转变,创"福建制造"和"福建创造"的双重优势,这将给福建带来新的发展动力。

CE 2011·精彩之笔

- 1月,福清国家平板显示高新技术产业化基地等3个高新技术产业化基地获批。

- 5月,闽东中小电机产业集群确定为国家创新基金创新型产业集群,成为全国第四个、福建省第二个国家创新基金创新型产业集群。

- 6月,《福建省"十二五"科技发展专项规划》实施。

- 6月,第九届"中国·海峡项目成果交易会"上,福建科技展团共展示成果转化、对接项目、技术需求项目、赴港澳重大经贸活动生成项目等四类项目506项,促成项目对接188项。

- 7月,福建省科技厅等四部门联合确定126家企业为第四批创新型试点企业。

- 8月,国家中药材现代化科技(福建)基地建设全面完成,累计新建省部级以上中医药研发平台40个,61个中药新药获批上市。

- 9月,福建省企业科技创新工作会议召开,并下发《福建省人民政府扶持企业科技创新与成果转化的若干规定》(征求意见稿)。

- 10月,福建省落实自主创新激励政策成效显著。去年全省企业研发费用加计扣除额19.32亿元,同比增长40.71%。

创新先锋

洪茂椿

　　中国科学院院士，现任中科院福建物质结构研究所所长、福建省人民政府顾问。结构化学家，在无机化学与晶体材料研究领域的成就对产业化带动效果显著。

　　感言：对我们国家来说，自主创新太重要了！改革开放30年以来，我们走了一条"引进—消化吸收—再创新"的路子，取得了不少创新成果，但这只是一种过渡的手段，跟着别人走永远不可能抢占产业发展制高点，必须走自己的路，坚持自主创新，才能有重大突破。而且，我们已经具备这个条件了，完全可以走出一条新路子。要在自主创新方面取得突破，我认为要宽容失败，越宽容越容易成功。

　　福建要跨越发展，科研院所要有促进科技与经济结合的思路。如何真正让企业成为创新的主体，我们在企业中寻找科技问题，帮他们解决，进行"高位嫁接"，解决了他们的技术问题后，再嫁接过去，就能尽快实现产业化，实现了基础研究—变革性技术—典型的产业化成果这一价值链。

　　技术的先进并不代表产业的优势，如何真正发挥技术的先进性、有效地促进科技成果转移转化，变技术优势为产业优势，这是科技界和产业界人士必然面临而且必须探索的问题。实施政、产、学、研、金、介、用"七位一体"的有效组合，大力开展基础研究实现源头创新、开展技术创新调动多方积极性、探索有效模式促进工程产业化积极探索有效激励机制是实现科技与经济结合、科技与教育结合、科技与文化的结合的重要途径。

夏宁邵

厦门大学国家传染病诊断试剂与疫苗工程技术研究中心主任，厦门大学公共卫生学院院长，获得国家技术发明二等奖、国家科技进步二等奖等多项科技奖励。

感言：科研机构必须面向一线，才能清楚地知道社会需要什么、国家需要什么、自身的研究方向在哪里，研发出的成果才能真正惠及社会和百姓，得到人们的认可。针对实际问题不断开展自主创新研究，尤其是高度重视产学研合作使我们的研究成果能在最短的时间

内应用到我国传染病预防控制的实践中，迅速形成"课题—成果—实际应用并得到认可—新的课题"的良性循环。目前，我们研究中心逐步发展成为我国传染病防控产品自主创新研究和产业化支撑的重要科技力量之一。尤其在科研成果的原创性和成果的转化率、转化速度、转化规模和产品市场占有率方面在国内同领域具有明显优势和一定国际影响。

与企业的紧密合作是科技成果真正实现"服务民生"价值的最有效途径。只有通过与企业的联合攻关，才能把实验室的研究成果直接应用于疾病防控工作，并通过企业迅速推广到疾病防控第一线中，从而真正实现科研成果的价值。我们应当经常同相关企业进行沟通与合作，及时将最新的科研成果投入到市场中予以实践，使科技的创新化得以最广程度的实行。由理论走向实践，是每一位学者应当铭记于心的指导思想。

厦门钨业股份有限公司

该公司是目前世界上规模最大的钨冶炼生产厂商，拥有年产仲钨酸铵10000吨的能力，主要钨产品年出口量占全国年出口总量的35%。厦门钨业的技术研发能力近几年一直保持在同行业的领先地位，公司拥有离子交换冶炼技术、仲钨酸铵结晶控制技术、碱体系远红外热压分解白钨矿技术、超细钨粉工业化生产技术、全自动电热十五管还原炉制造技术、全自动钼丝碳化炉制造技术等钨工业界尖端技术，使得公司的产品在质量和成本上极具竞争力。

厦门钨业及其控股的金鹭公司分别于2001年和1999年被国家科技部火炬高技术产业开发中心认定为国家火炬计划重点高新技术企业。金鹭公司的产品高性能钨粉、碳化钨粉系列产品关键技术及关键设备的综合开发被列入1997年国家八六三计划；亚微细碳化钨粉及钨粉1999年被评为重点国家级火炬计划项目；高性能超细碳化钨粉被国家科学技术部等五部委共同批准为国家重点新产品，并获1999年度福建省科技进步一等奖和1999年度福建省冶金行业科技进步一等奖。

厦门钨业于2000年7月通过了国家科技部和中国科学院的高科技企业认证，即"双高认证"。它以科学技术带动产业创新为指导思想，加快进行各项技术的更新换代，与世界先进水平逐步接轨，因此企业得以不断前行，具有蓬勃旺盛的生命力。

福州宜美电子有限公司

该公司总部位于福建省福州市，是一家专业从事电波时计产品研发、制造、销售的高新技术企业。它拥有百余项自主知识产权及专利，通过了ISO9001，欧盟ROHS等多项国际体系认证，以及沃尔玛、IKEA等世界五百强零售巨头的供应商体系认证，并综合运用全球的战略思想经营品牌业务，赢得并巩固了其品牌地位。

目前，各国电波钟表发展迅猛。2007年，中国科学院下属国家授时中心河南商丘信号发播台开始发播覆盖我国绝大部分地区的信号。该公司是中国码电波时计倡导者与普及者，其生产的产品可以根据电波"自动校时，精准同步"。

宜美电子创新中心拥有先进的科技创新和工业设计能力，它凭借其丰富工业设计经验和卓有成效的产品设计生产体系，陆续完成了数百件产品的设计工作，平均设计周期为60天。中心下属机构包括工业设计、软硬件设计、机械结构设计、工艺工程实验室、标准化及情报中心等多个部门。它应用新技术、新工艺、新材料进行产品的创新，应用嵌入式软件、电子传感器技术及无线电传输原理进行产品的功能设计，推出的产品深受市场青睐。公司拥有实用新型专利、外观专利与计算机软件著作权共100余项，连续两年获得中国工业设计红星奖、中国工业设计十佳最具创新力设计中心等奖项、国家知识产权局颁发的外观专利优秀奖。

塞上江南展开新画卷

必须把科技进步和自主创新作为转变经济发展方式、
实现新跨越的有力支撑。
深入实施科教兴宁和人才强区战略，
积极依靠科技进步、提高劳动者素质和推进管理创新，
增强企业自主创新能力，
不断提升经济发展的质量和效益，
走创新发展之路。

——摘自《宁夏回族自治区国民经济和社会发展第十二个五年规划纲要》

　　"十一五"时期，宁夏回族自治区大力实施科教兴宁和人才强区战略，扎实推进创新型宁夏建设，实现了经济社会又好又快发展，地区生产总值由2005年的613亿元，增加到2010年的1690亿元。

一、要素投入及主要科技产出指标

　　1."十一五"时期，宁夏全社会研发经费逐年增长。2006年该项支出为5.1亿元，2010年增至11.5亿元，占地区生产总值的比重为0.7%（表1）。

　　2."十一五"时期，宁夏全社会研发全时人员总数有所增长，从2006年的4553人年增长到2010年的6378人年（表2）。

　　3."十一五"时期，宁夏获得国家级科技奖励10项，专利授权量达0.32万件，是"十五"时期的2.46倍，2010年专利授权量达1081件（表3）。

二、自主创新能力建设主要指标

　　"十一五"时期，宁夏着力提升自主创新能力，积极构建科技创新体系，大力推动开放合作和人才引进。同时，在政策上予以倾斜，保障自主创新工作有力推进。

1. 重大项目

2010年，宁夏执行国家级各类科技项目114项（表4）。

2. 科技创新体系建设

2010年，宁夏继续加快建设以企业为主体、市场为导向、产学研相结合的技术创新体系，认定高新技术企业37个（表5）。

3. 开放合作与人才引进

　　宁夏与国内国际的科技合作与交流取得明显成效。"十一五"时期，宁夏实施政府间国际合作项目超过百项，中色（宁夏）东方集团、宁夏农科院被科技部批准认定为国际科技合作基地。宁夏还积极创新人才培养方式，建立起32个科技创新团队。通过国家"千人计划"和自治区"百人计划"，人才引进工作取得全新进展。

4. 政策保障

近年来，宁夏建立健全科技创新激励机制，完善自主创新政策法规体系及科技成果转化和知识产权流转体制。先后出台了《宁夏回族自治区党委、人民政府关于加强农业和农村科技工作的意见》、《宁夏回族自治区人民政府关于发挥科技支撑作用 促进经济平稳较快发展的意见》等政策性文件。

三、重点领域成果与成效

"十一五"以来，宁夏科技事业步入快速发展时期，连续5年每年有2项成果获得国家科技进步奖。2009年，宁夏综合科技进步水平列全国第19位，比

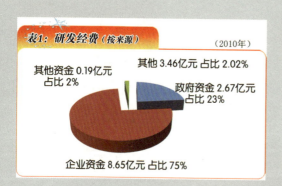

表1：研发经费（按来源）　（2010年）
其他资金0.19亿元 占比2%
其他3.46亿元 占比2.02%
政府资金2.67亿元 占比23%
企业资金8.65亿元 占比75%

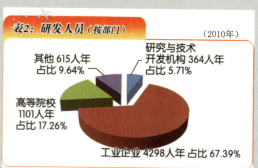

表2：研发人员（按部门）　（2010年）
其他615人年 占比9.64%
研究与技术开发机构364人年 占比5.71%
高等院校1101人年 占比17.26%
工业企业4298人年 占比67.39%

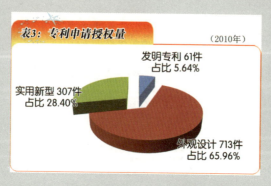

表3：专利申请授权量　（2010年）
发明专利61件 占比5.64%
实用新型307件 占比28.40%
外观设计713件 占比65.96%

"十五"末上升了9个位次，科技进步贡献率达42.8%。

1.高新技术产业企业

2010年，高新技术产业实现工业产值122亿元，比上年增长43%；实现增加值34亿元，比上年增长9.5%。

新能源领域：光伏产业、风电产业形成完整的产业链，冶金物理法多晶硅生产技术达到国际先进水平，太阳能光伏并网发电能力居全国前列。目前宁夏已具备年产100万千瓦的风机制造能力，全区建成和在建的多晶硅、单晶硅产能分别达到6000吨和2000吨，太阳能电池组件具备年产10万千瓦的生产能力。截至2010年底，宁夏共建成太阳能光伏发电项目11万千瓦，并网发电总规模达到7万千瓦。

新材料领域：初步形成了稀有金属材料、镁及镁合金材料、电解铝铝合金及型材、煤基炭材产品、多晶硅单晶硅等光伏材料5大产业链。中色（宁夏）东

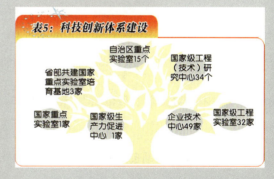

表4：承担国家级科技计划项目　单位：项

	2006年	2007年	2008年	2009年	2010年
基础研究计划				2	4
863计划	6	2	3	3	2
国家科技支撑（攻关）计划	12	1	36	36	45
火炬计划	24	23	21	24	29
星火计划	37	37	36	24	34

表5：科技创新体系建设

- 自治区重点实验室15个
- 国家级工程（技术）研究中心34个
- 省部共建国家重点实验室培育基地3家
- 国家重点实验室1家
- 国家级生产力促进中心1家
- 企业技术中心49家
- 国家级工程实验室32家

表6：改造提升传统产业

工业领域

- 创造了煤炭重力分选极限，超低灰煤产品填补了国际市场空白
- 设计建成了国内第一个散开式的交直流混合建的变电站
- 冶金物理法制取太阳能级多晶硅技术方面处于全国领先水平

农业领域

- 作物高产栽培技术取得突破，水稻创历史最高单产934公斤，玉米最高单产达到1249公斤
- 富民强县专项行动引进新技术88项、项目区人均增收568元，财政增收6100万元

方集团公司生产的钽粉产品比容达到20万微法伏每克，钽丝直径最细达到0.06毫米。

装备制造领域：数控机床、大型铸钢件、软轴硅拉晶炉等达到国际先进水平，数控珩磨机床、调节阀、重型和超重型煤矿运输设备、铁路牵引变压器等处于国内领先水平。

生物领域：在抗体药物、分子育种、转基因育种、生物技术装备等生命科学领域取得了一批具有国内外先进水平的科研成果。生物医药发酵技术达到国际先进水平，红霉素、盐酸四环素系列原料药规模占据世界首位。

2. 改造提升传统产业

近年来，宁夏对化工、冶金、轻纺、建材等传统产业进行大规模技术改造，积极推动扩大原油炼化能力，不断壮大电石法PVC及深加工产业链，促进电解铝向铝合金深加工方向发展、钢铁行业向高端产品方向延伸（表6）。

3. 科技支撑新农村建设

"十一五"以来，宁夏形成了较为完善的支持科技特派员创新创业的政策体系、组织体系和服务管理体系，启动企业科技特派员创业行动，招聘106名企业科技特派员派往97家中小型企业开展创新创业服务工作；支持科技特派员带头开展土地流转经营，创立了"马兴"西瓜、"灵丹"长枣等品牌。

4. 科技型企业发展情况

2010年，宁夏共有71个项目获批国家创新基金，资金总额达4800万元。宁夏自国家启动创新基金工作以来，累计向基金管理中心推荐项目441个，获批项目为228个，获批资金总额1.3亿元，综合获批率达51.74%。

5. 技术市场成果交易

2010年，宁夏技术市场各类技术合同成交总数达501项，各类技术合同成交额达0.98亿元。

（以上数据主要由宁夏回族自治区科学技术厅提供）

走出一条借力发展之路

王 玥

宁夏资源丰富，素有"塞上江南"的美誉。但同时，科技投入不足、人才匮乏、创新体制机制有待完善、企业创新的主体地位不突出等因素也成为宁夏自主创新的瓶颈。立足解决这些问题，加快发挥科技支撑引领作用，在更大范围内整合创新资源，在更高层次上推进自主创新，成为新时期宁夏科学发展的重要任务。

认清形势，明确定位，在谋求创新发展上，宁夏走的是一条借力发展之路——从科技发达地区引进先进科技成果，在对成果消化吸收再利用的过程中获得自身水平的提高。

宁夏的设施农业就是例证。在宁夏中部干旱地带和固原山区，农业发展一直受干旱少雨的自然条件制约。为了解决这个难题，宁夏引进了能够打破自然条件束缚的设施农业，以其为突破口，大力发展高附加值的现代农业。经过多年的实践，设施农业给宁夏的传统农业发展注入了活力，如今设施农业已成为宁夏不少地区转变农业发展方式、构建抗旱增收长效机制的选择。

借力发展有两条路径，其一是直接将成果拿来用，另一则是在对成果消化吸收的过程中结合实际再出新成果。宁夏更多的是选择了后者。单纯的技术成果引进，固然可以在短时间内提高效益，但若忽视对技术的消化吸收和创新，"借东风"便不能长久。

对宁夏来讲，煤炭是最具优势的资源之一，然而煤炭又是一种不可再生的资源。为了转变发展方式，提高资源利用效率，宁夏不少煤炭企业积极引进先进技术，在此基础上自主创新，助力产业转型升级。如作为国家煤矿装备重点专业生产企业之一的宁夏天地奔牛实业集团有限公司就确立了引进仿制、消化吸收、自主研发、创立品牌的发展模式，先后实施多项技术改造项目。公司还瞄准国际煤机制造先进水平，重点研发了重型、超重型刮板输送设备，生产了大批高产高效煤矿和特殊开采条件下急需的创新产品。

借力发展为宁夏自主创新带来了实实在在的成果，科技进步对经济增长的贡献率不断提高，综合科技进步水平显著提升，"十一五"时期全区科技成果产出较"十五"时期实现大幅增长。当然，在自主创新的征程中，宁夏还有很长的路要走，还需配套的政策、完善的机制作保障，也需搭建相应的支持和发展的平台。期待宁夏描绘出更美的创新画卷！

2011·精彩之笔

- 1月，宁夏大型高端燃气轮机铸件研发及产业化项目获2010年度国家科学技术进步二等奖。

- 3月，黄河河套地区盐碱地改良及脱硫废弃物资源化利用关键技术研究与示范等一批国家科技支撑计划项目和课题主要成果参加"十一五"国家重大科技成就展。

- 3月，宁夏确定并发布了2011年现代农业示范基地主推新品种116个，主推新技术、新设备、新产品117项。

- 4月，神华宁煤集团成功研制出了符合进口甲醇/二甲醚高选择性制丙烯（MTP）装置要求的国产催化剂，填补了我国煤制丙烯技术领域空白。

- 4月，宁夏灵武羊绒园区升级为国家高新技术产业开发区。

- 5月，中国科学院与宁夏回族自治区政府科技合作协议签字仪式举行。

- 8月，宁夏启动煤基丙烯、大型铝电解槽、葡萄与葡萄酒、旱作节水高效农业、中药材产业化、赖氨酸发酵控制6个自治区重大科技专项，总投资21940万元。

- 9月，中国·阿拉伯国家科技合作论坛成功举办，搭建起与阿拉伯国家和穆斯林地区科技合作的桥梁。

- 11月，《宁夏回族自治区知识产权战略纲要》发布。

E创新先锋

刘庆华

宁夏天地奔牛实业集团有限公司副总工程师。

感言：在煤机市场激烈竞争的今天，坚持"真正为顾客提供价值"的思想，必须不断提升技术创新能力，构筑人才培育平台，整合技术资源，研发、储备出新产品，让顾客真正体验到自主创新带来的真切感受。国家中长期科学和技术发展规划纲要明确提出，"把科技进步作为经济社会发展的首要推动力量，把提高自主创新能力作为调整经济结构、转变增长方式、提高国家竞争力的中心环节，把建设创新型国家作为面向未来的重大战略选择"。"十二五"规划纲要则强调，"加快建设国家创新体系，着力提高企业创新能力，促进科技成果向现实生产力转化，推动经济发展更多依靠科技创新驱动"，这些都是我们应当认真学习和思索的指导思想。

企业是技术研发投入和技术进步的主体。我们应当抓紧建立以企业为主体、产学研结合的创新体系。为了自主创业，助力产业转型升级，我们公司作为国家煤矿装备重点专业生产企业之一就确立了引进仿制、消化吸收、自主研发、创立品牌的发展模式，先后实施多项技术改造项目。根据青海省的资源分布特性，我们公司严格以可持续发展的观念指导生产，力图达到资源与经济的和谐统一，同时还瞄准国际煤机制造先进水平，重点研发了重型、超重型刮板输送设备，生产了大批高产高效煤矿和特殊开采条件下急需的创新产品。

李玉明

神华宁夏煤业集团有限责任公司副总工程师。

感言：自主创新的一个重要立足点就是市场需求，企业在转型升级过程中，要以市场需求引导创新、驱动创新，努力协调研发、生产和市场的相互关系，实现企业创新链和产业链的有机结合。脱离了市场的生产是没有生命力的，我们必须将自主创新的精神贯穿于企业运行的每一个步骤之中，这样才能与时俱进，在激烈的市场竞争中获得自己的利益空间。

在企业自主创新精神的指引下，神华宁夏煤业集团制定了符合企业自身特色的发展战略，即实施大规模煤炭开发和产业升级，打造以煤炭开采、煤化工、煤炭深加工及综合利用、铁路为四大支柱产业的现代化、可持续发展的国家大型能源集团。集团努力以大企业建设大基地，以大基地培育大企业，力争建设成为煤、化、油、电、路综合发展的国际化、现代化、可持续发展的跨地区、跨行业的新型能源企业。世界经济的发展趋势是复杂而多变的，只有从企业自身内部入手，逐步壮大和完善生产和经营体系，才能在风云变幻的产品竞争中巩固自己的地位，获得利益和成功。万事万物都在不断地运动、变化和发展中，创新才是生存之本，这是我们应当铭记于心且付诸实践的真理。

中色（宁夏）东方集团有限公司

该公司作为宁夏新材料产业的龙头企业，研发生产的稀有金属材料在许多领域具有重要用途。主要从事稀有金属钽、铌、铍等高新技术产品的研究、开发和生产，产品广泛应用于电子、冶金、化工、航空、航天等高科技领域，是我国惟一的铍材研究、加工基地，是世界钽冶炼加工三强企业之一、国家首批科技兴贸出口创新基地。2011年，公司入选首批"国家技术创新示范企业"。

稀有金属的研发、生产和销售与本地的资源分布及开采情况密切相关。以自主创新的精神作为企业发展的指导思想，就是要求企业在制定政策和发展规划时充分考虑到本土资源和经济发展的相互影响。集团不仅在技术上以国内外最先进的科研成果作为指导，多次带动产品的革命，在后续产品和环境污染的治理方面也投入了巨大的时间和努力。环境与经济的和平共处，才是长远的发展方向。宁夏省自然资源储量很大，是我国各类稀有金属的主要供给之地，只有以先进的提取和冶炼方式对其进行利用，及时把握好前期开采和后期治污的时间进度，才能做到物尽其用，合理利用资源，不留一点浪费。

宁夏共享铸钢有限公司

共享铸钢有限公司是中国、奥地利和日本三方共同缔造的世界顶级铸钢企业，占地16万平方米，建筑面积5万平方米。一期铸钢产品生产能力为1万吨，最大单件重量为150吨。该公司采用世界一流的生产和检测设备，可以生产高品质的碳钢铸件和合金钢铸件，生产的主要产品覆盖能源(燃气轮机、蒸汽轮机、水力发电、核电)、机械、压缩机、造船、海洋石油设备等行业。

该公司深入贯彻落实科学发展观，着力调整经济结构，加快自身的经济发展方式革新。其为大型铸钢件制造企业，年铸造生产能力达10000吨。由于产品具有核心竞争力，国际市场占有率达50%以上，国内市场占有率超过80%，因此它成为国内惟一可以批量生产重型燃气轮机配套铸钢件的企业。它的铸钢件产量和供货品种数位居世界前列，填补了我国发电领域大型基础零部件的空白，使我国具备了生产高品质批量出口大型复杂铸钢件能力，大大增强了宁夏省大型骨干企业的可持续发展能力。同时，在保持本公司经济快速发展的同时，它还注重节能排放，以减轻污染作为生产技术革新的发展目标，将生产与环境的和谐共处、利益与环保的共同繁荣作为企业发展的座右铭。

创新志高远 极目楚天舒

以增强自主创新能力为核心，
以应用技术的自主研发和先进技术的自主应用为重点，
着力培育壮大创新主体，加强技术创新体系建设；
以战略性新兴产业、支柱产业、农业为重点，
突破产业关键共性技术，
提高产业技术水平，
增强核心竞争力。

——摘自《湖北省国民经济和社会发展第十二个五年规划纲要》

© 一列动车从黄鹤楼下驶过　顾兆农供图

"十一五"时期，湖北省抢抓促进中部地区崛起的重大战略机遇，全面启动"两型"社会建设，进一步增强自主创新能力，实现了经济社会又好又快发展。2010年，地区生产总值达到15967.61亿元。

一、要素投入及主要科技产出指标

"十一五"时期，湖北全社会研发经费逐年增长。2006年该项支出为94.7亿元，2010年增至264.1亿元，占地区生产总值的比重为1.65%（表1）。

"十一五"时期，湖北全社会研发全时人员总数大幅增长，从2006年的62616人年增长到2010年的97923人年（表2）。

"十一五"时期，湖北专利授权量达 52303万件，是"十五"时期的3.63倍。2010年专利授权量达17362件（表3），并获得国家科技奖励40项。

二、自主创新能力建设主要指标

湖北省充分发挥教育资源富集、创新人才集聚等智力优势，着力提升自主创新能力，积极参与国家科技计划项目，大力推动对外合作和人才引进工作，营造有利于自主创新的政策环境。

1. 重大项目

2010年，湖北执行国家基础研究类项目1721项（表4），在13个国家科技重大专项中，参与承担了其中2个重大专项项目研发。

2. 科技创新体系建设

加快建设以企业为主体、市场为导向、产学研相结合的技术创新体系，认定高新技术企业893个（表5）。

3. 开放合作与人才引进

湖北与国内国际的科技合作与交流取得明显成效，人才引进和培养机制更加健全。2010年获国家国际合作计划12项，获政府间交流项目21项，国家级国际科技合作基地发展到8个。引进和培养高层次人才1000多人；65名专家入选国家"千人计划"，位居全国第四。

4. 政策保障

建立健全科技创新激励机制，完善自主创新政策法规体系。在财税扶持方面，明确要求省级财政一般预算支出中科技经费支出均应高于全国平均水平，并实施税收优惠高新技术企业所得税减按15%税率征收。在政策引导方面，设立支持电子信息、新材料、新能源等5只创业投资基金，总规模达10亿元以上，并出台相关激励政策。

三、重点领域成果与成效

2010年，高新技术产业实现工业产值5739.94亿元，比上年增长42.2%，占全省生产总值的10.8%；实现增加值1702.4亿元，增长26.5%。

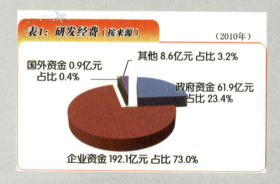

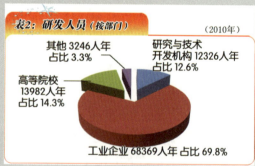

1. 高新技术产业发展

信息产业领域：武汉已经成为我国在光电子信息产业领域参与国际竞争的重要基地。其中，光纤光缆的生产规模居世界第一；激光加工设备的国内市场占有率一直保持在50%左右。地球空间信息产业规模居全国前列，一批研究成果处于世界领先水平。

装备制造领域：已形成门类齐全、规模较大、具有一定技术水平的产业体系。华中数控、武船重工、武重集团、南车集团武昌和江岸车辆厂等一批装备制造企业已跻身全国前列。

新材料领域：开发和生产的取向硅钢、光纤预制棒、改性沥青、季戊四醇、可降解产品等处于全国领先水平。

生物产业领域：一大批生物企业在竞争中壮大，初步培育了马应龙、东阳光、人福科技等一批有较强市场竞争力的骨干企业和名牌产品，红霉素原料药国内市场占有率居国内第一，世界第二。

表4：承担国家级科技计划项目　　单位：项

	2006年	2007年	2008年	2009年	2010年
合计	331	1274	1583	2071	2031
973计划	4	5	7	7	10
国家自然科学基金		785	982	1210	1405
863计划	148	269	331	298	150
国家科技支撑（攻关）计划	37	77	110	114	88
科技型中小企业技术创新基金	98	99	113	362	295
国家重点新产品计划	27	19	14	31	31
火炬计划	9	6		26	33
星火计划	8	14	18	23	19

表5：科技创新体系建设

国家级工程（技术）研究中心18个
国家级企业技术中心31个
国家部级重点实验室58家
国家级可持续发展试验区8家
国家重点实验室19家
国家级科技企业孵化器20家
国家级特色产业基地12家
国家级生产力促进中心8家

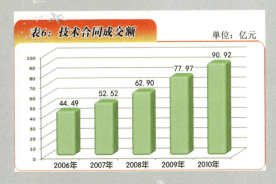

表6：技术合同成交额　　单位：亿元

	2006年	2007年	2008年	2009年	2010年
	44.49	52.52	62.90	77.97	90.92

新能源汽车产业领域：东风电动车辆股份有限公司开发的混合动力城市公交车和混合动力轿车技术水平处于国内领先地位；东风旅行车公司自主研发的纯电动客车"东风天翼"至今已开发至第三代样车，拥有17项专利技术。

2. 改造提升传统产业

"十一五"期间，湖北省技术改造累计完成投资5240.6亿元，年均增长21.5%；技术改造投资占比始终维持在工业投资40%以上的较高水平；22家企业被认定为国家级企业技术中心，开发新产品12622项，有效发明专利达1300多项。

"深井数字化电控钻机研制及产业化"、"电子废气循环利用与低碳资源化"、"嵌入式复合纺纱技术产业化"、"造船重大装备机械手肋骨冷弯机"等重大科技专项和重大科技成果的运用，使钢铁、汽车、石油化工、纺织等传统优势产业重新焕发了活力。

3. 科技支撑新农村建设

组织实施"有机稻生产加工技术支撑体系建设与产业化示范"、"10万吨虾壳资源综合利用关键技术与产业化"等重大项目；通过"省市县乡"四级科技信息服务组织机构，重点建设了38个县级农村科技信息服务中心，发展基层信息服务站503个。

4. 武汉东湖高新国家自主创新示范区

截至目前，该示范区已建成各类科技企业孵化器13家，生产力促进中心11家，产业技术创新战略联盟13家，专业化特色园区12个；光电子信息产业、生物医药、能源环保、现代装备制造、高新技术服务业阔步向前，光纤光缆生产规模稳居世界第一，国内市场占有率达55%，国际市场占有率达25%。2010年，东湖高新区企业总收入达到2918亿元，同比增长29%。

5. 技术市场成果交易

2010年，湖北技术市场各类技术合同成交总数达6641项，各类技术合同成交额达90.92亿元（表6）。

（以上数据由湖北省科学技术厅提供）

Ｅ一线观察

激活创新"智"能

魏劲松

惟楚有材——历史给荆楚的美誉；科教大省——现实给湖北的馈赠。努力使湖北的"科教实力"转化为"经济实力"，是湖北最大的优势和希望。

湖北的优势在科教，崛起的希望在创新，"点石成金"的是机制体制创新。近年来，湖北省出台了《关于增强自主创新能力，建设创新型湖北的决定》、《关于深化改革，创新机制，加速全省高新技术产业发展的实施意见》、《湖北省科学技术进步条例》等一系列促进自主创新、科技成果转化、创业投资、技术交易政策法规实施。这些有力举措，直指阻碍高新技术转化的深层次问题，重新调整了政府、科研、教学和生产部门在功能与资源优势上的协同与集成，初步实现生产力要素的优化和融合，产学研用紧密联系在一起，攻克了一大批制约国民经济发展的关键、共性技术，打破国外技术封锁，填补了国内空白。

实施创新基金项目，哺育创新幼苗，润泽创新大树。据统计，在湖北上市公司中，湖北新华光、武汉凡谷电子、人福科技等8家公司均承担过创新基金项目；省科技厅重点支持的上市后备企业中，90%获得了国家和省级创新基金的支持。

实施人才集聚工程，打造创新人才创业"洼地"。引进紧缺的高层次创新创业人才，省财政给予每人50万元或100万元资金扶持。2010年，湖北人才流动实现了来之不易的正增长。

鼓励创新的知识产权体系不断完善。湖北先后出台《湖北省著名商标认定和促进条例》、《授权专利补贴专项资金管理办法》、《优秀专利代理人评选办法》、《知识产权试点示范工作实施方案》等政策，全面提升了知识产权创造、运用、保护和管理能力。"十一五"期间，湖北的专利申请量、每百亿元GDP有效发明专利拥有量和每百万人口发明授权专利拥有量均居中部省份第一位。

站在"十二五"的起点上，湖北将进一步鼓励广大科研人员、科研院所和高等院校以多种形式与企业合作，重点围绕七大战略性新兴产业，选择有基础、有条件、有优势的方向，组织实施关键技术培育、产业化推进、产业集群集聚、应用示范、创业投资引导等重点工程，形成适应国际竞争和市场需求的先进生产能力，尽快发展成为新的经济增长点。

2011·精彩之笔

- 1月，武汉阳逻钢结构特色产业基地获批为国家火炬计划特色产业基地。

- 2月，湖北科技企业孵化器在线统计系统建成开通，有利于实时把握全省孵化器发展情况。

- 3月，249个科技型中小企业获得国家创新基金资助，获资助金额15180万元，占全国资金总额度的6.32%。

- 4月，5家国家重点实验室获科技部同意立项，此次获同意立项的国家重点实验室数量位居全国第二。

- 5月，6课题获973计划前期研究立项，成为今年获该立项数最多的省份。

- 6月，《东湖国家自主创新示范区发展规划纲要（2011-2020）》通过论证。

- 7月，湖北获"全国生产力促进中心体系建设重点省"称号。

- 8月，湖北规划12条农业产业链科技创新体系，全面覆盖粮、棉、油、蔬、林、果、茶、菌、魔芋、畜、禽、水产等种植养殖业。

- 9月，部署重点发展电子信息、生物技术、新材料、先进制造业、新能源、节能环保、新能源汽车等7项高新技术产业。

- 10月，湖北申报的87项2011年度国家火炬计划项目中，有69项喜获国家立项支持。

创新先锋

史玉升

华中科技大学教授、材料成形与模具技术国家重点实验室副主任、快速制造中心主任，我国快速成形技术与装备的产学研的开拓者之一。

感言：技术创新，是产业提高核心竞争力的重要因素。我们要立足于自主创新、集成创新，并主动与高校、科研院所合作。走自己创业之路，将全新技术转化为生产力；走与企业合作之路，将提升技术转化为生产力；走国际合作之路，将高端技术转化为生产力。针对不同的技术情况，我们采用了上述三种产学研合作模式，均取得了良好的效果。

湖北最大的优势在科教和人才，我们要把湖北的科教优势转化为发展优势，突破性发展高新技术产业。经济的发展离不开科技的支撑和带动作用，必须坚持不懈地实施科教兴鄂和人才强省战略，坚定不移地走创新型发展道路。利用湖北强大的科技人才优势，努力加强产学研合作是目前我省提升企业技术水平的重要途径。无论采用那种产学研合作模式，都要以有利于科技成果尽快转化为生产力为目的，只有及时地化理论为实践，才能更快地取得实际效益。我省企业要想长远地走可持续发展之路，生产一代、研发一代、预研一代的产学研合作路线是其最佳选择。我们学者应当努力走出去，跳出单纯的学术研究圈，将自己的科研成果转换为带动经济和社会发展的有力风帆。

徐卫林

国家科技进步一等奖获得者、武汉科技学院教授，其领衔研发的"高效短流程嵌入式复合纺纱技术"是对传统纺纱技术的重大突破。

感言：纺织行业是我国出口创汇第一大产业，在吸纳就业、带动农业生产、农民增收方面也具有极其重要的作用。新纺纱技术实现了对传统纺纱技术的革命性突破，可通过对现有普通毛纺和棉纺设备改造，纺出500支的高支纱(此前纺织上分别最高只能纺出180支和300支)，大幅降低生产成本和改善成纱质量，具有显著经济和社会效益。而且新技术将大大降低生产成本，改善成纱质量，说它将引领纺织行业的技术革命与产品升级毫不过分。

发挥企业、大学和研究机构各自的优势，通过多种形式加强联合，是提升自主创新能力的重要途径。一个新的技术发明，要从理论设计变成产品，并且被市场所接受产生效益，必须有三个'家'的共同合作：一是科学家。新的概念、新的技术，需要科学家的不懈创新；二是投资家。有了新的技术，要有敢于冒险投资的资本家提供资金支持，使新技术变成实际的产品；三是企业家。从产品到商品，需要靠企业家组合各种生产要素，最终使科学家的发明走上市场，实现其社会效益和经济效益。

武汉钢铁集团

作为一家特大型钢铁联合企业，武钢历经50多年发展，企业充满生机与活力，市场竞争力明显增强。这得益于武钢不间断的技术自主创新与改造。该公司通过加快转变发展方式，坚持以市场为导向，调整产品结构，让产品充满技术魅力，取得了良好的经济效益和社会效益。"十一五"以来，武钢研发与试制了100多个高端新产品，新产品产量由2005年的161万吨增加至2010年的509万吨，新产品销售收入由2005年的92亿元提高到2010年的435亿元；累计申请有效专利1700余件，专利转化率在78%以上。

武钢还不断提升"软件"的档次，通过不断开发与优化整体产销资讯系统，实现从销售、生产、技术质量、出货、财务、设备到物流、客户关系、人力资源、能源电力、决策支持、信息门户等系统全方位、全过程的管理信息化。通过新建、改扩建工程与产销系统的"三同步"（同步设计、同步实施、同步上线）建设，保证了所有新上工程项目的信息化。

不断的技术创新，提升了武钢产品的核心竞争力，武钢的高技术含量、高附加值产品迅速抢占市场。它是国内惟一通过自主创新开发生产高级轿车用钢的钢铁企业，公司也被国家确定为创新型企业，为其今后的高水平发展打下了良好的基础。

格林美高新技术股份有限公司

　　该公司是国内率先从事"城市矿山"开发的上市公司，至今已在深圳、湖北、江西等地建成1200余亩的循环产业园，年处理各种废旧电池、电子废弃物和钴镍废弃资源达到50万吨以上。过去，格林美公司主要从废旧电池中提取超细钴镍粉末，实现循环再利用。近年来，随着我国家电以旧换新政策的推广，格林美公司着力于以电子废弃物回收的废旧塑料为原料，通过添加木粉、稻糠等原料，循环再造低碳产品塑木型材，不仅保护了环境、节约了资源，企业自身还实现了经济效益。作为产业化开展废弃物回收循环利用的企业，格林美实现电子废弃物"吃干榨尽"，产能达到年处理13万吨电子废弃物（废旧家电500万台套）。格林美每年总计循环再造钴、镍、铜、金、银等稀缺资源1万余吨，塑木型材50000吨以上，节约200万吨原矿，节约80万桶石油，循环利用废水66万吨，是我国循环经济与低碳制造的先进企业之一。

　　技术也是一种商品，还是高附加值的商品。该公司通过与科研院所合作，研发出110余项专利，参与制定了50余项国家和行业标准，涉及废旧电池和电子废弃物绿色处理，整体资源化利用等方面。公司研发的利用废弃塑料循环再造塑木型材，率先实现了电子废弃物低碳资源化这一产业模式，先后获得欧盟、美国等10多个国家和地区的专利授权。2010年12月，公司自主创新的废旧电池循环利用关键技术，获得"国家科技进步二等奖"和"中国专利奖"两大奖项，这更加夯实了格林美公司在废旧电池循环利用领域的领先地位。

转型步伐急　三晋再发力

努力提升科技创新能力，加快教育改革发展，
发挥各类人才作用，为加快转变经济发展方式、
实现转型跨越发展目标提供有力的人才保障和智力保障。
坚持自主创新、重点跨越、支撑发展、引领未来的方针，
积极实施"科技创新跨越工程"，
着力推进与经济社会的双向融合，全面增强科技研发能力，
努力实现科技创新跨越发展的目标。

——摘自《山西省国民经济和社会发展第十二个五年规划纲要（草案）》

© 同煤集团塔山循环经济园区　刘存瑞供图

　　"十一五"时期，山西省经济实力显著增强，质量效益明显提高，产业结构调整迈出新步伐，地区生产总值由2005年的4179亿元，增加到2010年的9088亿元。在推动经济社会转型跨越发展过程中，自主创新能力得到明显提升。

一、要素投入及主要科技产出指标

　　"十一五"时期，山西省全社会研发经费逐年增长。2006年该项支出为36.34亿元，2010年增至89.88亿元，占地区生产总值的比重为1.0%（表1）。

　　山西省全社会研发全时人员总数大幅增长，从2006年的38767人年增长到2010年的46277人年（表2）。

　　"十一五"时期，山西省专利授权量达13671件，是"十五"时期的2.64倍。2010年专利授权量达4752件（表3），并获得国家科技奖励10项。

二、自主创新能力建设主要指标

山西省围绕改造提升传统产业、培育壮大新兴产业等共性、核心技术，实施重大科技专项，加快科技成果向现实生产力转化。

1. 重大项目

2010年，山西省执行国家和市级基础研究类项目4项（表4），在13个国家科技重大专项中，参与承担了1个重大专项项目研发。

2. 科技创新体系建设

重点引导和大力支持创新要素向企业集聚，加快形成以企业为主体、市场为导向、产学研相结合的技术创新体系，认定高新技术企业225个（表5）。

3. 开放合作与人才引进

山西省与国内国际的科技合作与交流取得明显成效，人才引进和培养机制更加健全。7个项目被科技部列入2010年度第二批和2011年度第一批国家国际科技合作项目计划，涉及电子信息、装备制造、节能环保、农业等领域，突出了国际科技合作服务于新兴产业、转型发展的主题。

4. 政策保障

2010年，山西省科技厅修订起草了《山西省科学技术进步条例》，编制完成了《山西省"十二五"科技发展规划》和《山西省知识产权战略纲要》等。进一步引导创新要素向企业开放、流动、集聚，培育企业自主创新能力，省级科技计划超过55%的研发资金投入到企业，产学研合作项目占到项目总数80%以上。高新技术企业落实减免税收12.79亿元。

三、重点领域成果与成效

加快科技成果转化和产业化，开发了一批具有国际领先水平的重大创新技术和产品。

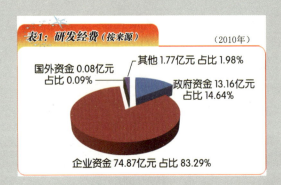

表1：研发经费（按来源） （2010年）

国外资金 0.08亿元 占比 0.09%
其他 1.77亿元 占比 1.98%
政府资金 13.16亿元 占比 14.64%
企业资金 74.87亿元 占比 83.29%

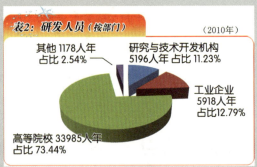

表2：研发人员（按部门） （2010年）

其他 1178人年 占比 2.54%
研究与技术开发机构 5196人年 占比 11.23%
工业企业 5918人年 占比 12.79%
高等院校 33985人年 占比 73.44%

表3：专利申请授权量 （2010年）

发明专利 739件 占比 15.55%
实用新型 3096件 占比 65.15%
外观设计 917件 占比 19.3%

1. 高新技术产业发展及改造提升传统产业

2010年，高新技术产业（规模以上）实现工业产值1486亿元，比上年增长34%，占全省工业产值11.9%；实现增加值390.8亿元，增长18%。

山西省强化了对传统产业转型和新兴产业培育的科技先导作用。启动了"高速铁路装备制造"、"新能源技术及关键设备"、"环境保护、节能减排专项"、"食品工程与安全"等科技专项。国内风电领域功率最大的3MW永磁半直驱风力发电机、码头电动卡车研发等项目已经取得效果。"年产千万吨级矿井大采高综采成套装备及关键技术"课题开发的装备，在西山煤电集团斜沟矿进行了井下工业性试验，最高日产达到4万多吨。中电二所太阳能多晶硅铸锭炉研发成功，银光镁业和中北大学联合开发出的镁合金汽车轮毂，达到国标要求。

2. 科技支撑新农村建设

围绕"五个全覆盖工程"、"农产品加工龙头企业'513'工程"，山西省

表4：承担国家级科技计划项目 单位：项

	2006年	2007年	2008年	2009年	2010年
合计	191	192	175	163	240
基础研究计划	1	4	2	4	4
国家自然科学基金	99	102	101	132	160
国家科技支撑（攻关）计划		3		1	
科技型中小企业技术创新基金	22	16	14	20	25
国家重点新产品计划	12	13	12		10
火炬计划	32	16	16	3	14
星火计划	25	26	30	3	27

表5：科技创新体系建设

国家级企业技术中心20家 / 国家级工程实验室4家 / 省级重点实验室22个 / 国家级生产力促进中心7家 / 国家重点实验室6个 / 国家级科技企业孵化器3家 / 国家级科技产业化基地2家

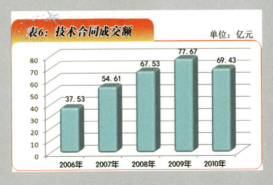

表6：技术合同成交额 单位：亿元

2006年	2007年	2008年	2009年	2010年
37.53	54.61	67.53	77.67	69.43

努力实现科技惠农。2010年开展新品种选育与种质资源创新项目22个，示范和推广了小麦长4738、玉米大丰26号、玉露香梨等新品种13个。有33个县（市、区）列入了科技富民强县专项行动计划。引进推广新技术100余项，建立各类科技示范基地200个，技术合作组织300多个，培养乡土人才2.8万人，项目区农民人均增收800余元。

3. 技术市场成果交易

2010年，山西省技术市场各类技术合同成交总数达3464项，各类技术合同成交额达69.43亿元（表6）。

（以上数据主要由山西省科技厅、统计局、经济和信息化委员会提供）

一线观察

探寻资源型经济的转型路径

李 哲

作为惟一的国家资源型经济转型综合配套改革实验区，山西省正处于转型跨越发展的关键阶段，从资源依赖型向创新驱动型省份转变，需要着力提高科技创新尤其是自主创新能力，发挥创新对经济转型的强大助推作用。

山西省转型发展的科学决策，来源于对能源形势的准确判断。随着国家加大对新能源产业的支持力度，对高耗能行业严格控制，能源需求增长将逐步进入相对平稳期，传统能源份额降低是必然趋势，盈利空间也将逐步减少。同时，在山西省现有发展模式下，经济增速越高，结构重型化、不协调、不安全的问题越突出，发展的成本、代价和难度就越大。

为此，山西省提出"十二五"时期将坚持自主创新、重点跨越、支撑发展、引领未来的方针，积极实施科技创新跨越工程，推进科技与经济社会双向融合，全面增强科技研发能力，努力实现科技创新跨越发展的目标。其重点在于完善自主创新体系、构建自主创新投融资体系、强化科技合作和交流、大力推进"科技创新跨越工程"。通过淘汰落后产能，提升创新能力，实现工业新型化、农业现代化、市域城镇化、城乡生态化。

今年是山西省确定的"科技管理创新年"，将以转型跨越发展的需求为导向，以重大科技专项计划为抓手，以深化科技管理机制为切入点，全面出击，重点突破，提升自主创新能力，凸显科技力量。在煤炭清洁生产利用、现代煤化工、现代制造、新能源新材料、节能减排以及循环经济等领域，重点解决制约发展的技术瓶颈问题，并围绕产业链构建技术链，依靠技术链支撑产业链，真正为产业的"脱胎换骨"服务。

在山西省推动发展由主要依靠资源开采、初步加工向资源深度开发、深度加工转变，由外延扩张向内涵提升转变，由粗放、高耗、低效、单一线性发展向集约、低碳、高效、多元循环发展转变的过程中，自主创新已成为必不可少的内生动力。

151

2011 · 精彩之笔

- 1月，山西省2011年度国家自然科学基金项目总经费超过1亿元。

- 1月，F型杂交小麦历时40年自主创新选育成功，是比当前主推小麦品种增产15%以上的杂交组合。

- 3月，世界上首个投运的"基于吸收式换热热电联产集中供热新技术"项目在山西应用。

- 7月，山西省知识产权局打击侵犯知识产权和制售假冒伪劣商品专项行动开展。

- 8月，国家"十二五"科技支撑计划"华北地区道地药材规范化种植基地优化升级及系列产品综合开发研究"项目启动。

- 9月，"受限空间中光与超冷原子分子量子态的调控及其应用"项目获国家重大科学研究计划立项。

- 9月，3个项目获得国家"金太阳"示范工程支持。

- 11月，35家企业参加第十八届中国杨凌农业高新科技成果博览会。

- 11月，4家企业被评为2011年度国家火炬计划重点高新技术企业。

E 创新先锋

彭少逸

　　中国科学院院士、中国科学院山西煤炭化学研究所名誉所长，是我国石油化学、色谱和多相催化等研究领域的学术带头人。

　　感言：高新技术产业当中的核心问题就是要"创新"。搞科学研究所遇到的最大的难度就是胆子小，不敢冒风险。我们现在搞自主创新，搞科学技术开发，首先就是要甩出这个思想上的包袱，不要前怕狼后怕虎，要敢于冒险。

　　要搞创新，首先需要有独创的思维，这个独创的思维是天上掉不下来的，只有知识才可能有创新的思维，在总结的基础上有一个飞跃。第二个问题就是人才的问题。一个好人才到哪里去找？我看需要竞争，只有比较才知道好坏。第三，就是经费要投入，没有投入就没有产出，要搞独创性质的科技开发要冒很大风险，需要经费的支持。

　　我们建设创新型国家，归根到底要靠人才。应当坚持实施人才强国战略，大力培养科技创新人才。要注重培养世界一流科学家和科技领军人才，同时培养数以千万计的科技研发队伍，从而充实科研院所、大专院校和企事业单位。各级政府和企业既要组织重大科技攻关，又要重视生产工艺、产品设计等方面群众性的技术革新，善于把小的革新集成为大的创新，实现技术的突破。要重视基础研究和应用技术研究，善于把基础研究成果转化为实用技术。

王一德

浙江杭州人，生于1938年12月，中国工程院院士，北京科技大学和太原科技大学特聘教授，博士生导师，太钢前任总工程师。现任太原钢铁(集团)有限公司董事会规划委员会副主任和国家先进不锈钢新材料重点实验室学术委员会主任，教授级高工，享受国务院特殊津贴专家，山西省优秀专家，山西省政府决策咨询委员会专家。

他长期工作在工程技术第一线，为我国不锈钢、电工钢事业和轧钢技术的发展做出了重大贡献。先后获部省级以上重大科技成果奖15项，其中国家科技进步特等奖1项，国家科技进步二等奖1项，全国科学大会奖1项，国防科工委和冶金部联合奖1项，部省级一等奖5项、二等奖6项。撰写论文约40篇，译著3部，约200万字。

感言：钢铁工业不是夕阳工业，而是充满着发展前景，有灿烂前景的工业。现在，中国正在由钢铁大国走向钢铁强国，世界钢铁工业的中心正在转向中国，随着这个中心的转移，创新的中心也将转向中国。我相信，在中国搞钢铁工业是大有可为的。企业是创新的主体。企业的自主创新源于战略创新、源于工艺技术装备创新，也源于机制创新。企业的自主创新主要体现在发展战略的制订、核心技术的研发能力以及技术成果的工程应用和产业化。因此，企业通过建立科学合理的研发机制及投入机制，实施相应（有效）的人才战略，使自主创新在转型发展、产品结构优化、增强企业核心竞争力等方面发挥重大的作用。

太原钢铁（集团）有限公司

简称太钢，是以生产板材为主的特大型钢铁联合企业。太钢拥有铁矿石等钢铁冶炼原料的采掘与加工、钢铁冶炼、钢铁材料压力加工、冶金设备及备品备件制造等方面先进技术和装备，主要产品有不锈钢、冷轧硅钢片(卷)、热连轧卷板、火车轮轴钢、合金模具钢、军工钢等。

太钢实施质量品牌战略，真诚为用户提供优质产品和服务。它极推进国际化经营，同美、德、法、英、日、韩、澳大利亚等30多个国家和地区建立了经济贸易关系，不断扩大国际技术交流合作，加快重要战略资源的全球化采购步伐。太钢拥有国家级的技术中心，以及优秀的不锈钢人才队伍和实力雄厚的研发力量。它遵循可持续发展战略，坚持走新型工业化道路，贯彻ISO14001标准，加大节水、节能、降耗、减污、绿化、美化的力度，向着国际一流水平的生态型园林化工厂不断迈进。

目前，太钢技术中心在国家认定的企业技术中心中排名第二，居冶金行业第一。太钢已经形成以不锈钢为主的核心技术700多项，其中近百项处于国际领先水平，科技对企业发展的贡献率达到75%以上。还形成了"山西省不锈钢工程技术研究中心"、"山西省铁道车辆用钢工程技术研究中心"、"先进不锈钢材料山西省重点实验室"、"先进不锈钢材料国家重点实验室"等4个政府创新平台。太钢将继续深化改革，扩大开放，加速推进技术创新、管理创新和制度创新，进一步提高执行力、实现精细化，加快发展，加快提高竞争力，加快实施清洁生产，实现战略目标。

太原重型机器集团公司

太原重机是新中国自行设计、建造的第一座重型机器厂，成立60年来创造了360多项国内外制造业第一，产品畅销世界各地。目前，我国年钢产量约6亿吨，其中80%的钢水由太重起重机吊起，多年来很少进口，太重也由此成为全球最大的冶金起重机制造基地。作为世界上能够生产全系列钢管轧机的少数企业之一，今年6月太重自主研发的我国第一套180TCM三辊连轧管机组成套设备一次性运行成功，这一重大创新成果实现了高端钢管生产设备的国产化。

重型机械业主要是为能源开发、原材料生产、交通运输等国民经济基础工业和国防工业提供技术装备的产业，是国家装备工业的重要组成部分，对煤炭、水利、电力、冶金、石油化工、建材、交通等基础工业及国防工业的生产和技术进步有着重大影响。太原重型机器集团公司地处山西有利环境，在依靠太重的装备基础和政府的大力扶持基础上，企业自身具有很好的发展前景，只有以自主创新精神作为指导，加快产品的更新换代和管理模式的不断创新，才能够与世界先进的重型机械公司保持并驾齐驱的势头，占有更为广阔的市场，获得更长远的发展。

加速突破 创新"黔"行

着力实施一批国家科技支撑计划和省重大科技专项，
重点推进新材料、新能源、高端装备制造、航空航天、生物医药、
新一代信息技术、节能环保和资源综合利用、
现代农业等领域关键技术、共性技术攻关，
加快重点产业领域技术引进、消化吸收与再创新，
努力实现重点关键技术领域的突破和跨领域的技术集成。

——摘自《贵州省国民经济和社会发展第十二个五年规划纲要》

  "十一五"时期,贵州省坚持把抢抓机遇、加快发展作为富民兴黔的第一要务,加快转变发展方式,调整优化产业结构,自主创新能力明显提升,地区生产总值由2005年的1942亿元,增加到2010年的4593.97亿元。

一、要素投入及主要科技产出指标

  "十一五"时期,贵州省全社会研发经费逐年增长。2006年该项支出为14.5亿元,2010年增至29.97亿元,占地区生产总值的比重为0.65%(表1)。

  贵州省全社会研发全时人员总数大幅增长,从2006年的9000多人年增长到2010年的15087人年(表2)。

  "十一五"时期,贵州省专利授权量达9962件,是"十五"时期的3.2倍。2010年专利授权量达3086件(表3)。

◎ 贵州红枫湖大桥　资料图片

二、自主创新能力建设主要指标

贵州省坚持合作创新、加强转化、重点突破、引领跨越，着力提升科技创新能力，支撑和引领经济社会跨越发展和可持续发展。

1. 重大项目

"十一五"时期，贵州省首次牵头承担国家973计划、863计划，承担国家科技支撑计划等国家主要科技项目30余项（表4），其他国家科技计划项目1000余项。"十一五"期间，贵州省获国家科技奖励10项。

2. 科技创新体系建设

加快建设以企业为主体、市场为导向、产学研相结合的技术创新体系，认定高新技术企业152个（表5）。

3. 开放合作与人才引进

贵州省与国内国际的科技合作与交流取得明显成效，人才引进和培养机制更加健全（表6）。

4. 政策保障

建立健全科技创新激励机制，完善自主创新政策法规体系及科技成果转化和知识产权流转体制（表7）。

三、重点领域成果与成效

以壮大特色优势产业、完善安全生产设施、发展循环经济、提高科技含量为重点，贵州在高技术产业的一些重要领域实现跨越式发展。

1. 高新技术产业发展

2010年，高新技术产业实现工业产值853.94亿元，占全省工业产值20.30%。其中，贵阳国家高新区规模以上工业总产值完成66.5亿元，同比增长21.4%。

新材料领域：无卤阻燃、微孔发泡、复合共混改性及成型加工新技术处于国

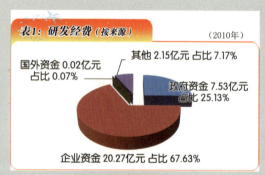

表1：研发经费（按来源） （2010年）

- 国外资金 0.02亿元 占比 0.07%
- 其他 2.15亿元 占比 7.17%
- 政府资金 7.53亿元 占比 25.13%
- 企业资金 20.27亿元 占比 67.63%

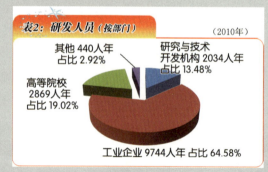

表2：研发人员（按部门） （2010年）

- 其他 440人年 占比 2.92%
- 研究与技术开发机构 2034人年 占比 13.48%
- 高等院校 2869人年 占比 19.02%
- 工业企业 9744人年 占比 64.58%

表3：专利申请授权量 （2010年）

- 发明专利 441件 占比 14.29%
- 外观设计 709件 占比 22.97%
- 实用新型 1936件 占比 62.74%

表4：承担国家级科技计划项目　　　　单位：项

	2006年	2007年	2008年	2009年	2010年
合计	136	185	157	177	253
基础研究计划	3	3		4	3
国家自然科学基金	59	65	84	106	122
863计划				1	
国家科技支撑（攻关）计划	6	23	7	4	
科技型中小企业技术创新基金	11	46	27	50	72
国家重点新产品计划	29	12	13	5	14
火炬计划	10	12	11	3	20
星火计划	16	24	15	4	22

内领先地位，建成目前国内最大的反渗透膜材料及组件生产基地。

装备制造领域：掌握转子与配油盘粘连、转子与柱塞体粘连等关键技术，成功研制出国产高性能液压柱塞泵和马达；贵阳小河国家军民结合（装备制造）高新技术产业化基地被科技部认定为国家高新技术产业化基地。

电子及通信设备制造领域：完成总产值43.98亿元，同比增长13.6%。贵阳国家电子元器件高新技术产业化基地被科技部认定为国家高新技术产业化基地。

航空航天领域：完成主营业务收入260.26亿元，同比增长16.2%；成功研制出我国首个具有自主知识产权的长航时无人机航测系统，处于世界领先水平。

医药制造领域：实现总产值180.45亿元，获得中药新药证书18个，在研中药新药120余个，目前，该省有150家企业的500余条生产线（车间）获GMP认证。

2. 改造提升传统产业

研发的新型高强度铸造铝合金系列材料、高纯度海绵钛系列材料、高速重载

表5：科技创新体系建设

- 国家级工程（技术）研究中心2个
- 国家级企业技术中心13个
- 国家部级重点实验室6家
- 国家级工程实验室5家
- 国家重点实验室2家
- 国家级科技企业孵化器6家
- 国家级科技产业化基地6家
- 国家级生产力促进中心5家

表6：科技开放 （2010年）

开放合作
- 与中科院签订新一轮全面战略合作协议，深化实施"科技支黔"。
- "贵州非粮木本油料植物生产生物柴油新工艺研究"等4个项目列入国家2010年度国际科技合作计划。

人才引进
- 加快与中科院、工程院协商，筹划建设一批院士工作站。
- 建设博士后工作站3个，目前共有博士后工作站15个。
- 制定《引进高层次人才暨建立"特聘专家"制度的办法》。

表7：系列政策措施 （2010年）

财税扶持
- 省级财政科技投入2.84亿元。
- 省科技风险投资公司为企业提供各类投融资服务金额4.47亿元。
- 成立科技型创业投资引导基金，注册资本1.6亿元。

制定规划
- 研究制定《贵州省十二五新兴产业发展规划》。
- 起草《贵州省"十二五"科技发展规划战略研究》。
- 修订《贵州省科学技术奖励办法》。

专利保护
- 深入推进企事业单位、城市以及县（市、区）的知识产权试点示范工作。
- 省级知识产权专项资金资助知识产权申请1246件，共170.61万元。

列车车轴钢、高强度低松弛预应力钢绞线等一批新材料、新产品，进一步改变了传统铝、钛、钢加工业产品品种单一、技术水平不高的现状，成为企业发展的主导产品。

3. 科技支撑新农村建设

农业科技贡献率、成果转化率分别达到42%和45%。创造出"反季节"蔬菜种植模式及配套技术，蔬菜种植面积超过1000万亩。"水稻超高产栽培技术"创下亩产1044.16公斤的最高纪录，马铃薯种薯年产量从原来的100余吨提高到上万吨，攻克并熟练掌握了大鲵规模化人工繁殖技术，首创国内"鲟鱼无水低温长途运输技术"。全省测土配方施肥技术体系基本建立，累计增产粮油206.75万吨，新增直接收入26.24亿元，51个县市的376万农户户均增收696.04元。

4. 科技型企业发展情况

全年共批准建设科技企业孵化器6家，省级财政科技资金安排1000万元用于支持科技型中小企业发展，获得国家中小企业创新基金4850万元，同比增长57%。截至2010年底，全省共有民营科技企业223家，拥有发明专利409件，实现总收入374.83亿元。

5. 技术市场成果交易

2010年，贵州省技术市场各类技术合同成交总数达3072项。各类技术合同成交额从2006年的0.54亿元增长到2010年的7.72亿元。

（以上数据主要来自贵州省科技厅、贵州省发改委、贵州省知识产权局网站）

合作创新　引领跨越

杨　颖　吴秉泽

作为经济欠发达地区，贵州科技基础条件总体薄弱，资源分散，在资金、人才等方面都无优势，自主创新的难度可想而知。

为此，贵州提出"合作创新、加强转化、重点突破、引领跨越"的方针，希望实现借力发展。把省内有限的资源整合起来，推动各级政府之间以及"官产学研用"的合作，集中力量办大事；以开放的心态和其他地区进行合作，形成合力；凝炼和整合有资源基础和特色优势的项目，争取纳入国家计划，借助国家支持进行研究和开发，通过加强省内和省外的合作，在重点领域寻求突破。

在资金方面，一方面通过积极争取承担国家级重大科技计划、参与国家重大科学工程获得国家经费支持，另一方面以科技计划改革作为突破口，提高资金使用效益。"十一五"期间，贵州省将之前近20个省级科技计划，合并调整为基础计划、重大专项计划、合作计划3大块。其中新设立的"合作计划"通过省级财政科技资金的引导，与市县、行业、企业、高校等共同设立科技合作专项资金，形成了合力推进科技工作的局面，科技投入严重不足的情况有了明显改善。

在产学研合作方面，通过申报和实施国家科技支撑计划项目和省科技重大专项，推动建立企业、科研院所和高等院校共同成立创新战略联盟，联合申报承担各类科技计划项目。"十二五"时期，还将在已有的磷化工、装备制造、茶叶、辣椒、物流产业技术创新联盟的基础上，新建立铝工业、煤化工等10个产业技术创新战略联盟，力争形成磷化工、物流等国家级产业技术创新战略联盟。

在建设创新平台、集聚人才方面，积极借助国家力量，引进省外、国家级科研院所科技资源。"十一五"期间，贵州建成国家工程技术研究中心2个，国家重点实验室2个，国家重点实验室培育基地3个，在国家级创新平台建设上取得明显突破。2011年以来，与科技部开展省部第二次工作会商，共同推进贵州省关键领域的技术创新和平台建设；与中科院加强合作，共建成果转移转化平台；与中国工程院、中国农科院签订了科技合作协议。在开放合作带动下，越来越多的省外专家和优秀人才、团队入黔。

2011·精彩之笔

- 1月，贵阳国家高新区与北京中关村科技园区签订战略合作框架协议。

- 1月，正式印发《贵州省"十二五"新兴产业发展规划》。

- 3月，贵州省首只民营控股科技创业（风险）投资基金成立。

- 3月，贵州百灵等3家企业被科技部等部门命名为第三批国家级创新型企业。

- 8月，贵州省申报的国家铝镁电解装备工程技术研究中心通过专家可行性论证。

- 8月，召开"2011贵州省产业技术创新战略联盟推进大会"，对新增的7家产业技术创新战略联盟进行了授牌。

- 9月，2011年度贵州省科学技术奖评审结果揭晓。

- 9月，贵州省杂交水稻"种三产四"丰产工程项目测试，平均亩产稻谷970.25公斤。

- 10月，贵州省首批23家院士工作站批准成立，有签约院士27名，下达建设资助资金1150万元。

- 10月，科技部、贵州省人民政府2011年部省工作会商会议在北京召开。

- 10月，亚洲最大的单体LED衬底蓝宝石晶体在贵阳国家高新区问世。

- 11月，举行贵州省科技大会暨科技创新成果展示交易会。

创新先锋

宋宝安

1963年4月出生，现为贵州大学党委常委、副校长、研究员、博士、贵州大学"农药学"博士点负责人、"农药学"国家重点学科负责人、绿色农药和农业生物工程"教育部重点实验室主任、博士生导师、国家杰出专业人才奖获得者、"植物保护"博士后流动站负责人。

此外，宋宝安现为国家有突出贡献中青年专家，中国化工学会理事，中国化工学会农药专委会副主任，国家百千万人才工程第一、二层次培养对象(1996年)和贵州省首批跨世纪科技人才培养对象，入选教育部新世纪优秀人才资助计划，国务院特殊津贴获得者、贵州省核心专家、贵州省省管专家。国家核心刊物《农药学学报》副主编和《农药》编委，《贵州大学学报》(自然科学版)主编和《精细化工中间体》编委。

作为贵州大学农药学博士点、硕士点学科负责人，创建贵州大学农药学科，并发展成为有较高知名度的国内重要科研基地。主要研究方向农药化学、精细有机合成、精细化工。

感言：贵州在当前实施"工业强省"战略，实现跨越式发展的大背景下，必须重视科技创新，立足自主创新，强化合作创新，推进原始创新，加强集成创新，积极鼓励引进消化吸收再创新，加速创新成果产业化，让科技创新成为实现工业强省和跨越式发展的重要原动力。

何浩明

何浩明，贵州省省管专家，贵州瓮福（集团）有限责任公司党委书记、董事长。贵州省新世纪优秀企业家，中国优秀企业家。贵州省十一届人大常委、财经委员会委员。中国磷肥工业协会、中国化学矿业协会贵州磷复肥工业协会会长、副理事长、四川大学校董会副主席、西安建筑科技大学兼职教授、贵州财经学院客座教授。

何浩明对公司生产经营、改革、发展，党的建设、精神文明建设等全面负责；也联系瓮福达州公司、甘肃瓮福公司、瓮福沙特公司、新加坡美陆实业股份公司的相关业务。

感言：创新不是赶时髦，它是推动企业实现可持续发展、提升核心竞争力的关键，应对风险的"防火墙"。不能转化为生产力的创新是徒劳。企业搞创新，必须搭建一个以企业为中心的产学研平台，提升创新能力，加快成果转化。

以企业为核心，以资本为纽带，以集团章程为共同行为规范，充分发挥集团成员在资产、技术、人才、信息和管理等资源优势和集团的品牌效应，实现各种资源的优化配置，推动企业组织结构、产品结构的调整，不断增强集团的实力和国内国际市场竞争力，不断增强集团抵御市场风险的能力，使集团年销售收入和经济效益不断增长，把瓮福集团和瓮福集团公司打造成为中国磷化工行业先锋企业和国际磷化工行业的重要力量。

贵阳铝镁设计研究院有限公司

贵阳铝镁设计研究院有限公司成立于1958年，现隶属于中国铝业公司，是我国最具实力的轻金属冶炼设计科研单位之一，其铝工业技术与装备在国内处于领先地位，专利申报量连续6年达到"一天一件"的水平，名列全国科研院所前列。公司自主研发的大型预焙电解槽技术，标志着我国成为世界上第三个拥有这一项技术的国家。

贵阳铝镁设计研究院有限公司设置有氧化铝、电解铝、氟化盐、炭素、镁钛、水泥、电气自动化与控制、机械设备、市政工程、环境保护、工程经济等32个专业。

该公司先后承担过国内外各类工程设计1000余项和国家重点科技攻关项目52项，获国家级科技进步奖及优秀设计金、银等奖共43项，省部级奖194项，专利申报2090余项，专利申报名列全国两万多家科研院所第一位，为我国有色工业的快速发展做出了重大贡献。

贵阳铝镁设计研究院有限公司同美国、日本、英国、德国等30多个国家和世界知名铝企业保持友好合作关系，同时，专利技术已经在印度、哈萨克斯坦、巴西、马来西亚等国家应用，有着很高的技术声望。

公司的经营方针是：以技术、质量、进度、服务为宗旨，业主至上、信誉第一、信守合同，竭诚为国内外业主提供优质的设计、咨询和一流的服务。

遵义钛业股份有限公司

遵义钛业股份有限公司是国内最大的唯一的海绵钛全流程冶炼企业。是国家鼓励类产业企业、民用工业军品配套重点生产企业。

该公司开发的12吨倒U型还原—蒸馏新型联合炉，是世界目前最大的还原蒸馏炉，解决了我国海绵钛行业存在的单炉生产周期长、生产成本高等行业关键技术问题，其研发出的4N5电子级高纯钛，填补了国内空白。

公司座落在"遵义国家钛材料特色产业化基地"科技园中。主要产品有海绵钛、金属镁、四氯化钛、氯化镁。"航天牌"海绵钛曾获国家银质奖、部优产品奖，多次评为省优产品，获贵州省名牌产品称号。产品质量达到先进国家质量标准，畅销国内各省市自治区，远销美国、日本、法国、德国等国家。

公司以科技进步提升企业的核心竞争力，以人本管理提升企业的凝聚力，以安全环保提升企业的亲和力，在构建和谐的企业环境中向清洁发展要效益。以严谨的管理获ISO9001:2000质量体系、ISO14001:2004环境管理体系、OHSMS18001:2001职业健康安全管理体系、ISO10012:2003测量管理体系认证。

目前，公司领导正带领公司两千员工在"安全、文明、和谐、求实"的发展氛围中实现遵义钛业发展的蓝图，做大做强做优遵义钛业，奠定中国钛工业发展的基石，以崭新的姿态阔步前行。

创新添活力 齐鲁抢先机

以实现工业由大变强为核心，
以增强自主创新能力、
提高产业集中度和节能减排水平为重点，
深入推进产业调整振兴，推动传统产业改造升级、
战略性新兴产业加快发展、
产业集聚集约发展，构建以高端产业、高端产品、
高端技术为主体的现代制造业体系。

——摘自《山东省国民经济和社会发展第十二个五年规划纲要》

© 青岛胶州湾跨海大桥　山东高速集团供图

　　"十一五"时期，山东省经济社会健康持续发展，地区生产总值由2005年的18468.3亿元增加到2010年的39169.92亿元。自主创新能力显著提升，根据科技部监测显示，山东省区域创新能力位居全国第6位，进入了创新能力较强的地区行列。

一、要素投入及主要科技产出指标

　　"十一五"时期，山东省全社会研发经费逐年增长。2006年该项支出为234.1亿元，2010年增至672.0亿元，占地区生产总值的比重为1.72%（表1）。

　　山东省全社会研发折合全时人员总数大幅增长，从2006年的96599.3人年增长到2010年的190329.2人年（表2）。

　　"十一五"时期，山东省专利授权量达15.14万件，是"十五"时期的3.47倍。2010年专利授权量达51490件（表3），并获得国家科技奖励36项。

二、自主创新能力建设主要指标

　　山东省把科技进步和自主创新作为加快转变经济发展方式的重要支撑,积极培

育自主创新主体，优化创新创业环境，推动发展向主要依靠科技进步、劳动者素质提高和管理创新转变。

1. 重大项目

在13个国家科技重大专项中，山东省参与承担了其中13个重大专项项目研发。2010年执行国家和省级基础研究类项目1989项，包括科技型中小企业技术创新基金167项、火炬计划166项、星火计划173项等。

2. 科技创新体系建设

加快科技创新平台建设，促进创新要素集聚，培育区域创新高地，不断放大重大创新平台的龙头作用，带动原始创新和集成创新能力提升，认定高新技术企业1285个（表4）。

3. 开放合作与人才引进

山东省与国内国际的科技合作与交流取得明显成效，人才引进和培养机制更加健全（表5）。

4. 政策保障

建立健全科技创新激励机制，完善自主创新政策法规体系及科技成果转化和知识产权流转体制。现行科技政策法规共88项，为科技发展营造了良好政策环境。多层次的金融支撑体系逐步建立，省科技创业投资基金、省级科技风险投资资金、省级创业投资引导基金进展顺利，更多的社会资本进入创业投资领域。

三、重点领域成果与成效

推进科技成果产业化，加快建立政府引导和投入激励机制，完善以企业为主体、市场为导向、产学研相结合的技术创新体系，开发了一批具有国际领先水平的重大创新技术和产品。

1. 高新技术产业发展

2010年，高新技术产业实现工业产值31602.1亿元，比上年增长28.85%，占全

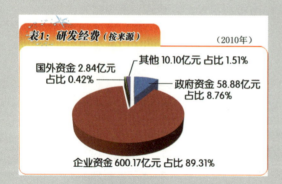

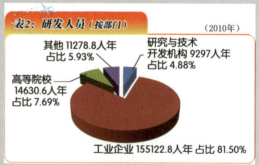

省工业产值的35.2%；实现增加值8207.6亿元，增长33.99%。

高端电子信息产业："十一五"时期，山东省自主创新成果转化重大专项共支持海量存储服务器研发、天梭30000高效能服务器、高端容错计算机研制与应用推广、软件中间件及行业应用软件等高端电子信息产业项目23项，项目实施后新增产值81385万元。

新材料产业："十一五"时期，山东省自主创新成果转化重大专项共支持新材料产业项目51项，新增产值283593万元。其中"全氟离子膜材料产业化"项目累计实现销售收入20.2亿元。2009年9月22日，国内第一条氯碱离子膜示范生产线建成并成功试产出国内第一张1.4米幅宽的氯碱离子膜，标志我国成为全球第三个拥有离子膜核心生产技术的国家。

新医药和生物产业：山东省自主创新成果转化重大专项共支持新医药及生物产业项目84项，新增产值181476万元，申请专利116项，其中发明专利73项。产生了单唾液酸四己糖神经节苷脂、新尼群地平、注射用重组人B淋巴细胞刺激因

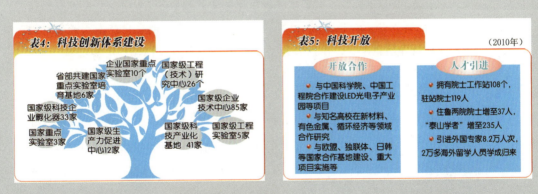

子等一大批新药项目。"十一五"承担国家"重大新药创制"专项，2010年，全省规模以上医药企业761家，完成销售收入1691亿元。

高速列车产业：山东省自主创新成果转化重大专项共支持高速列车和新能源汽车产业项目19项，新增产值16627万元。其中"时速250公里动车组转向架及应用"项目获2009年国家科学技术进步一等奖，公司已中标140列CRH380A高速动车组制造合同。

新能源产业：山东省自主创新成果转化重大专项共支持新能源产业项目18项，新增产值120480万元。太阳能光伏并网发电系统、100MW多晶硅太阳能电池的研发及产业化、1.5-3MW风力发电设备整机研发及产业化、太阳能电池晶片加工技术及产业化等一批项目的实施，为加快新能源开发发挥了重要作用。

2. 改造提升传统产业

"十一五"期间，山东省制造业信息化工程项目带动地方政府和示范企业投入累计超过30亿元，在关键共性技术攻关、示范推广工程、服务体系建设、人才培训等方面取得显著效益，提升了制造业自主创新能力和核心竞争力。通过制造业信息化关键共性技术的攻关，取得自主知识产权成果339项，获得国家科技奖励6项，获得省部级科技奖励30项。建立了山东制造业信息化技术服务平台等一批专业化行业信息平台，累计服务企业逾万家，创造经济效益3亿多元。

3. 科技支撑新农村建设

科技部、全国远程办、工业和信息化部正式批准将山东省作为全国目前惟一的农村农业信息化示范省开展相应的试点示范工作，并委托山东牵头组织实施经费额度各1亿元的"农村农业信息化综合服务平台集成与示范"和"农业物联网关键技术集成应用与示范"两个农村信息化重大项目。

4. 重大基地建设取得新进展

2010年重点推进了青岛海洋科学与技术国家实验室二期工程、山东省千万亿次超级计算中心、量子保密通信实验网、量子通信技术研发平台、山东信息通信技术研究院专家服务平台等5个重大科技创新平台项目建设。

5. 技术市场成果交易

2010年，山东省技术市场各类技术合同成交总数达12064项，各类技术合同成交额达105.2亿元（表6）。"十一五"期间共签订技术合同3.5万项，成交额为349.08亿元，比"十五"期间增长了141.08亿元，比1985年至2005年的总和还多出74.88亿元。

（以上数据主要由山东省科技厅提供）

高效创新体系从何而来

张　双

　　山东是一个人口、经济大省，经济总量一直居全国前三位，但长期以来科技资源，特别是大院大所、高端人才和科技资金相对匮乏是制约其向经济强省转变的重要因素。"十二五"时期是山东省加快由经济大省向经济强省迈进的关键时期，转变发展方式的外部压力加大、内在要求迫切。

　　为了找准加快转变经济发展方式的着力点，山东省大力提高自主创新力度，加速创新型省份建设，通过以政府为引导，企业为主体，高校、科研机构积极参与，加快自主创新资源引进整合步伐，努力构建全方位的高效自主创新体系。

　　其一，产学研相结合，积极打造创新平台。通过营造产学研合作创新的良好氛围，使科技创新资源得到有效整合和聚集，迎来高层次创新平台和基地雨后春笋般的迅速发展，为自主创新提供重要的平台支撑。

　　其二，平台、项目、人才相结合，积极培育创新团队。人才团队是实现创新的根本，山东坚持以平台为支撑，为创新提供条件保障；以项目为载体，聚集各类创新人才。通过积极整合资源，培育出高层次的创新团队。

　　其三，上、中、下游相结合，大力拉伸产业链、构筑特色产业集群。山东围绕自身产业发展优势，集中支持实施一批技术水平高、市场前景好、产业优势特色明显的重大转化项目，着力解决优势产业发展中的关键技术问题，打通制约产业上中下游延伸的瓶颈和断点，为产业优化升级创造了条件。

正因为如此，山东省实现了从单纯抓科技工作向更加注重科技服务经济发展转变，从单纯抓项目研发向更加注重突破关键共性技术转变，从单纯抓高校科研院所创新向深化以企业为主体的政产学研合作转变，从单纯抓科技成果向更加注重科技成果转化推广转变，自主创新能力的提升真正成为经济社会发展的重要支撑。

2011·精彩之笔

- 1月，《黄河三角洲高效生态经济区科技发展规划》通过论证。

- 2月，山东省科学技术奖励大会召开。

- 3月，潍坊市峡山生态经济发展区、枣庄市山亭区升格为国家可持续发展实验区。

- 5月，中国科学院量子技术与应用研究中心暨济南量子技术研究院揭牌成立。

- 5月，"振兴老区 服务三农 科技列车沂蒙行"活动暨2011年山东省科技活动周活动举行。

- 7月，国务院批复临沂高新区升级为国家级高新区，至此山东省国家级高新区达到8家。

- 8月，科技部与省政府签订部省会商议定书和共建黄河三角洲国家现代农业科技示范区协议。

- 9月，山东省与中科院签订协议，将在量子技术与应用研究等方面开展合作。

- 10月，国家超级计算济南中心建成投入使用，装备国内首台全部采用国产自主中央处理器和系统软件构建的"神威蓝光"千万亿次计算机系统。

- 11月，对第三批院士工作站进行联合评审，拟建设院士工作站70多个，不断引导创新要素向企业集聚。

 创新先锋

张 运

中国工程院院士、美国心脏病学院院士，现任山东大学副校长、山东大学医学院院长、齐鲁医院心内科主任，教育部和卫生部心血管重构和功能研究重点实验室主任。

他是我国多普勒超声心动图技术的开拓者和奠基人，在国际上首先建立了多普勒超声定量诊断瓣膜性和先天性心脏病的系列新方法，使这些患者避免了创伤性的心导管检查；他与国际同步开展了多平面经食管超声心动图诊断技术，自行研制了我国第一台三维超声心动图软件系统，建立了三维超声诊断心血管病的系列新技术。

张运院士曾获国家级科技进步二等奖、山东省科学技术最高奖，是国家"百千万人才工程"首批第一、二层次入选者、全国卫生系统先进工作者。

感言：科技竞争归根到底是人才竞争，优秀而有凝聚力的科研团队是实现高水平科研成果的前提。科技工作者要自觉把自主创新与国家经济社会发展需要结合起来，深入到企业和农村中，深入到经济建设第一线，帮助企业改善管理、开发产品、创新技术、解决困难，推动科技成果加快向现实生产力转化。

丁建生

研究员，享受国务院政府特殊津贴专家，山东省泰山学者特聘专家，现任烟台万华合成革集团有限公司总工程师、烟台万华实业有限公司总裁、烟台万华聚氨酯股份有限公司董事长、国家聚氨酯工程技术中心主任。

2008年获得国家科技进步一等奖第一位；2005年获得第五届山东省优秀科技工作者，并获省人事厅二等功；2001年被评为山东省十佳高新技术企业家；2000年被山东省科委评为省十大高新技术企业家，享受国务院特殊津贴；1999年获国家科技进步二等奖第一位；1998年获省科技进步一等奖第一位；1994年获化工部科技进步二等奖；曾获山东省"富民兴鲁"劳动奖章。

感言：自主创新是企业生存的DNA。如果不掌握具有自主知识产权的关键技术，中国的民族企业就不会真正走上科学发展的道路。高效完善的创新体系可以为企业发展提供坚强支撑，我们坚持推进"观念思维创新是先导、技术创新是主线、体制创新是前提、机制创新是保障、管理创新是基础"的系统创新工程，保证了企业在国际同行业内具有话语权。

东岳集团

东岳集团创建于1987年，2007年在香港主板上市。23年时间，公司沿着科技、环保、国际化的发展方向，成长为亚洲规模最大的氟硅材料生产基地、中国氟硅行业的龙头企业。主导产品绿色环保制冷剂、聚四氟乙烯高分子材料规模、技术、市场占有率世界第一。

公司坚持科技创新，在新环保、新材料、新能源等领域掌控了大量自主知识产权，在新型环保制冷剂、氟硅材料、氯碱离子膜等方面打破了多项国外技术垄断，实现了国产化替代。党和国家领导人先后到东岳视察，对东岳在氟硅材料特别是离子膜研发国产化取得的重大自主创新成果给予高度评价。

公司先后荣获中国驰名商标、中国名牌、全国五一劳动奖状等荣誉，拥有国家级企业技术中心、博士后工作站、泰山学者岗位，承担着国家重点火炬计划、国家863计划、"十一五"国家科技支撑计划和山东省高新技术"一号工程"等重大科技项目，是全国重点高新技术企业、国家新材料产业化基地骨干企业和国家商务部、科技部确定的18个"国家科技兴贸出口创新基地"之一。2007年，东岳列中国石油和化工行业百强第52位，中国大企业集团竞争力500强第4位。

未来发展，东岳将沿着科技、环保、国际化发展方向，建设一个现代化园区，打造一个世界知名品牌，争创一个受人尊敬的企业。

丛林集团

丛林集团有限公司是重要的工业铝型材研发、制造基地和中国高速列车铝合金材料主要承担单位，国内市场占有率达80%。其自主研发的世界首台万吨挤压机曾获国家科技进步一等奖；2011年4月，获"中国工业大奖表彰奖"。

丛林集团自创立以来始终坚持"膨胀主导产业、发展相关产业、培育新兴产业"的发展思路，在上级领导和社会各界的关心支持下，经过几代创业者和广大员工的不懈努力，已发展成为总资产90亿元，员工总数5500余人，年销售收入60多亿元，下辖22家子公司，产业涉及建材、电力、冶金、化工、交通、轻工、机械制造等多个领域的国内知名企业集团。

作为国家级企业集团，山东省工业百强企业，集团注重科技创新和稳定的科技投入，建立了国家级企业技术中心和山东省唯一工业铝型材工程技术研究开发中心，建立了完备的三级科研体系，开展自主研发，并拥有一批杰出的科技人才队伍和一群优秀的职业经理人队伍。

丛林集团秉承以优异的产品，可靠的质量，满足顾客的更高需求，赢得业内普遍赞誉和顾客长期信赖。新产品不断涌现，新市场不断拓展，迄今，丛林集团已拥有铝型材、水泥和铜铝复合散热器三个国家免检产品，水泥、球墨铸铁管、铝型材、PVC输送带四个山东名牌和山东省著名商标。丛林产品畅销欧美、东南亚、中东、非洲等三十多个国家和地区，已成为中国企业参与国际市场角逐的一支重要生力军。

雄关漫道　腾飞陇原

依托支柱产业、重点行业、重大项目和重点学科，
以高层次创新创业人才和高技能人才为重点，
加大人力资源开发力度，实施领军人才、
"科教兴省"人才、工业强省战略人才、新农村建设人才、
科技创新创业高层次人才、陇原青年创新人才、
少数民族地区人才和新社会组织人才等"十二大人才工程"建设，
统筹推进各类人才队伍建设。

——摘自《甘肃省国民经济和社会发展第十二个五年规划纲要》

◎ 2011年11月20日，我国在甘肃酒泉卫星发射中心成功将"创新一号03星"和"试验卫星4号"送入太空。 新华社记者 公磊 供图

"十一五"时期，甘肃省全面落实国家西部大开发战略和扩大内需的重大决策，成功克服舟曲特大山洪泥石流等自然灾害不利影响，可持续发展能力不断增强，自主创新能力得以提升，地区生产总值由2005年的1928.14亿元，增加到2010年的4119.46亿元。

一、要素投入及主要科技产出指标

"十一五"时期，甘肃省全社会研发经费逐年增长。2006年该项支出为23.86亿元，2010年增至41.59亿元，占地区生产总值的比重为1.01%（表1）。

甘肃省全社会研发全时人员总数大幅增长，从2006年的16441人年增长到2010年的20774.2人年（表2）。

"十一五"时期，甘肃省专利授权量达6045件，是"十五"时期的2.2倍。2010年专利授权量达1868件（表3），并获得国家科技奖励6项。

二、自主创新能力建设主要指标

抓好新产品、新技术、新工艺的研究开发，以产业化应用为目标，组织实施重大科技专项攻关，推动经济发展转变到依靠科技进步和资源节约、环境友好的轨道上来。

1. 重大项目

2010年，甘肃省执行国家和省级基础研究类项目662项，承担国家级科技计划项目841项（表4），在13个国家科技重大专项中，参与承担了10个重大专项项目研发。

2. 科技创新体系建设

加快建设以企业为主体、市场为导向、产学研相结合的技术创新体系，认定国家级高新技术企业174个（表5）。

3. 开放合作与人才引进

2010年，甘肃省机械科学研究院与机械科学研究总院先进制造技术研究中心签署了"甘肃省装备制造业数字化设计公共服务平台与机械总院先进制造技术研究中心战略合作框架协议";实施高层次人才科技创新创业扶持行动,在新能源、新材料、生物医药、高端装备制造业、农产品精深加工等领域重点扶持和引进了13个国内外高层次科技人才(团队)。

4. 政策保障

针对科技创新的关键环节,制定了包括《关于加快省重点实验室发展的意见》、《甘肃省科技企业孵化器认定和管理办法》等在内的多项制度,对《甘肃省科学技术进步条例》、《甘肃省促进科技成果转化条例》等地方性法规提出处理建议,颁布实施《甘肃省科普条例》和《甘肃省知识产权战略纲要》。

三、重点领域成果与成效

依托资源和产业优势,培育发展战略性新兴产业,坚持用高新技术和先进技术

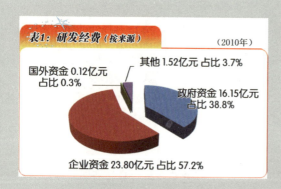

表1:研发经费(按来源)(2010年)
国外资金 0.12亿元 占比 0.3%
其他 1.52亿元 占比 3.7%
政府资金 16.15亿元 占比 38.8%
企业资金 23.80亿元 占比 57.2%

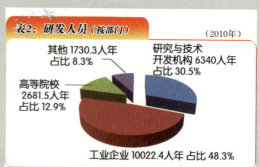

表2:研发人员(按部门)(2010年)
其他 1730.3人年 占比 8.3%
研究与技术开发机构 6340人年 占比 30.5%
高等院校 2681.5人年 占比 12.9%
工业企业 10022.4人年 占比 48.3%

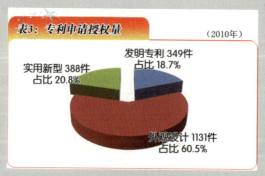

表3:专利申请授权量(2010年)
发明专利 349件 占比 18.7%
实用新型 388件 占比 20.8%
外观设计 1131件 占比 60.5%

改造提升传统产业发展水平，开发出一批重大创新技术和产品。

1. 高新技术产业发展

2010年，高新技术产业实现工业产值259.9亿元，占全省工业产值6.3%；实现增加值69.1亿元，比上年增长52.23%。

新能源产业：以支撑国家千万千瓦级风电示范基地和大型太阳能发电示范基地建设为重点，立足新能源资源优势，以低成本技术开发为重点，着力突破核心技术，推动风能、太阳能、核能、生物质能等新能源开发与应用。

新材料产业：以金昌新材料国家高新技术产业化基地、白银有色金属新材料高新技术产业化基地、兰州国家石化新材料高新技术产业化基地和重点优势企业为依托，开发面向航空航天、先进装备、新能源等重大工程需求的新材料。

新能源装备制造业：推进河西走廊新能源装备制造研发基地建设，突出整机制造和系统集成，加快风电整机及配套、太阳能光伏光热产品等先进制造产业发展。

表4：承担国家级科技计划项目 2010年 单位：项

项目	数量
基础研究计划	37
国家自然科学基金	409
863计划	27
国家科技支撑（攻关）计划	71
科技型中小企业技术创新基金	170
国家重点新产品计划	30
火炬计划	49
星火计划	75

表5：科技创新体系建设

国家级工程（技术）研究中心5个
国家级企业技术中心2个
国家部级重点实验室 65家
国家级生产力促进中心 4家
国家重点实验室8家
国家级科技企业孵化器 3家
国家级科技产业化基地6家

表6：技术合同成交额 单位：亿元

2006年	2007年	2008年	2009年	2010年
21.45	26.21	29.76	35.63	43.08

推进新能源装备本土化生产，培育具有自主知识产权的品牌产品和一批有较强竞争力的风电设备制造企业。

生物医药产业：加快用于重大疾病防治的生物技术药物、新型疫苗和诊断试剂、化学药物、现代中药等创新药物大品种创新集群发展。强化中藏药创新平台建设，创制具有国际竞争力的"陇药"品牌，把甘肃建设成为国内新医药和生物技术研发基地之一。

信息技术产业：建设天水先进制造高新技术产业化基地，提高军民两用微波电子真空器件研发能力，建立较为完整的半导体照明产业链。积极承接国内外产业转移，振兴软件产业和信息服务业，重点支持行业应用软件、超级计算和云计算、现代物流等集成创新。

2. 改造提升传统产业

加快推进高新技术在石油化工、冶金有色、建材、轻纺和食品加工、煤炭等传统产业中的应用，结合重大工程建设和重大成套装备开发，着力攻克一批关键共性技术，支持企业积极采用节能环保新工艺、新技术、新设备，推进节能减排和资源高效利用。振兴装备制造业，提升高端机型设计、产品寿命与可靠性、核心部件与控制系统等创新水平。

3. 科技支撑新农村建设

从源头创新、技术集成、成果推广三个层次推进农业科技创新，科技进步贡献率达42.5%。地膜覆盖栽培、农机化应用和节水灌溉面积分别达到1600万亩、1200万亩和100万亩，培育农牧业新品种（系）70多个，良种覆盖率达到90%以上。6864名科技特派员遍布全省，建立示范基地194个，培训农民263万人次。

4. 技术市场成果交易

2010年，甘肃技术市场各类技术合同成交总数达2503项，各类技术合同成交额达43.08亿元（表6）。

（以上数据主要由甘肃省科学技术厅提供，

部分数据来自甘肃省科学技术厅网站）

 一线观察

"古丝路"发展要有"新思路"

董 磊

甘肃省地处我国西北部,古老的丝绸之路在其境内蜿蜒1600多公里。作为欠发达的内陆省份,甘肃的传统产业占比很大,资源消耗型产业占据了经济的主导地位。如何变资源消耗拉动为科技创新带动,使自主创新在调整产业结构、转变经济发展方式中发挥核心作用,既是摆在甘肃经济社会发展面前的紧迫课题,也是"古丝路"发展的"新思路"。

甘肃的可持续发展迫切需要提升自主创新能力,通过科技支撑突破能源、资源、环境的瓶颈制约,促进循环经济和低碳经济发展;培育战略性新兴产业更加需要自主创新的支撑作用,只有在核心关键技术上实现重点突破和持续攻关,促进创新驱动与产业发展有机结合,才能占领科技制高点,培育新的经济增长点;发展现代农业、巩固农业基础地位、增加农民收入也十分需要科技进步和创新引领。

"十二五"时期,甘肃将以自主创新提升产业技术水平为核心,突破产业发展瓶颈,提高产业核心竞争力,推动重点产业跨越式发展,尤其注重加快推进高新技术在传统产业中的应用。

当然,甘肃自主创新的整体能力仍然比较薄弱,企业创新的主体地位有待提升,优秀拔尖人才和领军人才相对匮乏,科技支撑产业核心竞争力作用尚未充分发挥出来,这些不仅是甘肃当前面临的问题,也是西部欠发达地区的"通病"。

"越是西部地区,越是欠发达地区,越需要国家在科技创新项目上予以倾斜和支持,培育西部地区可持续发展的真正动力。"这是记者在甘肃采访时感受到科研工作者和企业带头人的普遍心声。

依靠自主创新破解发展难题,跳出资源优势寻求创新支撑,甘肃"十二五"时期的自主创新之路任重而道远。

2011·精彩之笔

■ 2月，制定下发《关于加强科技宣传工作的意见》，营造科技发展的良好舆论氛围。

■ 4月，依托兰州大学申报的草地农业系统国家重点实验室获准立项，此为甘肃第七个国家重点实验室。

■ 7月，与中国工程院签署《科技合作协议》，为甘肃加快转变经济发展方式、实现跨越式发展提供技术和人才支持。

■ 7月，组织"新能源院士甘肃行"活动，为甘肃风电产业快速发展提供智力支持。

■ 7月，由陕西、宁夏、青海、新疆、新疆生产建设兵团西北技术转移联盟召开科技项目推荐会，共签署了19项科技合作项目。

■ 8月，甘肃航天510所研制成功矿用可移动式救生舱，并通过多次长达108小时的试验，检测指标全部合格。

■ 8月，召开中国·定西第四届中医药产业发展大会，促进甘肃中医药自主创新和持续发展能力的提升。

■ 11月，甘肃省国家生产力促进中心体系建设重点省行动试点，并获得科技部批复同意。

■ 10月，与陕西省科技厅就两省开展科技合作进行会谈，成立"科技支撑关中—天水经济区跨越发展协调领导小组"。

■ 11月，2名学者当选中国科学院院士和中国工程院院士；7人入选国家"海外高层次人才引进计划"；38人获"国家杰出青年基金"。

Ｅ创新先锋

杨志强

金川集团有限公司董事长、党委书记，中国有色金属工业协会副会长。

感言：作为跨国经营矿业集团，金川视资源为生命线，致力于多渠道、多方式、多品种获取资源，开发资源。通过充分挖掘资源价值，促进经济繁荣，推动企业、员工、社会共同进步。善用资源、创造价值、回报股东是金川集团的根本责任；关爱员工、保护环境、造福社会是金川集团始终坚守的责任。金川在全球所有的开发建设都将做到：工艺先进、环保一流、循环经济、社区和谐。

企业发展依靠员工，发展成果惠及员工。尊重人，关爱人，发展人是金川对员工的基本态度。

没有创新就没有金川的现在，没有创新更不会有金川的未来。科技创新为金川插上了腾飞的翅膀。围绕金川资源综合利用，持续十多年的大规模科技联合攻关，使金川的镍、铜、钴及铂族金属采选冶工艺、技术、装备达到了世界一流水平，金川因此而获得国家科技进步特等奖。2010年12月，我们全面启动了新一轮科技联合攻关，进一步依靠科技创新成就金川的明天。持续的管理创新、技术创新、机制创新是金川发展的必然选择。

范多旺

兰州大成科技股份有限公司董事长，国家绿色镀膜技术与装备工程技术研究中心主任。

在二十多年的科研工作中，范多旺先后承担国家级、省部级科研任务30余项，获得国家科技进步二等奖1项，省部级科技进步奖9项，主编教材1部，在国内外学术期刊上发表论文30余篇，申请发明专利9项，已培养硕士研究生34名、博士研究生3名。

他组织兰州交通大学光电技术与智能控制教育部重点实验室、甘肃省工业交通自动化工程技术研究中心、兰州交通大学自动控制研究所、兰州大成自动化工程有限公司构建了产学研联盟，形成了科技成果原始创新、成果转换、产业化的完整体系，实现了产、学、研无缝链接的科技创新机制，科技创新、技术创新效益突出，特色鲜明，为我国汽车工业和铁路事业建设做出了重大贡献。

感言：引领是创新的灵魂，可持续是创新的生命。我们首先提出'绿色镀膜'技术理念，把真空镀膜技术引入绿色制造领域，并实现产业化应用，使镀膜过程接近零排放。把绿色镀膜技术与新材料、新能源紧密结合，拓展形成绿色镀膜新材料、绿色镀膜新能源（聚光太阳能）两个战略方向和技术体系，这就是可持续创新。

天水星火机床有限责任公司

天水星火机床有限责任公司是1967年由沈阳第一机床厂搬迁到天水的三线企业，2002年6月由原天水星火机床厂改制组建而成，是国家布局定点西北专业生产大型卧式廻转车床的摇篮企业，已有四十多年经营历史。目前已发展成为世界九家重型卧式车床生产厂家之一，中国生产大型廻转类机床的领头羊，中国大型数控车床、精密轧辊磨床主导生产企业，中国机床工具行业"八大金刚"企业，国家自动低压铸造机工业性试验基地。产品覆盖全国各地，销往全球40多个国家和地区。2006年公司董事长、总工程师李维谦荣获2004～2005年度甘肃省科技功臣奖。

天水星火机床有限责任公司是我国机床工具行业的重点骨干企业；我国大型数控车床精密轧辊磨床主导生产企业；国家自动低压铸造机工业性试验基地；公司大型卧式数控车床国内市场占有率50%，大型卧式普通车床国内占有率40%，轧辊磨床国内市场占有率30%。公司技术中心为国家认定企业技术中心，新产品产值贡献率达到66%。

公司先后被国家相关部委认定为全国企事业知识产权示范单位、国家首批创新型企业；国家引进外国智力示范单位；中国工具机床行业精心创品牌活动十佳企业；中国工具机床行业综合经济效益十佳企业；中国工具机床行业自主创新先进会员企业。

甘肃蓝科石化高新装备股份有限公司

甘肃蓝科石化高新装备股份有限公司是中国装备制造业颇有影响和业绩骄人的公司之一，是中国石油与化工装备的先行者，中国海洋与沙漠石油装备的先驱。其前身兰州石油机械研究所是全国石油钻采机械和炼油化工设备的行业技术归口所，成立于1960年5月。蓝科高新主要从事石油钻采机械、炼油化工设备、海洋与沙漠石油设备和工程、炼油化工和天然气处理及液体回收工程、轻工与食品机械的研究、开发、设计、制造及石油钻采机械和炼油化工设备的性能测试与评定、石油和石油化工及其装备的计算机软件引进与开发、技术咨询及相关工程设计与总承包等业务。

蓝科高新技术实力雄厚，拥有一大批技术水平高、科研实践经验丰富的科技人才；近年来，以科研开发为先导的石化装备制造产业迅猛发展，新技术、新产品层出不穷，产业化基地方兴未艾。蓝科高新将秉承"科技开创民族品牌，质量赢得华夏信誉"的企业理念，充分发挥科技先导、体制先进、管理高效的优势，快速、持续、健康发展，真正发展成为具有行业特色技术的国际一流高科技企业。

公司累计为国家贡献科技成果990多项，其中国家发明奖3项、部级省级科技进步奖160余项，专利46项，国家级新产品和国家火炬计划产品20项，被科学技术部评为"国家火炬计划重点高新技术企业"。

八百里秦川创新激扬

强化基础研究和战略高技术前瞻布局，
为抢占未来竞争制高点提供技术能力储备。
提升核心和关键领域自主创新能力，
为战略性新兴产业发展提供技术支撑。
在先进装备制造、新材料、电子信息、现代农业、生物医药、
新能源等领域建设一批科技示范基地，
实现优势产业更高水平的发展。

——摘自《陕西省国民经济和社会发展第十二个五年规划纲要》

　　"十一五"时期，陕西省深入实施科教兴陕、人才强省战略，以西安、宝鸡创新型城市为引领，加快转变发展方式，调整优化产业结构，自主创新能力明显提升。地区生产总值由2005年的3934亿元，增加到2010年的10021.53亿元。

一、要素投入及主要科技产出指标

　　"十一五"时期，陕西全社会研发经费逐年增长。2006年该项支出为101.4亿元，2010年增至217.5亿元，占地区生产总值的比重为2.15%，高于1.75%的全国平均水平（表1）。

　　全社会研发全时人员总数从2006年的58206人年增长到2010年的73204人年（表2）。

　　"十一五"时期，陕西专利授权量达2.64万件，是"十五"时期的3.15倍。2010年专利授权量达10034件（表3），并获得国家科技奖励30项。

© 陕西西安高新技术产业开发区。 张毅供图

二、自主创新能力建设主要指标

在提高自主创新能力的过程中，陕西培育自主创新主体，优化创新创业环境，积极抢占科技制高点，促进科技成果向现实生产力转化。

1. 重大项目

2010年，陕西执行国家和市级基础研究类项目1559项，在13个国家科技重大专项中，陕西参与承担了其中10个重大专项项目研发（表4）。

2. 科技创新体系建设

加快建设以企业为主体、市场为导向、产学研相结合的技术创新体系，认定高新技术企业1022个，其中2010年认定154个（表5）。

3. 开放合作与人才引进

2010年，陕西争取科技部国家国际科技合作项目16项，开展省际国际科技合作项目29项，支持申报政府间合作项目20余项，建设部省国际科技合作基地7

个。目前，拥有两院院士49人，2010年新设立博士后工作站、流动站30多个。正抓紧实施海外高层次人才引进计划、留学人员来陕创业支持计划等，"十一五"期间引进外国专家1.32万人，专项支持引智项目逾2400个。

4. 政策保障

建立健全科技创新激励机制，完善自主创新政策法规体系及科技成果转化和知识产权流转体制，初步形成了多层次、多维度的科技政策法规体系框架（表6）。

三、重点领域成果与成效

加快科技成果转化和产业化，开发了一批具有国际领先水平的重大创新技术和产品。

1. 高新技术产业发展

2010年，陕西省高新技术产业实现工业产值3880亿元，比上年增长25%，占

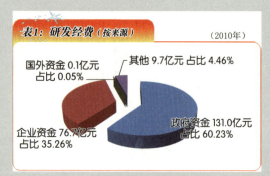

表1：研发经费（按来源）　　（2010年）

国外资金 0.1亿元 占比 0.05%
其他 9.7亿元 占比 4.46%
企业资金 76.7亿元 占比 35.26%
政府资金 131.0亿元 占比 60.23%

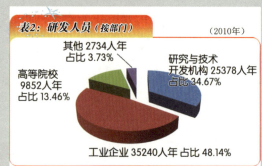

表2：研发人员（按部门）　　（2010年）

其他 2734人年 占比 3.73%
研究与技术开发机构 25378人年 占比 34.67%
高等院校 9852人年 占比 13.46%
工业企业 35240人年 占比 48.14%

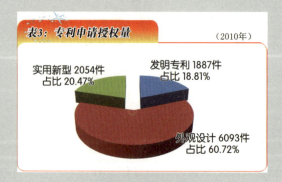

表3：专利申请授权量　　（2010年）

实用新型 2054件 占比 20.47%
发明专利 1887件 占比 18.81%
外观设计 6093件 占比 60.72%

全市工业产值20%；实现增加值1216亿元，增长21%。

通用航空领域：中国电子科技集团公司第二十研究所成功研制一批导航、监视和管制的关键设备，在海鸥300型飞机平台和一些中小机场进行了应用验证。

新材料领域：西部金属材料股份有限公司依托锆及锆合金成分控制技术、锻造技术等技术，正快速形成锆材料完整产业链，并带动与锆应用相关的一大批化工、环保、核电等产业的发展。

现代装备制造领域：中国重型机械研究院自主研发世界上最大、最先进的油压双动铝材挤压机，为我国电力开发、船舶大型化、航空航天等发展提供超大截面型材和大直径管材奠定坚实基础。

2. 改造提升传统产业

陕煤化集团研发成功新一代甲醇制取低碳烯烃工业化技术。陕西宝鸡石油机械公司承担"万米深井钻探装备"——12000米钻机，使我国成为继美国之后第二个拥有万米钻探装备的国家。

表4：承担国家级科技计划项目　单位：项

	2006年	2007年	2008年	2009年	2010年
科技基础性工作专项	1	1	1	2	2
国家科技支撑计划	40	71	103	100	65
科技型中小企业技术创新基金	100	104	140	252	282
国家重点新产品计划	27	13	14	37	37
火炬计划	5	9	6	19	22
星火计划	9	12	17	15	20

表5：科技创新体系建设

国家级工程（技术）研究中心14个
国家级企业技术中心15个
国家部级重点实验室105家
国家级工程实验室9家
国家重点实验室13家
国家级科技企业孵化器13家
国家级科技产业化基地7家
国家级生产力促进中心15家

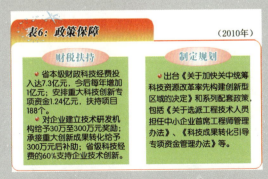

表6：政策保障　（2010年）

财税扶持
● 省本级财政科技经费投入达7.3亿元，今后每年增加1亿元；安排重大科技创新专项资金1.24亿元，扶持项目188个。
● 对企业建立技术研发机构给予30万至300万元奖励；承接重大创新成果转化给予300万元后补助；省级科技经费的60%支持企业技术创新。

制定规划
● 出台《关于加快关中统筹科技资源改革率先构建创新型区域的决定》和系列配套政策，包括《关于选派工程技术人员担任中小企业首席工程师管理办法》、《科技成果转化引导专项资金管理办法》等。

西安建筑科技大学研发出水泥高固气比悬浮预热预分解技术，与传统生产线相比，产量增加40%以上，热耗减少20%以上，单位电耗减少15%以上，废气中的二氧化硫排放降低70%以上，氮氧化物有害气体排放降低50%以上，居于国际领先水平。

陕西鼓风机集团研发的煤气透平与电动机同轴驱动的高炉鼓风能量回收机组（BPRT），结束了我国国内没有独立开发同轴机组的历史。

3. 科技支撑新农村建设

重点开展"陕南灾后绿色乡村社区建设技术集成与示范"和"西北旱作农业区新农村建设关键技术集成与示范"研究，形成了灾后重建技术体系。

集成示范节水工程，建成100亩山地苹果滴灌和微集水促渗示范园，为山地优质苹果的生产提供技术样板。

建设千亩红枣示范基地，水分利用率提高到90%以上，实现了红枣单产、水分利用率和经济效益的三个跨越。

4. 科技型企业发展情况

高新技术企业已成为上市企业的主体和重要后备资源。截止到2010年，陕西认定高新技术企业1022家，数量居全国前10位；全省有20家高新技术企业上市；2010年上市的6家企业均为高新技术企业。国家科技型中小企业创新基金和国家自然科学基金经费支持数额均居全国第6位。

5. 技术市场成果交易

2010年，陕西技术市场各类技术合同成交总数达9471项，各类技术合同成交额达102.6亿元。

（以上数据主要由陕西省科学技术厅提供，
部分摘自《陕西省科技统计年鉴2011》）

打破条块分割 加快资源整合

张 毅

从拥有科技资源、科研成果的数量和质量看，陕西堪称科技大省。但是，在曾经相当长的时期内，陕西的科技资源存在着结构性缺陷，如央企和高校强，地方弱；以西安为中心的关中地区强，其他地区弱；由于条块分割和部门壁垒，陕西的科技创新资源长期处于"分散、分隔和分离"状态，创新对经济发展的驱动潜能未能充分释放。

2009年，国家颁布实施"关中——天水经济区发展规划"，提出了建设以西安为中心的"统筹科技资源改革示范基地"的目标。为此，陕西省整合各种科技战略研究力量，于今年4月出台《关于加快统筹科技资源改革 率先构建创新型区域的决定》，针对资源"三分"的症结，提出了"以科技体制创新为动力，以实施重大科技创新工程为抓手，打破科技资源条块分割壁垒，有效整合高校、科研院所与企业科技资源；建设技术大市场，加快产学研用一体化，促进科技成果就地转化，构建具有核心竞争力的区域创新体系"等一揽子改革思路和目标。

突出企业在创新中的主体地位，是陕西以"统筹"促创新的重要着力点。陕西要求省属大企业率先示范，"十二五"期间，全省大中型企业研发经费增幅必须高于年度销售收入增幅2个百分点以上；对未达到行业平均水平的企业，按企业当年销售收入的千分之一提取作为全省企业技术创新能力提升专项经费。对企业建立的研发机构，给予奖励；承接重大科技成果转化的，给予后补助；全省科技经费的60%用于支持企业开展科技创新。

今年4月初，集技术产权交易、设备文献共享、集成化服务等功能为一体的西安科技大市场率先亮相。按照陕西省统筹科技资源平台建设规划，面向创新主体的陕西科技资源中心明年将全部建成运营。截至今年10月底，陕西省技术合同交易额突破193亿元，同比大幅增长近一倍，从去年的全国第九位跃居全国前五位，从一个侧面反映出陕西依托自主创新转变经济发展方式的成效。

11月下旬，西安测绘导航产业基地、汉中航空产业园、宝鸡航空装备产业园和宝鸡军民用新材料产业园等四大园区相继揭牌。作为统筹科技资源改革的重要领域，此举标志着陕西统筹科技资源改革正向纵深地带挺进。

2011·精彩之笔

- 2月，陕西省促进科技和金融结合试点工作全面启动。

- 4月，统筹科技资源大平台——西安科技大市场正式开门营业。到2012年，注册单位将有望达到1万家，实现技术市场交易额100亿元。

- 4月，《关于加快关中统筹科技资源改革 率先构建创新型区域的决定》出台。明确了建设统筹科技资源改革示范基地的目标、指导思想和主要任务。

- 5月，陕西省科学技术大会召开。

- 6月，"超导百年西安论坛"举行。

- 9月，陕西省现代制造服务产业创新示范基地框架协议暨首批入区项目签约仪式在西安举行。

- 9月，《毛乌素沙地砒砂岩与沙复配成土核心技术研究及工程示范》科技成果通过鉴定。

- 10月，陕西省科技厅和延长石油集团签订战略合作协议。

- 10月，陕单609玉米品种实现重大突破，最高亩产量达1363.9公斤，刷新全国玉米高产纪录。

- 11月，第十八届中国杨凌农业高新科技成果博览会创下平均每天100多亿元的成交纪录，五天会期成交总额达565.8亿元。

ϾΕ创新先锋

徐德龙

　　中国工程院院士、西安建筑科技大学校长，2011年率领的团队成功研发出"高固气比悬浮预热分解工艺"。目前，该工艺已在陕西阳山庄水泥有限公司日产2500吨生产线上得到成功应用。据检测与查新报告表明，该工艺与同规格回转窑的普通新型干法生产线相比，整个系统构思科学，全部热能被用于水泥生产，产量增加40%以上，通过降低排气温度，使热耗减少20%以上，通过增产和降低系统压降，单位电耗减少15%以上，废气中的二氧化硫排放降低70%以上，氮氧化合物排放降低50%以上。据悉，该工艺单位产品投资省，运行成本低，市场竞争力强，淘汰落后产能的效果显著。

　　徐德龙教授长期从事硅酸盐工程及相关学科的理论基础与工程技术研究、推广和教学工作，是我国在该领域的学术和技术带头人。

　　感言：自主创新要求真、求善、求美。任何发明和创造都必须符合"道"（理论或机理），从这个意义上说，自主创新也是一个求真的问题。自主创新的目的之一是求善，就是尽量减少对自然界的干扰和破坏，实现人类社会的可持续发展。正确揭示自然及其现象的科学也是美妙的，依据科学原理创造的技术则不然，它除了符合规律精美绝伦的一面外，还有其被用来干什么、怎么干的问题。因此，在自主创新的过程中应将求真、求善、求美作为基本准则之一。

龙兴元

中国机床工具工业协会轮值理事长，秦川集团董事长，西安交通大学工学硕士，高级工程师，先后在企业从事生产、技术、经营、管理、党务等工作，他先后被评为陕西省杰出青年实业家、陕西省新长征突击手。他把一个"夕阳产业"的"老三线企业"，变成了我国机床行业中唯一能与世界顶级制造巨头抗衡的民族品牌。

为了破解我国大型船舶、海洋工程等重载大功率主驱动急需的圆锥齿轮加工技术，秦川集团依托在复杂

型面技术领域的深厚积淀和成熟的齿轮平台技术，运用"数字铲形轮展成加工理论"这一全球首创成果，成功研制出精密大型数控圆锥齿轮铣齿机QJK002与磨齿机QMK009，实现了多种齿制齿轮零件铣削、磨削、检测的高效率高精度加工，加工直径达到2.5米，代表了国际齿轮加工技术当代最高水平，打破了欧美强国在大型船舶用驱动主齿轮加工设备的技术垄断。该系列技术与装备是国内机床行业在加工原理、机床结构与加工工艺等核心技术上的重大突破性创新，体现了鲜明的原始创新和集成创新特点。

感言：企业应积极发挥整合聚集创新资源的核心作用。随着创新要素不断聚集，企业的创新路径和流程必须回归到自主确定技术路线，自主设计和制造的正向研发模式。

中国西电集团公司

　　该公司是我国输配电成套装备研发制造领军企业，在超高压和特高压输配电设备关键技术领域拥有国际竞争力，产品和技术已出口50多个国家和地区。2010年完成国家级新产品和技术鉴定133项，其中有33项达到国际领先水平、77项达到国际先进水平。拥有授权专利500多项。产品和技术已出口50多个国家和地区，在海内外拥有较高的知名度。

　　历经半个世纪的拼搏与发展，西电集团已经成为我国最具规模、成套能力最强的高压、超高压、特高压交直流输配电设备和其他电工产品的生产制造基地。西电集团及所属单位的业务范围涵盖输配电及控制设备研发、设计、制造、销售、检测、相关设备成套、技术研究、服务与工程承包，核心业务为高压、超高压及特高压交直流输配电设备制造、研发和检测。主导产品包括110kV及以上电压等级的高压开关（GIS、GCB、隔离开关、接地开关）、变压器（电力变压器、换流变压器）、电抗器（平波电抗器、并联电抗器）、电力电容器、互感器（CVT、CT、PT）、绝缘子（电站电瓷产品、复合材料绝缘子产品）、套管、氧化锌避雷器、直流输电换流阀等。

西安炬光科技股份有限公司

该公司是从事大功率半导体激光器研发制造的民营高新技术企业，其开发的超大功率半导体激光器120KWQC面阵产品使我国成为世界上第三个能够制备百千瓦级半导体激光器的国家。2010年，推出高精度半导体温度控制系统，性能达到国际先进水平。

炬光科技拥有在光电子和大功率激光器领域享有国际盛誉的专家和技术人才。以现任董事长兼总经理刘兴胜博士为首的数名归国留学人员组成的团队覆盖了大功率半导体激光器研发和生产所必需的封装、测试、光学、失效分析和生产质量体系管理等技术领域的专业人才，两位院士受聘为炬光科技顾问，为公司战略决策、技术信息交流、合作研究与开发等方面提供咨询与指导。优秀的团队为企业发展壮大提供了坚实基础和有力保障。公司建立了完善的研发、生产及质量管理体系，实施ERP及数据库管理系统，确保整个公司的业务活动规范有序。公司参照国际上先进管理理念，实施人性化管理，实行全员目标管理，绩效考核，确保了各个环节的高效运转。

炬光科技拥有高功率半导体激光器封装结构设计—封装工艺—测试表征—光学整形和耦合—系统集成完整的半导体激光器生产线，年产半导体激光器100000件，可为客户提供高功率、长寿命、大批量、OEM设计的不同功率、不同波段、不同封装形式的高功率半导体激光器及其系统，使公司成为了国内外享有盛誉的半导体激光器及应用产品的研发和制造厂商。

黑土地放飞新希望

充分发挥科技第一生产力和人才第一资源作用，
把科技进步和创新作为经济社会发展的重要推动力，
促进科教优势向经济优势、竞争优势转化，
逐步推动经济发展方式由依靠物质投入向依靠科技进步转变。
加强科技创新体系建设，提高原始创新、
集成创新和引进消化吸收再创新能力，
加快建设创新型省份。

——摘自《黑龙江省国民经济和社会发展第十二个五年规划纲要》

　　"十一五"时期，黑龙江省深入实施老工业基地振兴战略，经济社会发展取得显著成就，地区生产总值由2005年的5510亿元，增加到2010年的10235亿元。经济结构明显优化，自主创新能力不断提高。

一、要素投入及主要科技产出指标

　　"十一五"时期，黑龙江省全社会研发经费逐年增长。2006年该项支出为57亿元，2010年增至123亿元，占地区生产总值的比重为1.2%（表1）。

　　"十一五"时期，全社会研发全时人员总数大幅增长，从2006年的38230人年增长到2010年的61854人年（表2）。

　　"十一五"时期，黑龙江省专利授权量达2.4万件，是"十五"时期的2倍。2010年专利授权量达6781件（表3），并获得国家科技奖励22项。

© 在黑龙江农垦建设三江分局二道河农场，农用飞机进行现代化作业。延 春供图

二、自主创新能力建设主要指标

在提高自主创新能力的过程中，黑龙江充分发挥科技和人才优势，高新科技产业集中开发区建设取得积极进展，高新技术产业规模不断扩大。

1. 重大项目

2010年，黑龙江执行国家级基础研究类项目648项（表4），在13个国家科技重大专项中，参与承担了3个重大专项项目研发。

2. 科技创新体系建设

黑龙江把自主创新作为加快转变经济发展方式的强大动力和重要引擎，建设自主创新体系，促进科技成果转化，认定高新技术企业481家（表5）。

3. 开放合作

黑龙江着力建立充满活力、富有效率、更加开放的体制机制，与国内国际的科技合作与交流取得明显成效。推进与俄罗斯科学院西伯利亚分院的14家研究所进行对接；与加拿大阿尔伯塔省签订科技合作协议；2010年共有14个项目被列入科技部国际科技合作计划，3家对俄科技合作重点单位被科技部授予"国际科技合作基地"称号。

4. 政策保障

黑龙江科技创新激励机制不断健全，自主创新政策法规体系不断完善。下发《黑龙江省科学技术厅关于执行规范权力运行制度监督检查办法（试行）》，制订《黑龙江省专利优势企业创建工程2010年工作方案》，启动专利培育和专利试点企业的申报工作。实施知识产权"四大工程"。

三、重点领域成果与成效

黑龙江资源优势转化为产业优势的能力不断提升，通过加快科技成果转化和产业化，开发了一批具有国际领先水平的重大创新技术和产品，自主创新的支撑引领作用不断释放。

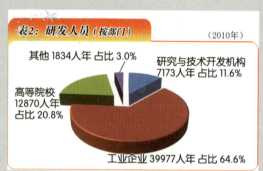

1. 高新技术产业发展

2010年，高新技术产业产值3941.1亿元，比上年增长23.6%，占全省工业总产值39.7%；实现增加值979.9亿元（表6）。

高端装备制造领域："数控重型曲轴旋风车铣复合加工中心"为一台全功能、高精度数控重型曲轴旋风切削加工中心，主要技术指标均达到国际先进水平。这台机床重达350吨，比篮球场地还大，其主要部件回转精度却只有人头发丝的六分之一。该机床当年实现销售收入4000万元，利税1200万元。

铝镁合金新材料领域：组织黑龙江省铝镁新材料产业技术创新战略联盟，积极探索共建公共技术创新和服务平台。组织共性、关键技术联合攻关共10项，参与3个高端铝合金新材料制造产业中心建设，实施超大规格特种铝合金板带材等8个产业化项目，哈尔滨国家铝镁新材料产业化基地生产企业已达40户。

碳纤维产业领域：确立"T700级碳纤维碳化中试生产线及工艺研究"等4项重大科技攻关项目，其中具有自主知识产权的T700级碳纤维碳化工艺研究将促进碳纤维产业化进程，为我国国防新型装备的发展提供原材料保证。

表4：承担国家级科技计划项目　单位：项

表5：科技创新体系建设

表6：高新技术产业发展情况　2010年产值 单位：亿元

节能环保领域：共安排"镁合金LED灯具散热材料及成型技术研究"、"黑龙江省水稻大面积均衡优质高产低耗栽培综合配套技术体系研究"等节能减排科技项目54项。

生物质能源领域：重大科技攻关项目"高寒地区沼气生产工业化试验"研制了有机垃圾去杂、牛粪固液分离中试装置各1套；获得发明专利授权1项，获得授权实用新型专利5项。成果已经在10多个农村新能源建设工程中得到推广。

2. 改造提升传统产业

"'十一五'黑龙江省制造业信息化科技工程"通过科技部组织的专家验收。该项目开展企业数字化设计技术应用即"甩图纸"示范工程和企业数字化管理即"甩账表"示范工程以及"两甩"综合集成信息化工程。共确定53家制造业信息化科技工程项目示范企业，并全部通过验收。同时推广应用企业59家，拉动中小企业300余家参加了信息化建设。

3. 科技支撑新农村建设

新组建了马铃薯、农机装备2个产业技术创新战略联盟，其中马铃薯产业技术创新战略联盟被科技部认定为国家级，成为黑龙江第4个国家级产业技术创新战略联盟。重点支持农机装备、农产品精深加工、大豆等产业技术创新战略联盟建立研发中心，为联盟内企业服务，不断提升行业自主创新能力。

4. 科技型企业发展情况

2010年，黑龙江共获国家中小企业创新基金立项90项，支持金额6395万元，同比增长一倍以上。科技园区新增科技企业516家，孵化毕业企业114家。积极推荐国家级创新型企业试点，国家级创新型（试点）企业总数达到14家，其中国家级创新型企业4家，国家级创新型试点企业10家。

5. 技术市场成果交易

2010年，黑龙江技术市场各类技术合同成交总数达1985项，各类技术合同成交额达53.4亿元。

（以上数据主要由黑龙江省科学技术厅提供）

科技进步的"微笑曲线"

倪伟龄

"十一五"期间，黑龙江省综合科技进步水平在全国排序中画出一个漂亮的"微笑曲线"，2010年科技进步水平回升至全国第12位。在三峡工程、神舟7号、载人航天工程、北京奥运会及国家和黑龙江省重大技术装备自主研发等方面取得了一系列突破与进展，自主创新能力不断增强。

黑龙江省科技力量曾在全国占有重要位置，然而粗放的增长方式与不合理的产业结构在一段时期内严重制约了老工业基地经济发展，这也反过来制约了当地科技进步的水平。如何使科技与经济相匹配，让自主创新更好地支撑产业转型升级、转变发展方式？黑龙江走出一条向科技要产品、要产业、要生产力、要效益、要速度，依靠自主创新实现科学发展的新路径。

黑龙江提出建设哈大齐工业走廊建设区、松嫩和三江两大平原农业综合开发试验区、高新科技产业集中开发区等"八大经济区"，并实施千亿斤粮食产能工程、重点工业项目建设、科教人才强省富省等"十大工程"战略，成为经济转型升级的坚实载体。全省高新技术产值可持续增长，自主创新体系建设逐步完善，科技成果产业化加快推进，科技园区提档升级，自主创新能力不断提升，科教人才资源优势逐渐向经济社会发展优势和企业市场竞争优势转化。综合科技实力成为推动黑龙江又好又快发展的强大引擎。

"十二五"时期，黑龙江将继续把自主创新作为调整经济结构、加快转变经济发展方式的重要抓手和渠道，通过建立充满活力、富有效率、更加开放的体制机制，提高自主创新能力，促进科技成果转化，实现制度创新与科技创新的有机统一。

相信黑龙江科技进步的"微笑曲线"会笑得更加灿烂！

2011·精彩之笔

- 1月，黑龙江水稻产业技术创新联盟成立。

- 3月，开展"科技成果转化落地专项行动"。共开展专题活动191次，双向发布成果、需求12587项，促进签署262项成果转化合作协议。

- 4月，中国科学院北方粳稻分子育种联合研究中心"十二五"发展战略研究会召开。

- 4月，"非常规油气成藏与开发"省部共建国家重点实验室培育基地建设计划通过论证。

- 5月，新型锂电池负极材料攻关项目达到国际先进水平。

- 6月，国家级冷水性鱼类产业技术创新战略联盟成立。

- 7月，黑龙江省人民政府与中国科学院签署了院地科技合作协议，开展了新一轮合作。

- 7月，黑龙江省成果展示交易市场正式启动，专利技术交易服务联盟正式成立。

- 9月，"哈尔滨科技创新城"创新创业广场完工，将吸引20名院士、300名博士在内的2万余名高端人才入驻。

- 11月，包括云计算、物联网、新媒体等企业300家进驻哈尔滨"中国云谷哈南国际数据城"。

E创新先锋

徐一戎

　　黑龙江省农垦科学院终身不退休研究员，北方水稻科学技术协会荣誉理事长。1924年出生，曾荣获全国五一劳动奖章、全国优秀农业科技工作者、省特等劳动模范等称号，终身享受国务院特殊津贴待遇。突出贡献是将国际国内水稻先进栽培技术和叶龄理论同垦区实际相结合，组装推广了水稻"三化"栽培和叶龄诊断等多项在国内乃至世界领先的寒地水稻高产优质栽培技术，创造了2000万亩寒地水稻平均单产1200斤的奇迹，被誉为"北大荒水稻之父"。2008年捐出一生积蓄100万元，设立了徐一戎水稻科研基金。

　　当前，水稻专业新技术人员较多、中层技术人员较少，出现断档现象，新技术人员的业务水平需要提高。各级科研部门要加强栽培和耕作队伍的建设，努力挖掘水稻增产潜力，加大科技推广力度，让科学技术深入人心，并广泛应用于生产中。

　　感言：我们的研究必须与时俱进。市场经济要研究"质"，否则产量再大也没用。需要进一步加快科技的原始创新、集成创新和消化吸收再创新力度，加速科技成果向现实生产力的转化，全面提高技术到位率和普及率。我不是什么专家，只是一个有知识的稻农。对我来说，80岁不算老，我要把它作为人生新的起点，不断学习新知识，坚持深入生产一线，继续为垦区水稻的提质增效，为稻农的小康生活做出新的贡献。

郭志文

哈尔滨银行董事长，全球微型金融领军人物。在国内首创"普惠金融、和谐共富"的经营理念，从战略高度创造性提出"建设国内一流、国际知名小额信贷银行"的发展战略，率先在中国城商行中开展小额信贷业务，着力为中小企业、个体工商户、私营企业主、城市失业人员及农村(农场)的农户等解决融资难的问题，成为"全国支持小企业发展十佳商业银行"。

从国内看，科技进步、自主创新、产业升级方兴未艾，工业化、信息化、城镇化、市场化、国际化深入发展，国民收入、社会保障、市场需求、政府财力和资金供给全面改善，为商业银行的快速发展提供了广阔的空间和市场。小额信贷涉及面广，可以起到很好的经济效益和社会效益。我们要作真正为创新型小微企业提供专业化服务的商业银行，保证小额信贷占比60%以上，与小微企业共同成长。

感言：中国不缺大中型银行，但缺真正为小企业、农民提供专业化服务的小银行。银行资金贷给大企业是锦上添花，贷给众多农户及小微企业则是雪中送炭。可以预见的是，小额信贷将是一片蓝海。小额信贷涉及面广，可以起到很好的经济效益和社会效益。

哈药集团有限公司

哈药集团有限公司于2005年，通过增资扩股改制而成立，是融医药制造、贸易、科研于一体的国有控股中外合资企业。多年来，哈药集团秉承"做地道药品，做厚道企业"的宗旨，在郝伟哲董事长推进"大文化战略整合、大品牌市场竞争、大手笔创新发展"战略引领下，集中优势力量加快创新型研发步伐，依托其原有的国家级企业技术中心和博士后工作站，累计投入1亿多元全力打造新药研发体系，创建了生物工程、抗生素、药物制剂、现代中药、OTC药品及保健食品、动物疫苗及兽药等六个方面的技术平台，为有效提升自身的核心竞争力夯实了基础，使当前哈药品牌价值跃升到166.79亿元。

仅过去五年间，哈药集团就通过实施技术创新，获新产品批文60个，累计获得国家授权专利89个，共有129个品种通过国家高新技术产品认定。其中，哈药总厂盐酸头孢替安原料药及制剂被授予"国家重点新产品"证书、"新型口服缓释制剂及工艺技术平台项目"及哈药生物公司"抗肿瘤创新药物——重组内皮抑素30肽的研制项目"被列入"国家重大新药创制项目"，另外有55个品种在研，其中6个在研品种为国家一类新药。

经过多年的发展，哈药集团以不断完善的自主研发体系和逐渐壮大的科研队伍，同它强大的品牌一起构成了企业腾飞的双翼。"处事没从俗流走，立身敢与古人争"，哈药集团将继续凭借其自主创新的优势向"创新型世界级新哈药"的宏伟目标迈进。

中国云谷哈南国际数据城

中国云谷哈南国际数据城位于哈尔滨哈南工业新城，总规划面积16平方公里。包括计算数据中心基地、应用创新研发基地、企业孵化基地、产业发展基地及配套设施。主要发展云计算产业、物联网产业、软件及服务外包、新媒体影视制作和动漫制作产业。重点吸引国内外IT领军企业、云计算战略投资者及产业链相关企业，提供基于云计算基础设施平台的云存储、云备份、云弹性计算等服务；目标是成为国家灾备中心、物联网数据中心、政府数据中心、新媒体数据中心、电子商务数据中心和地理信息数据中心。

哈尔滨市着力打造的中国云谷哈南国际数据城经过一年多运行，目前已进驻包括云计算、物联网、软件服务外包、新媒体等企业近300家，今年可创造产值50亿元。其中中国移动、曙光超算、亚马逊物联网、国裕数据、神州数码、光明云媒、苏宁物联网等11个云计算龙头项目，协议投资额289亿元。特别是中国移动集团将于年内启动总投资150亿元的全国云计算中心项目，使中国云谷真正成为国家重要的数据中心，初步形成以基础云为核心，物联云、政务云、媒体云、公共云、医疗云、游戏云、互联云等齐聚"云谷"的产业发展架构。

老工业基地焕发青春

加速推进国家技术创新工程试点省建设，
以特色产业基地和高新区为重要载体，依托骨干企业、重大工程项目，
组织实施一批技术创新和产业化项目，形成一批特色鲜明、
跻身全国乃至世界前列的新兴产业集群和聚集区。
推动由"辽宁制造"向"辽宁创造"转变，
建成国家重要技术研发与创新基地。

——摘自《辽宁省国民经济和社会发展第十二个五年规划纲要》

　　"十一五"时期，辽宁紧紧抓住东北老工业基地振兴、沿海经济带开发开放等机遇，科技创新引领产业结构不断升级，装备制造、冶金、石化、农产品加工等支柱产业优势增强，战略性新兴产业加速崛起，特色产业基地和产业集群建设势头强劲，经济发展整体水平大幅提升，到2010年全省生产总值达到18278.3亿元。

一、要素投入及主要科技产出指标

　　"十一五"时期，辽宁省全社会研发经费逐年增长。2006年该项支出为135.8亿元，2010年增至287.5亿元，占地区生产总值的比重为1.56%（表1）。

　　辽宁省全社会研发全时人员总数大幅增长，从2006年的69048人年增长到2010年的84654人年（表2）。

　　"十一五"时期，辽宁省专利授权量达56969万件，2010年专利授权量达17093件（表3），有12项成果获国家科技奖励。

中国石油天然气股份有限公司抚顺石化分公司千万吨炼油、百万吨乙烯工程　赵春龙供图

二、自主创新能力建设主要指标

　　"十一五"时期，辽宁不断完善科技创新体系，建设基础条件平台，加强人才培养等工作，为自主创新工作营造良好环境。

　　在重大项目和创新体系建设方面，2010年，辽宁省执行国家和省级基础研究类项目102项。在13个国家科技重大专项中，辽宁省参与承担了其中IC装备、数控机床、新药创制等3个重大专项项目研发；执行国家科技支撑计划60个、国家"863"计划109个、"973"计划102个。同时，辽宁加快建设以企业为主体、市场为导向、产学研相结合的技术创新体系。目前，拥有国家重点实验室8个，认定高新技术企业548个。2010年获国家各类科技经费支持8.03亿元，比上年增长19.3%。

　　在科技开放合作与创新人才引进方面，2010年，辽宁举办"中国海外学子创业周"，实施"农村卫生适宜技术推广"、可持续发展实验区、科普基地建设等工程；自然科学基金和博士科研启动基金支持培养了450名科技创新人才。

　　在政策保障方面，辽宁按照国家科技大会精神以及建设创新型辽宁的需要，在投入、税收、金融、贸易、政府采购等方面颁布出台了一系列鼓励科技创新的激励政策（表4）。

三、重点领域成果与成效

2010年，辽宁坚持以创新链凝聚产业链，生物医药、数字技术、超级电容器、IC装备、光伏等一批新兴产业集群初具规模。全省规模以上工业企业高新技术产品增加值实现3100亿元，比上年增长25.3%，被科技部进一步确定为"国家技术创新工程试点省"。

1. 高新技术产业发展

全省高新区实现高新技术产品产值2600亿元，比上年增长20.4%。营口高新区和辽阳高新区晋升为国家级高新区；沈阳成为国家集成电路装备高新技术产业化基地；大连成为国家新能源和国家数控机床高新技术产业化基地；辽阳成为国家芳烃及精细化工高新技术产业化基地。

生物医药领域：国家辽宁(本溪)生物医药科技产业基地揭牌，2010年完成地区生产总值45亿元，目前入驻研发机构25家，引进海外研发团队5个、国内外领

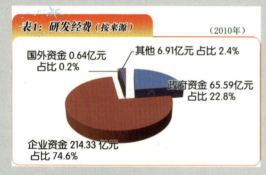

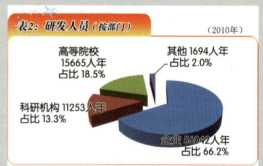

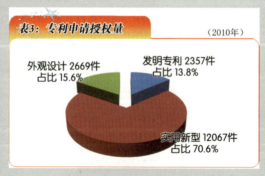

军人才13人、院士4人。

能源装备制造领域：国内首台超千吨履带式起重机在辽宁组装完成；首台超高空作业消防车在抚顺顺达消防设备公司交付使用。截至2010年，位于抚顺的国家先进能源装备高新技术产业化基地累计落地项目196个，总投资416亿元。

液压高新技术产业领域：位于阜新的国家液压高新技术产业化基地的研发孵化中心投入使用。东北大学、北京机械工业自动化研究所等高校院所将入驻园区研发中心，实施合作项目60项。

海洋工程装备制造领域：位于盘锦的海洋工程装备制造基地内已有注册石油装备制造企业近300家，规模以上的石油装备制造企业69家，产品覆盖200多种陆地和海洋工程装备。辽宁天意公司研制生产的顶部驱动钻井装置，技术已达到国际一流水平。

2. 改造提升传统产业

"十一五"以来，辽宁结合国家科技重大专项实施，攻克大型铸锻件可视化

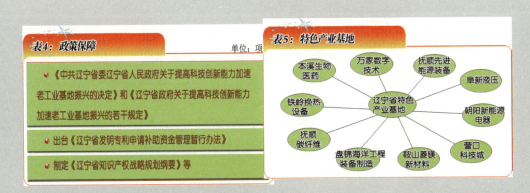

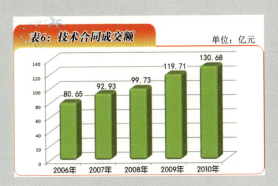

铸造等600余项关键技术。开发出盾构机、重型燃气轮机、90型船用曲轴、百万吨乙烯装置、特高压输变电设备、百万千瓦核主泵等200余项重大装备和新产品。

3. 新型农业技术服务

科技特派团、特派组、特派员和农业技术员培养工程已派出5235人次科技人员，常年活跃在农村生产一线，指导辽宁22个县、190个乡镇"一县一业"和"一乡一品"建设，已累计帮助引进新品种2610项，推广新技术1577项，研发新产品1852个，建立示范基地2386个，辐射带动农民143.2万人，新增经济效益209.7亿元;形成凌源花卉、绥中优质果品、桓仁冰葡萄酒等20余个农业区域特色产业。

4. 特色产业基地发展

围绕各地区实际，培育形成10个特色产业基地，目前共签约项目1367个，总投资额2604亿元。产业基地222个项目的技术来源于国家或省级科技计划，拥有各类专利604件，引进高校、科研院所和科技中介机构131家（表5）。

5. 科技型企业发展情况

2010年，辽宁科技型中小企业创新资金投入4000万元，支持项目198项。辽宁沿海经济带科技型中小企业创新资金计划立项75项，占该省创新资金立项及资金总数近40%。沈阳新松机器人自动化股份有限公司、辽宁奥克化学股份有限公司等3家科技型企业在创业板上市。下发《辽宁省科技型中小企业技术创新资金管理办法》。15家单位获准成为国家创新基金项目的组织推荐单位，建立了国家创新基金计划地方评审的专家库，拥有专家近2000人。

6. 技术市场成果交易

2010年，辽宁省签订各类技术合同1.6万项，技术合同成交额130.7亿元，比上年增长9.2%（表6）。

（以上数据主要由辽宁省科学技术厅提供）

创新引领全面振兴

陈发宝

辽宁的优势在工业。作为新中国成立后最早建立的全国重化工业基地和军事工业基地，辽宁有着雄厚的工业基础和底蕴，也曾赢得"共和国装备部"的美誉。然而改革开放后，辽宁工业经济的优势地位一度黯然失色。自中央确立振兴东北地区等老工业基地战略以来，辽宁抓住历史机遇，趁势而上，走出了一条中国的"锈带复兴"之路。传统支柱产业在推动辽宁经济发展中表现出的强劲动力，使我们认识到，"老工业"是实现全面振兴的关键和"阵眼"。

机遇难得。过去一段时间，"老工业"之所以成为辽宁发展的掣肘，关键在于体制机制和发展模式。现在，辽宁国有企业改革这一历史性难题已基本化解。现阶段我国基础制造装备、重大成套装备、交通运输装备、高端冶金产品、新型石化产品、新型建材等领域拥有巨大的市场。特别是近年来受国际金融危机影响，一些国家将目光转向了性价比更高的"中国制造"。市场需求成为辽宁迅速发展和自主创新的强大动力。可以说，辽宁的"老工业"又迎来了一个重新焕发青春的重要发展机遇期。

振兴"老工业"不是走过去的老路，而要走自主创新之路。提高工业核心竞争力，这是振兴"老工业"的根本出路。日前召开的辽宁省委十届十一次全会确立了"增量带动结构优化、创新促进产业升级"的指导思想，首次提出"坚定不移地把提高自主创新能力、建设创新型辽宁作为全省发展战略的核心，最大限度发挥科技进步对产业结构优化升级的支撑和引领作用"。现在，辽宁坐拥"新型工业化综合配套改革试验区"和"辽宁沿海经济带开发开放"两大国家战略，这对辽宁进行新一轮的工业体系自我完善与升级再造，重振老工业基地雄风，具有巨大优势。

作为振兴的主体，辽宁的工业企业转型升级后表现出强劲的自主创新能力。近年来，通过引进消化吸收再创新、建立产学研技术联盟和技术创新战略联盟等方式，辽宁工业企业突破了一批核心关键技术，形成了一批具有自主知识产权的重大战略产品，促进了新兴产业发展和传统产业转型升级，加快科技成果产业化速度，并培养和引进了一批前沿科技人才和创新团队，自主创新能力不断增强，为辽宁工业发展带来了无限生机。自主创新推动"辽宁制造"逐步走向"辽宁创造"，为振兴"老工业"做出了最好的注脚。

2011·精彩之笔

- 2月，锦州硅材料及光伏产业化基地被正式认定为国家高新技术产业化基地。

- 3月，第十五届中国(锦州)北方农业新品种、新技术展销会在锦州开幕。

- 5月，鞍钢重机公司铸钢厂成功浇注美国勒丁顿抽水蓄能电站单机容量31.2万千瓦机组水轮机转轮上冠，填补了国内相关技术的空白。

- 6月，大连重工起重集团有限公司研制出我国第一支瓦锡兰系列82T型船用曲轴，突破了我国超大型曲轴制造瓶颈。

- 7月，辽宁新风集团40万套高压共轨燃油喷射系统正式投产，填补了国内高压共轨技术的空白。

- 8月，"国家火炬计划辽宁（万家）数字技术特色产业基地"和"绥中高新技术产业开发区"揭牌。

- 10月，辽宁省人民政府与中国工程院举行《科技合作协议》签字仪式。

- 11月，我国第一个拥有完全自主知识产权的自升式钻井平台——CP-300自升式钻井平台在盘锦市海洋工程装备制造基地辽河油田船厂正式下水。

创新先锋

王国栋

　　中国工程院院士，东北大学教授，博士生导师，东北大学国家重点实验室学术委员会常务副主任、中国金属学会常务理事。王国栋院士主要从事钢铁材料轧制理论、工艺、自动化方面的研究，在板形理论和板形控制、热轧板带组织和性能的预测与控制、塑性加工理论与有限元方法、轧制过程的人工智能优化、板带新产品的开发等方面做出一系列创新成果，对轧制理论发展和轧制技术进步产生很大的影响。

　　王国栋说创新有三个境界：一是在知识上，应该有广博的知识基础，基础越牢固，登得越高。同时，应该看到学科的发展方向和清楚学科的前沿，并按照学科发展方向、在学科的前沿开展研究；二是在科学上没有平坦的大路可走，只有在崎岖小路的攀登上不畏劳苦的人，才有希望达到光辉的顶点；三是，反复、甚至无休止的追寻和研究，经历无数次的失败，而后才是成功。

　　感言：创新是制胜法宝，通过创新提升核心竞争力，才能在竞争中掌握主动权。创新应发挥每一个人的强项，实现人才的优化组合和合理配置，这样组成的团队就会实现1+1>2。以企业为主体，以市场为导向，依靠产学研相结合，让技术走进市场，发挥企业的主体作用，产品可以迅速开发出来并转化为生产力。面对未来我们信心十足，我们将努力自主创新，促进我国钢铁工业全面、协调、可持续发展。

曲道奎

沈阳新松机器人自动化股份有限公司总裁，中国科学院沈阳自动化研究所博士生导师，兼任全国工业自动化系统标准化技术委员会"工业机器人分会技术委员会"副主任委员、中国自动化学会机器人委员会常务理事、中国自动化学会机器人焊接委员会常委、中国机电一体化技术应用协会机器人工程分会常务理事、辽宁省自动化学会常务理事、辽宁省产、学、研联合高技术产业"机电一体化"领域技术顾问团专家、中国自动化学会《机器人》杂志编委、中国机电一体化技术协会《国内外机电一体化技术》刊物编委。

曲道奎的主要研究领域为机器人学和智能控制。他先后完成了机器人技术的基础方法研究、关键技术攻关、产业化基地建设和机器人产业化开发等多项863高技术课题；同时还完成了机器人技术国家"八五"攻关、"九五"攻关等多项重大项目，其研究成果填补多项国家空白，达到世界先进水平。

> 感言：立足自主创新，企业才有生命力；拥有自主核心技术，企业才有竞争力；拥有开放的创新平台，企业才有足够的发展动力。创新能力来源于具有超前思维的一流科技人才，不断地培养吸纳创新型人才，使企业"头脑激荡、活力焕发"，这是企业长盛不衰的生命力。

北方重工集团公司

在中央实施振兴东北老工业基地战略的大背景下，由沈矿集团和沈重集团合并而来的北方重工集团公司，在2006年成立之初就制定了技术升级改造的发展战略。到2009年，仅用短短3年的时间，这家昔日设备严重老化，能耗物耗高，经济效益不佳的企业迅速脱胎换骨，成为全国重要的全断面掘进机、水泥生产线、中密度板生产线、冶金轧钢等产业的生产基地。企业资产总额达87亿元，专业工程技术人员1412人。目前，北方重工不仅能够设计制造土压平衡盾构机、泥水平衡盾构机和硬岩盾构机三种主要形式的盾构机，而且盾构机的11项关键技术有6项国产化率超过90%，还有3项达到50%，整机国产化率达到46%。

北方重工是国家机械行业国有独资大型骨干企业，机械工业500强之一，1996年企业由工厂制改为公司制。2005年被认定为国家级技术中心。公司现有从业人员5374人，资产总额51.5亿元，厂区占地面积57.3万平方米，工业性建筑面积36.6万平方米。主要设计制造电站、冶金、轧钢、矿山、锻压、水泥、人造板、工程机械、环保、军工等领域大型技术装备，产品有十大类三百多个品种、三千余种规格。具有年产10万吨钢、3万吨铸钢件、2万吨锻件、2万吨结构件、6万吨机器产品的生产能力。先后有14种产品获国家、省、市优质产品称号，11种产品获国家、省、市科技进步奖，有91台（套）新产品填补国家空白，为我国国民经济的发展及国防建设做出了突出贡献。

沈阳机床集团有限责任公司

沈阳机床股份有限公司是1995年12月通过对沈阳原三大机床厂和一个数控系统生产厂资产重组后组建的，是我国最大的机床制造企业，是国家数控机床产业基地，下属2个控股子公司，现有资产总额114亿元。公司主导产品有10大类、65个系列、350多个品种，其中，数控机床占70%。国内市场占有率居同行首位。近年来，公司着力开展数控机床关键技术攻关研究，开发了五轴车铣中心、高速铣削中心、高性能双主轴复合机床等中高档数控机床系列产品。"十一五"期间共攻克数控机床产业化关键技术26项，研发出108种数控机床新产品，同比增长35%，技术攻关完成154项，数控机床产、销量均为国内同行业第一。2010年产值达143亿元，目前排名世界机床企业第二位。

公司主导产品为金属切削机床，包括两大类：一类是数控机床，包括数控车床、数控铣镗床、立式加工中心、卧式加工中心、数控钻床、高速仿形铣床、激光切割机、质量定心机及各种数控专用机床和数控刀架等；另一类是普通机床，包括普通车床、摇臂钻床、卧式镗床、多轴自动车床、各种普通专机和附件。共300多个品种，千余种规格。市场覆盖全国，并出口80多个国家和地区。

沈阳鼓风机集团股份有限公司

这家全国第一家风机专业制造企业于2003年整体转制为沈阳鼓风机集团有限公司。公司主要从事研发、设计、制造、经营离心压缩机、轴流压缩机、往复式压缩机等56个系列804个规格的压缩机产品；高压给水泵、强制循环泵、冷凝泵、斜流泵、高压注水泵、输油管线泵等59个系列511个品种的泵类产品；离心鼓风机、大型通风机、膨胀机、冷冻机等57个系列680个规格的产品。产品广泛应用于石油、化工、冶金、空分、天然气输送、制药、制酸、国防、环保等领域。是设计和制造技术始终居于同行业领先地位、接近国际同行业先进水平的装备制造业企业。

这家企业坚持产品向"宽领域"扩展、单元技术向"高精尖"进军的科技发展战略，与国际先进技术比肩发展，每年将销售收入5%的资金投入用于技术开发。2000年，沈鼓集团组建国家级企业技术中心，并先后在大连理工大学、西安交通大学、东北大学、浙江大学设立4个国家级技术分中心，从事沈鼓集团课题的研究开发，并建立辽宁省第一个企业博士后科研工作站。

2000年，沈鼓集团被国家科技部确定为首批国家级企业研究开发中心。沈鼓集团始终坚持自主创新的技术发展路线，特别是近年来，不断加大对科研开发的投入，加快科研成果转化。从2006—2010年，完成重大技术攻关537项，较"十五"时期增加60%，企业技术创新水平一直处于大幅提高的状态。

科技兴赣　绿色崛起

全面落实中长期科技、教育、人才规划纲要，
着力增强科技创新能力，推动教育改革发展，
提升人才整体素质，建设创新型江西。
坚持自主创新、重点跨越、支撑发展、引领未来的方针，
把科技进步和创新作为转变经济发展方式的重要支撑，
实施科技创新"六个一"工程，
推进科技成果向现实生产力转化。

——摘自《江西省国民经济和社会发展第十二个五年规划纲要》

  "十一五"时期，江西省坚持以科学发展观为指导，成功推动鄱阳湖生态经济区建设上升为国家战略，改革开放和社会主义现代化建设取得了新的巨大成就。2010年，江西省生产总值达到9435亿元，年均增长13.2%。全省科技事业快速发展，科技进步对经济社会发展的贡献率从"十五"期末的45.6%，提高到2010年的50.1%。

一、要素投入及主要科技产出指标

  2010年，江西省全社会研究与开发经费达87.15亿元，占GDP的比重为0.92%（表1）。

  2010年，江西省全社会研发全时人员总数达到53470人年（表2）。

  "十一五"期间，江西省专利申请、授权量分别达到2.2万件和1.32万件，是"十五"期间的1.4倍和2倍，完成新产品研发2400项，是"十五"期间的1.5倍（表3）。

© 鄱阳湖畔世界上最大的白鹤群　林 魂供图

二、自主创新能力建设主要指标

江西省坚持自主创新、重点跨越、支撑发展、引领未来的方针，把科技进步和创新作为转变经济发展方式的重要支撑，推进科技成果向现实生产力转化。

1. 重大项目

2010年，江西省共落实国家各类科技计划项目603项，经费达5.73亿元，同比增长30%以上，8项重大成果荣获国家科技进步二等奖（表4）。

2. 科技创新体系建设

2010年江西省新增省级创新型试点企业11家，全省达到132家，新增国家级创新型试点企业2家，目前共有国家级创新型企业5家、国家级创新型（试点）企业7家（表5）。

3. 开放合作

2010年，江西省新建5个国家级国际科技合作基地和10个省级国际科技合作基地。在航空、生物医药、电子信息、铜材料、陶瓷高科技、资源环境等领域开展了一批多边、双边国际科技合作项目，科技交流与合作国别超过50个。

4. 政策保障

2010年，江西省落实促进自主创新的政府采购政策，认定两批613项自主创新新产品；落实促进自主创新成果产业化的税收扶持政策，仅地税系统就为科技创新"六个一"工程的实施减免各类企业所得税16.89亿元。《江西省专利促进条例》正式施行，开展首批省级企事业单位知识产权试点，使专利战略研究直接服务于单位的研发、生产、经营的全过程。突出人才规划，编制《江西省高层次创新型科技人才队伍建设中长期专项规划纲要》、《江西省优势科技创新团队建设规划》等，制定了《江西省鼓励技术要素参与收益分配试行办法》，鼓励科技成果的完成者和转化实施者通过股权激励、奖励、持股等方式，积极开展科技成果转化和产业化。

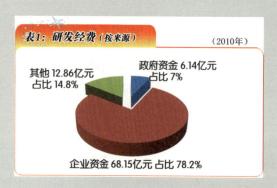

表1：研发经费（按来源） （2010年）

其他 12.86亿元 占比 14.8%
政府资金 6.14亿元 占比 7%
企业资金 68.15亿元 占比 78.2%

表2：研发人员（按部门） （2010年）

研究与技术开发机构 4592人年 占比 8.6%
其他 17551人年 占比 32.8%
工业企业 31327人年 占比 58.6%

表3：专利申请授权量 （2010年）

发明专利 411件 占比 9.4%
外观设计 1352件 占比 31.1%
实用新型 2588件 占比 59.5%

三、重点领域成果与成效

江西省围绕发展战略性新兴产业，选择一批具有较强带动作用和战略影响的重大产业开展集中技术攻关，着力在产业链的关键环节和高、终端领域取得突破。

1. 高新技术产业发展

2010年，江西省高新技术产业内共有规模以上工业企业1428家，占该省规模以上工业企业的18.13%，比2009年增加168家，增长13.33%。新增企业主要集中在光机电一体化领域和电子信息领域，分别增加56家和44家，占新增企业数的6成。高新技术产业产值和收入双双首次跨入3000亿元大关，高新技术产业保持30%以上的增长速度（表6）。

2. 战略性新兴产业领域

2010年，江西省围绕战略性新兴产业争取国家级项目199项，省级科技计划

表4：落实国家各类科技计划项目		(2010年)
项目名称	项目数量（项）	项目经费（万元）
创新基金立项项目	133	10650
国家基础研究项目	341	9045.6
农业科技计划项目	52	11000
社发科技项目	53	14700
国际科技合作项目	7	1870

表5：科技创新体系建设

国家级创新型企业 12个
省级创新型企业 120个
省级工程中心和重点实验室 45家
产业技术创新联盟 17家
国家级工程中心和重点实验室 6家
优势科技创新团队 86家

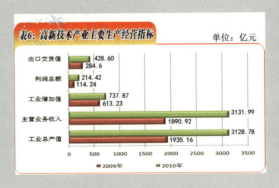

表6：高新技术产业主要生产经营指标　　　　单位：亿元

	2009年	2010年
出口交货值	284.6	428.60
利润总额	114.24	214.42
工业增加值	613.23	737.87
主营业务收入	1890.92	3131.99
工业总产值	1935.16	3128.78

233

588项。实施了"超级杂交稻新品种的培育与产业化"等15个高新技术产业化重大专项,确定了"钨与稀土新材料产业科技创新关键技术研究与应用"等3个重大科技研究创新专项。战略性新兴产业实现主营业务收入5800亿元,占全省工业的45%,同比增长49%。光伏产业主营业务收入比2007年增长5.55倍,列全国第2位;生物、医药和医疗器械领域和新材料领域的增加值分别达到135.87亿元和102.29亿元;电子信息实现增加值84.29亿元,同比实现两位数的增长。

3. 现代农业领域

江西省加大农业科技项目实施力度。2010年争取国家农村科技项目52项,到位资金达1.1亿元。其中,国家星火计划争取到项目17项,国家农业科技成果转化资金项目有21个获得批准立项。2010年新增7个国家富民强县专项行动计划项目,省财政又增列专项资金支持6个省级科技富民强县专项行动计划项目。拥有超过4000人的省级科技特派员人才队伍、44个富民强县科技特派员创业团、36个省级农业科技园科技特派员创业流动站等。截至目前,江西省共有南昌、井冈山和新余3个国家农业科技园区,新建6个鄱阳湖生态农业示范基地和20个省级农业科技园。

4. 民生科技领域

2010年共获得科技部立项支持18项,经费达11650万元,推动了医疗卫生、生态保护、减灾防灾、公共安全等方面的技术攻关和推广应用。其中,"十二五"重大新药创制项目12项,总经费达6500万元;建筑节能项目1项,获得经费900万元;围绕废气、废金属及废水等的高效利用争取了3个项目,获得经费1600万元;牵头江苏、浙江、安徽组织科技项目"华东区中药材规范化种植及大宗中药材综合开发技术研究",获得总经费4480万元,其中江西省1300万元。设立省级可持续发展技术专项,推广了14个可持续发展经济技术模式,开展了"鄱阳湖生态经济区风景名胜区生态环境保护技术集成研究与示范"项目研究。

5、技术市场体系建设

2010年,江西省登记技术合同2008项,技术合同成交额20.38亿元,同比增长129.86%,创历史新高。

（以上数据主要由江西省科学技术厅提供）

夯实发展的后劲

赖 薇 梁 睿

"十二五"时期，是江西省转变经济发展方式，由资源驱动向创新驱动转变的重要转折期。如何做好转型升级这篇文章？科技进步和自主创新作为重要支撑，已经成为共识。

作为经济欠发达地区，江西省面临加快发展和加速转型的双重压力，资源环境约束不断强化、要素成本不断上升，产业结构调整升级的内在要求愈加迫切。为了促进经济结构调整、加快产业技术升级、增强经济发展后劲，江西省着力提升自主创新能力和综合竞争力。

其一，通过引进投资者、延伸产业链、构建技术创新链等系列举措，培植符合低碳与生态经济发展要求的10大战略性新兴产业，使其成为经济发展新的增长极，发挥科技创新对调整优化区域经济结构的积极作用。

其二，加快建设鄱阳湖生态经济区，通过科技进步和创新，大力发展低碳、绿色、循环经济，构建环境友好型、资源节约型现代产业体系，破解环境保护与经济跨越发展的矛盾和难题，探索符合江西实际的绿色崛起之路。

其三，提出实施科教兴赣和人才强省战略，实现科技、教育、人才三轮驱动。只有加快步伐迈入人力资源强省的行列，进一步提升创新能力，才能在激烈竞争中抓住发展机遇，加快转变经济发展方式，提高发展质量和效益。

我们看到，江西省正通过提高自主创新能力，抓好一批科技含量高、经济效益好、辐射带动能力强的重大高新技术成果转化应用，加快产业结构优化升级，加快创新型江西建设步伐，整体提升科技进步对经济社会发展的贡献率。按照既定目标，2015年，江西省科技进步贡献率有望达到55%以上，新一轮自主创新的热潮正在赣鄱大地风起云涌。

2011·精彩之笔

- 1月，"鄱阳湖生态保护与资源利用研究"课题通过专家评审组验收。

- 1月，"九江玻璃纤维及复合材料高新技术产业化基地"、"上饶光学高新技术产业化基地"和"上饶光伏高新技术产业化基地"晋级为国家级高新技术产业化基地。

- 7月，工信部在江西新余市召开现场交流会，推广江西华电公司自主研发的低温余热发电技术和螺杆膨胀机产品。

- 8月，新增2名国家"千人计划"人才，截至目前，江西共有国家"千人计划"人才5名。

- 8月，南昌市出台建设国家创新型城市试点工作实施方案，提出到2015年，力争科技创新综合实力位居全国先进行列。

- 9月，6项重大成果通过2011年度国家科学技术奖评审。

- 10月，116个亿元以上战略性新兴产业重大项目集中开工，总投资达790亿元。

- 11月，第二届世界低碳与生态经济大会暨技术博览会在江西南昌开幕。

- 11月，在科技部、财政部下达的2011年科技型中小企业技术创新基金立项项目及经费中，江西共获立项支持166项，获资助经费1.123亿元。

创新先锋

胡 达

江西华电电力有限责任公司董事长，1985年毕业于南京工学院，随后就读东南大学，获热能专业硕士学位。之后，被分配到南京电力系统。1995年2月，胡达怀着对技术研发事业追求的崇高理想，毅然放弃了大学教师这一稳定而令人羡慕的职业，回到家乡，创办了江西华电电力有限责任公司。

2000年，一次偶然的机会，胡达听说了胡亮光，一位专注于研究螺杆膨胀技术的退休人士。学热能出身的他一眼瞅出这技术在未来新能源产业发展中的前景，他急忙从国外飞回。双方的交谈没有超过一小时，携手共进就此开始。 这是一场需要勇气的"赌博"。样机出一台废一台，一台就是几百万元；热力点采集、试验一个接一个，每个也要几百万元。当时为了攻克这项高效利用低温技术，可没少"折腾"。但他认准了方向："未来的能源产业肯定要发生变化，我们只要能掌握核心技术，就一定错不了。"

感言：华电电力膨胀螺杆机的发明经历了10年，期间经历了无数次失败，企业也亏损了10年，最少的时候人只剩下8个。但我们没有放弃，梅花香自苦寒来，终于在2004年赢得了初步的成功。然而这只是走完了第一步，只有成果真正得到广泛应用，才能发挥科技创新的最大价值，这是我们正在努力为之奋斗的目标。

钱怀璞

　　江西省萍乡市芦溪县总农艺师，教授级农艺师，我国水稻育种权威专家。出生于1936年的钱怀璞，一生从事的就是农业。在芦溪县工作的近四十年，也就是他在县农科所进行科学试验的四十年。几十年来，钱怀璞立足田野，用知识创造财富，用汗水成就梦想，造福于人民。他一共主持育成经国家鉴定的早、晚稻新品种(组合)7个，推广到全国16个省400多个县市，先后成为当时的当家品种，累计种植面积3.48亿亩，增产稻谷614.56万吨，新增产值67.6亿元。

　　"大田出题目，小田做文章"。科研和生产是密不可分的，钱怀璞长期在农村搞农业技术推广，在手把手的传教科学种田中，他知道农民想什么、需要什么洋的品种，然后他回到自己的科研基地，认真研究制定育种方案，精心组织实施。

　　感言：我的理想是在广阔田野选育出高产、优质、抗病、适应广的水稻良种。农业要走向市场经济，要提高农民的收入，关键要靠科技创新，今年我培育的"武功紫红米"为农民亩均增收近千元，市场行情一路走好，为此，我感到由衷的高兴。

晶能光电有限公司

该公司是拥有硅衬底GaN外延生长和芯片加工技术的世界级领跑者，是全球第一家量产高功率、高性能的硅衬底LED芯片公司。作为新起之秀的LED研究、开发和生产公司，晶能光电已经拥有200多个国际国内专利，覆盖了LED外延生长和芯片加工的全部领域，所生产的产品具有完全的自主知识产权和专利体系保护。

晶能光电专注于生产可广泛应用在商业，显示屏，LCD背光和通用照明领域的LED芯片产品。主要以下两大技术为依托：TS系列产品采用的是透明衬底外延生长和横向芯片设计技术，当前世界上此产品系列之一的1023芯片可获得120lm/W的输出。晶能光电TS系列产品拥有卓越的设计结构，保证了产品的低漏电和高ESD良率。TF系列产品拥有Si衬底的外延生长技术和垂直薄膜芯片设计技术。这种垂直结构设计的产品表现出更好的散热效应并能承受极高的电流密度，是适用于通用照明领域所需的高功率芯片的一种理想选择。

晶能光电的成功是基于一个来自五湖四海，志同道合的创业团队，基于不断的科技创新，与国际接轨的资本机制，基于面向市场面向客户实事求是的理念，基于精益求精的工作精神以及坚定不移的意志。

南昌菱光科技有限公司

　　该公司是开发与生产多种电子产品的大型生产企业，在电子制造行业中处于领先位置。公司主要产品有接触式彩色影像传感器(CIS)、微型摄相模块(CCM)、新型线性影像感测模块及其它光学模块产品等，是全球主要的接触式影像传感器(CIS)生产商。该公司的产品主要供应东芝、惠普、三星等世界顶尖级公司。公司先后通过了ISO9001、ISO4001国际品质认证。

　　南昌菱光科技有限公司位于南昌市高新区，座落于南昌高新东元工业园内。由菱光科技股份有限公司于2007年投资6000万美元在南昌设立，2008年9月竣工投产。企业以独特的制程技术实现世界级的生产规模，制造出多样化的影像传感器。其产品彩色影像传感器（CIS：Contact Image Sensor）是扫描仪、复印机、多功能事务机等产品最主要的组件。目前主要客户为东芝（TOSHIBA），爱普生（EPSON），惠普（HP）等世界知名企业。菱光科技股份有限公司成立于1998年6月，是台湾第一家投入研发生产CCD组件的彩色影像传感器厂商，也是目前世界最大的接触式彩色影像传感器生产商，隶属台湾东元集团（TECO）资讯电子事业群。

千帆竞发北部湾

促进科技进步与产业升级紧密结合，
加快科技创新成果向现实生产力转化。
继续实施千亿元产业重大科技攻关工程和广西创新计划，
全面实施质量兴桂战略，着力提高企业创新能力，
力求在关键共性技术、
基础工艺及重大装备等方面取得突破。

——摘自《广西壮族自治区国民经济和社会发展第十二个五年规划纲要》

◎ 中国—东盟博览会中心展馆　资料图片

　　"十一五"时期，广西紧紧抓住中国—东盟自由贸易区加快建设、广西北部湾经济区开放开发上升为国家战略等重大发展机遇，经济社会发展取得巨大成就，创新环境进一步优化，自主创新能力不断提升，经济综合实力明显增强，地区生产总值由2005年的3984亿元，增加到2010年的9502亿元。

一、要素投入及主要科技产出指标

　　"十一五"时期，广西全社会研发经费逐年增长。2006年该项支出为18.24亿元，2010年增至62.87亿元，占地区生产总值的比重为0.66%（表1）。

　　"十一五"全社会研发全时人员总数大幅增长，从2006年的19237人年增长到2010年的33982人年（表2）。

　　"十一五"时期，广西专利授权量达11926件，是"十五"时期的2倍。2010年专利授权量达3647件（表3）。

二、自主创新能力建设主要指标

"十一五"以来，广西着重强调"突出消化吸收再创新，加强集成创新，鼓励原始创新"，进一步加强自主创新基础能力建设，积极抢占科技制高点，促进科技成果向现实生产力转化。

1. 重大项目

2010年，广西执行国家科技计划项目371项（表4）。

2. 科技创新体系建设

加快建设以企业为主体、市场为导向、产学研相结合的技术创新体系，认定高新技术企业288家（表5）。

3. 开放合作与人才引进

广西有本级项目48个，经费1250万元；获科技部国家国际科技合作专项4个，经费1526万元；获得科技部政府间科合作项目立项4个，科技兴贸项目立项4项。广西百色市现代农业技术研究推广中心、广西农业科学院等4个"国际科技合作基地"获得科技部支持建设。

广西进一步加大人才引进培养力度,聘请首批27名八桂学者、31名特聘专家。1人获得国家杰出青年科学基金项目支持,4人入选国家引进海外高层次人才"千人计划"。

4. 政策保障

广西出台了《广西壮族自治区高新技术产业开发区条例》、《关于加快吸引和培养高层次创新创业人才的意见》和3个配套文件。落实广西发展民营经济的政策法规,对国家民营创新型试点企业给予100万元奖励,对优秀民营创新型企业给予50万元奖励。

三、重点领域成果与成效

柳州高新区升级为国家级高新区,广西成为拥有国家级高新区最多的西部省

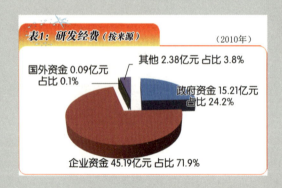

表1:研发经费(按来源) (2010年)
国外资金 0.09亿元 占比 0.1%
其他 2.38亿元 占比 3.8%
政府资金 15.21亿元 占比 24.2%
企业资金 45.19亿元 占比 71.9%

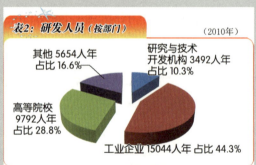

表2:研发人员(按部门) (2010年)
其他 5654人年 占比 16.6%
研究与技术开发机构 3492人年 占比 10.3%
高等院校 9792人年 占比 28.8%
工业企业 15044人年 占比 44.3%

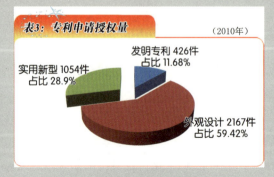

表3:专利申请授权量 (2010年)
发明专利 426件 占比 11.68%
实用新型 1054件 占比 28.9%
外观设计 2167件 占比 59.42%

区之一。2010年，高新区高新技术产业实现工业产值1934.37亿元，比上年增长31.6%；实现增加值538.45亿元。

1. 高新技术产业发展

汽车产业领域：上汽通用五菱汽车股份有限公司成功研发首个自主品牌的首款车型"宝骏630"轿车。

工程机械制造领域：广西柳工机械股份有限公司自行研制开发出属于国际装载机主要产品的额定载重量为70KN的CLG877轮式装载机。

有色金属加工领域：南南铝业股份有限公司研究开发了铝合金高倍数盒装散热器产品及全套生产工艺，建成了年产1800万件铝合金散热器规模的生产线，年新增产值达6500万元。

新能源汽车领域：柳州五菱汽车有限责任公司研制的城市服务用纯电动货车通过了国家工信部的公告，并向市场销售。玉柴机器股份有限公司承担的"商用车混合动力研发"项目，开发出性能指标都处于国内领先地位的商用车混合动力

表4：承担国家级科技计划项目					单位：项
	2006年	2007年	2008年	2009年	2010年
合计	166	193	204	207	371
基础研究计划	3	3	3	2	2
国家自然科学基金	80	101	131	147	250
863计划	8	5	4	1	
国家科技支撑（攻关）计划	14	27	9	2	
科技型中小企业技术创新基金	25	22	30	43	91
国家重点新产品计划	9	5	1	1	6
火炬计划	6		4		4
星火计划	21	30	22	11	18

表5：科技创新体系建设

国家级工程（技术）研究中心3个
国家级生产力促进中心9家
国家部级重点实验室5家
国家级科技产业化基地5家
国家重点实验室2家
国家级科技企业孵化器4家

表6：技术合同成交额　　单位：万元

2006年 9423
2007年 9970
2008年 26996
2009年 17662
2010年 41361

系统，成功在北京奥运会和广州亚运会上使用。

2. 改造提升传统产业

制造业技术示范工程及示范体系建设取得新进展，新增制造业信息化示范企业34家，累计达到200家，4家企业被认定为国家级制造业信息化科技工程示范企业，示范企业新产品开发周期缩短26%，新产品贡献率提高66%。通过制造业信息化工程的实施，使设计数字化、管理数字化、装备数字化、生产过程自动控制及电子商务等信息技术得到广泛应用。

3. 科技支撑新农村建设

2010年，北海国家农业科技园区被批准为建设试点，"桂两优二号"获农业部确认为超级稻品种，实现了广西超级稻品种零的突破。

"十一五"以来，"桂糖26号"、"百优838"、"桂桑优62"等一大批农业产业新品种培育成功，以及标准化栽培、高值化加工等一批先进适用技术推广应用。

实施科技富民强县专项行动，2010年，广西共带动902万农民年人均增收389元，促进县域财政增收9.6亿元。通过开展新农村建设科技示范试点工作，建立了1054个农业种养科技示范基地，培训农民65万人次。

4. 技术市场成果交易

近年来，广西技术合同成交额总体上保持上升势头（表6）。2010年，广西登记出让技术合同258项，技术合同交易额4.14亿元，共吸纳全国各地技术合同1234项，合同成交额13.75亿元。

（以上数据主要由广西壮族自治区科学技术厅提供）

挖掘潜力 错位发展

王晋

广西是欠发达后发展地区，在创新中要直面多重制约因素——人才队伍层次低，科研平台低，企业实力弱，很难集聚国内外更多的创新要素，但欠发达地区更需要跨越发展。广西实践证明：在创新路上，只要立足特色做文章，在特色优势产业的研发、产业链延伸上重点突破，一样能实现跨越发展。

创新要突出特色。广西的甘蔗、木薯、桑蚕、有色金属资源丰富，在这些优势产业上，广西从基础研究到产业化再到推向市场，形成了产业链条上的创新。"十二五"时期，广西将优先重点发展14个千亿元产业，大力发展4大新兴产业，形成"14+4"的产业集群，即食品、汽车、石化、电力、有色金属、冶金、机械等。围绕这些产业，立足广西现有的工业基础，广西的科研攻关和创新体系围绕产业来做，经费向产业投入、人才向产业集聚。

创新要夯实基础。广西科研基础相对薄弱，越是这样，越要从根基上抓创新。当地支持高校开展基础研究，加强学科建设，加大对基础研究的投入，并加大科技奖励。为解决高层次人才紧缺的问题，广西"不求所有，但求所用"，广纳人才。"十一五"时期，广西在局部地区、部分领域建设具有广西特色的人才小高地，采取特殊政策措施，依托重点产业、重点项目、重点学科和优势企事业单位来吸引、集聚和培养高层次人才。去年，广西又推出"八桂学者"计划。这些举措在"聚才、用才、育才"方面将起到促进作用。

创新要扎实推进。"十二五"时期，广西在自主创新方面提出了两个扎实的指标，一个是R&D经费投入占GDP的2.2%，达到全国平均水平；另一个是每万人口发明专利拥有量达3件。对广西来说，完成这两个指标压力并不小。为了激发自主创新的活力，广西出台了科技奖励政策，重奖获得科技进步奖的人才。激励措施已初见成效，今年1至10月，广西专利申报量同比增长45%，专利授权量同比增长50%。

科技支撑发展，创新引领未来。对欠发达地区来说，缺人、缺钱、缺平台、缺理念，但结合自身实际，错位发展，也能用"软件"弥补"硬件"的不足。"十二五"时期，广西的科技工作的重点是"强基础，提能力，促发展，惠民生"，"硬件"和"软件"同步提升。广西将加快把区位优势、资源优势和生态优势转化为竞争优势，就必须坚持把创新作为实现经济发展的重要支撑。

在特色产业寻求突破，在基础研究夯实根基，对广西来讲，有两个好处，一是加快占领优势产业的制高点，二是为当地持续发展提供后劲。这样的选择是现实的，也必将收到实效。

2011·精彩之笔

- 1月，2011年广西科技表彰奖励大会举行。

- 1月，以"科技支撑发展，创新引领未来"为主题的第20届广西科技活动周举行。

- 3月，广西大学和华南农业大学联合建设的"亚热带农业生物资源保护与利用国家重点实验室"获批。

- 4月，广西壮族自治区首批主席院士顾问聘请仪式举行。

- 7月，《广西创新计划（2011–2015年）》实施。第五轮创新计划将构造实施7大科技工程，加强创新平台建设，完善区域创新体系。

- 8月，《广西壮族自治区科学技术发展"十二五"规划》印发。

- 9月，广西各高等院校、科研院所等科研单位共争取到国家自然科学基金资助项目401项，获资助经费1.9亿多元，科研经费首次突破亿元大关。

- 10月，第八届中国—东盟博览会农村先进适用技术暨高新技术展在南宁举行。

- 10月，"中国—东盟太阳能政策对话与技术洽谈会"举办，会议重点就我国与东盟间太阳能领域的合作进行了探讨交流。

- 11月，广西聘请首批八桂学者和特聘专家。

创新先锋

黄日波

我国知名分子酶工程学家、广西科学院院长、国家非粮生物质能源工程技术研究中心主任、生物质能源酶解技术国家重点实验室主任，曾荣获国家有突出贡献的中青年专家、中国首届百名青年科技创业奖、中国青年科技标兵、全国模范教师、广西优秀专家、广西青年五四奖章等荣誉称号。他为我国的发酵和轻工产业做出了突出贡献。

黄日波认为，科学研究有其自身的规律，先是文化，然后是行动，最后才能出成果。像开花结果一样，有

了创新的文化，花自然会开。文化的影响是深远的。经过这么多年的发展，中国最缺的不是人才，不是资金，也不是领导的重视，而是创新的文化氛围。如果科研人员个个想当明星，热衷于从幕后走到前台，很难出成果。

> 感言：创新文化是核心，培养创新的文化氛围要几十年的积淀，不可能一蹴而就。目前来看，自主创新最缺的是文化氛围。要培养创新的文化，首先要吸收人类文明的成果，同时要结合本国的特点，行政管理人员要有科学的态度，对科研人员要小心翼翼地扶持、培养，要承认科学研究的独立性。

石德顺

我国有突出贡献的中青年专家、广西大学动物科学技术学院院长、动物克隆、生殖细胞和胚胎发生机理等方面的领军人物。他研究成功了我国首例试管水牛、胚胎细胞克隆牛以及世界首例受精卵冷冻保存的试管牛、体细胞克隆水牛、转基因水牛和转基因克隆水牛。

石德顺认为，体细胞克隆技术和转基因克隆技术的成功，极大推动了生产力的发展。这一成果被推广应用到生产实践中，就能够培育出水牛新品种，使广西的水牛业真正"牛"起来。

石德顺有一个华丽的梦想，就是让转基因克隆奶牛"吃的是草，挤出来的是药"，把牛变成一座价值不菲的"药物工厂"。他坚信，只要坚定地走在创新的道路上，这个梦想就一定能够实现。

感言：我国动物体细胞克隆技术从无到有，仅短短13年时间就迈进了国际领先水平的行列中，其中的原因，是牢牢抓住"创新"二字不动摇。科学研究不能因循守旧，要敢于创新，尤其是自主创新，要敢于在"异想天开"中孕育新的突破。通过创新，许多梦想都能实现。

柳工机械股份有限公司

柳工机械股份有限公司，是中国制造业500强企业——柳工集团的核心企业。作为国内工程机械行业第一家上市公司，他被誉为"中国工程机械行业的排头兵"，并入选世界工程机械行业50强。2011年2月，"国家土方机械工程技术研究中心"落户柳工，成为我国土方机械领域惟一的国家级工程中心。

坚信科技创新产品，技术领先市场，柳工机械股份有限公司紧盯世界前沿，不懈创新，始终致力于制造品质卓越的工程机械产品和服务，在技术创新方面不断加大投人，获得了行业和客户的高度认可。

新技术的研究应用是柳工机械股份有限公司技术创新的一大亮点。公司致力于技术创新，加快产品研发速度和效率，专利申请量从2008年的36件上升到2010年的91件，其中的发明专利申请量从零增加到21件，专利申请量和发明专利申请量均位列广西前三甲。

柳工机械股份有限公司在我国2011年自治区专利知识产权大会上荣获表彰，其自主创新不仅得到了国内业界的赞扬，也得到了世界工程机械行业主流的认可。

玉柴机器股份有限公司

玉柴机器股份有限公司，是一家通过资产这一纽带实施战略、文化、品牌经营、多种所有制经济成份并存、跨地区、跨行业、多品种、多元化经营的大型现代企业集团。

玉柴机器股份有限公司在燃烧开发技术、低排放开发技术、机械开发技术上已处于国际领先水平，在多个领域填补了我国汽车发动机技术的空白，并以创新的力量不断推动企业和行业向前发展。

"十一五"期间，玉柴集团专利申请量达1000多件，授权量约700件，专利的申请量连续五年位居广西企业第一位，其"四气门柴油机气缸盖卸荷槽"获中国专利优秀奖。

在今后的发展中，玉柴将以激情、环保、科技、创新为定位，以卓越动力、国际玉柴（Excellent power，globalize yuchai）为品牌宣言，站在新的高度，不断超越，规划推出一系列高端创新型产品，促进"玉柴机器"品牌国际化，把玉柴建成中国自主品牌柴油机的主要出口基地，并以强有力的品牌矩阵，建设富有玉柴特色的企业品牌、产品品牌、服务品牌。

锦绣江苏满目新

提升科技自主创新能力。
紧跟新一轮世界科技和产业革命步伐，深入开展基础性、
前沿性科学技术和共性技术研究，
大力推进原始创新、集成创新和引进消化吸收再创新。
大力提高自主创新能力，
推动经济发展由主要依靠物质资源消耗向创新驱动转变，
到2015年率先建成创新型省份。

——摘自《江苏省国民经济和社会发展第十二个五年规划纲要》

© 江苏滨江新景　姜明力供图

"十一五"时期，江苏省紧扣"推动科学发展、建设美好江苏"主题，围绕加快转变经济发展方式，加快产业结构优化调整，自主创新能力明显提升，地区生产总值由2005年的18272亿元，增加到2010年的40903亿元。

一、要素投入及主要科技产出指标

　　"十一五"时期，江苏全社会研发经费逐年增长。2006年该项支出为346.25亿元，2010年增至857.59亿元，占地区生产总值的比重为2.1%，高于1.75%的全国平均水平（表1）。

　　"十一五"时期，江苏全社会研发全时人员总数大幅增长，从2006年的137700人年增长到2010年的315288人年（表2）。

　　"十一五"时期，江苏专利授权量达321385件，是"十五"时期的6.63倍。2010年专利授权量达138382件（表3），专利申请量和授权量均位居全国第一，并获得国家科技奖励46项。

二、自主创新能力建设主要指标

　　"十一五"以来，江苏省紧紧抓住全球科技资源加速流动的难得机遇，不断加强依靠科技创新调结构促转型的力度，积极抢占科技制高点，促进科技成果向现实生产力转化，创新能力排名连续两年位居全国第一。

1. 重大项目

　　2010年，江苏执行国家和省级基础研究类项目3623项（表4），在13个国家科技重大专项中，江苏参与承担了其中28个重大专项项目研发。

2. 科技创新体系建设

　　江苏省共有各类科技机构6735个（表5），拥有科技创业园、大学科技园、软件园、创业服务中心等各类科技孵化器301家，总量居全国第一。

3. 开放合作与人才引进

　　江苏省与国内国际的科技合作与交流取得明显成效，人才引进和培养机制更加健全。目前外资研发机构总数达400多家，世界500强企业设立的研发机构60家，55%的外资研发机构与江苏高校院所、企业建立了稳定合作关系，国际创新资源已成为江苏产业创新的重要技术源和项目源。

到2010年底，江苏省企业已与国内高校院所建立省级以上产学研合作载体1000多个，累计实施产学研合作项目3万多项。近三年，江苏累计引进海内外高层次人才9万多人、创新团队2200多个。

4. 政策保障

启动科技政策辅导员服务企业活动，选派1000名科技管理人员，深入1万多家企业开展科技政策咨询和辅导服务，帮助企业落实各项创新政策。2008年至2010年高新技术企业累计享受所得税优惠182亿元。此外，制订自主创新产品管理办法，到2010年底共有927个具有自主知识产权和自有品牌的产品被认定为省自主创新产品。

表1：研发经费（按来源）（2010年）
国外资金11.53亿元 占比1.34%
其他20.27亿元 占比2.37%
政府资金115.08亿元 占比13.42%
企业资金710.71亿元 占比82.87%

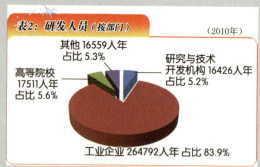

表2：研发人员（按部门）（2010年）
其他16559人年 占比5.3%
高等院校17511人年 占比5.6%
研究与技术开发机构16426人年 占比5.2%
工业企业264792人年 占比83.9%

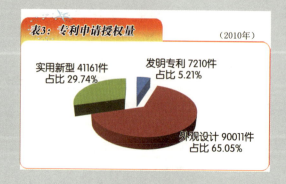

表3：专利申请授权量（2010年）
实用新型41161件 占比29.74%
发明专利7210件 占比5.21%
外观设计90011件 占比65.05%

三、重点领域成果与成效

江苏省坚持新兴产业规模化，加速科技成果产业化，突出创新发展集约化，在诸多领域取得突破，科技创新能力已走在全国前列。

1. 高新技术产业发展

2010年，高新技术产业实现工业产值30355亿元，比上年增长38.06%，占全省规模以上工业产值33%；实现增加值8368亿元，增长133.40%。高新技术产品的竞争力进一步增强，2010年，江苏省高新技术产品出口额达1259亿美元，比上年增长35.3%。

新能源领域：2010年，江苏光伏产业实现产值1988亿元，同比增长81%，产能占全国四分之一，晶硅电池产量占全国55%以上。构建了从关键配套件到兆瓦级整机的完整产业链，叶片、齿轮箱、轮毂等关键部件均占全国市场的50%以上。

表4：承担国家级科技计划项目　　　　单位：项

	2006年	2007年	2008年	2009年	2010年
基础研究计划	4	9	6	8	14
国家自然科学基金	777	1055	1181	1487	2051
863计划				43	198
科技型中小企业技术创新基金	192	61	248	551	496
国家重点新产品计划	222	201	207	40	201
火炬计划	603	429	453		358
星火计划		211	238	261	305

表5：科技创新体系建设

国家级工程（技术）研究中心21个
国家级软件园5个
国家级企业技术中心43家
国家部级重点实验室41家
国家级工程实验室3家
国家重点实验室32家
国家级科技企业孵化器55家
国家级高新技术产业特色产业基地85家
国家级生产力促进中心19家
国家大学科技园11家

表6：技术合同成交额　　　　单位：亿元

- 2006年 119.53
- 2007年 152.32
- 2008年 244.92
- 2009年 282.10
- 2010年 317.05

生物技术领域：2010年，江苏生物技术和医药产业实现销售收入3195亿元，同比增长30.4%，占新兴产业15.5%。其中，小核酸研发生产企业约占全国一半，形成了我国小核酸生物制药较完整的产业链。

电子技术领域：2010年，江苏集成电路产业实现销售收入616.8亿元，占全国比重42.9%，居全国前列。

新型平板显示技术领域：2010年，江苏新型显示产业实现销售收入3329亿元，占全省电子信息产业的23%，共有新型显示骨干企业150家左右。

2. 改造提升传统产业

"十一五"前4年，江苏纺织、冶金、轻工、建材4大传统产业完成技改投资1.47万亿元，年均增幅18%以上。

徐工组织了大型移动式起重机研发和产业化项目，攻克了GPS/GPRS全球定位及远程故障诊断技术的研究，多桥电液控制转向技术研究，大型起重机总体参数优化技术等几十项关键技术。

中远船务和熔盛重工研制成功国际首座SEVAN DRILLER圆筒形超深海钻井储油平台，标志着我国深海油气钻井成套装备设计制造水平的重大突破。

3. 科技支撑新农村建设

江苏育成农业新品种244个，培育省级农业科技型企业247家、现代农业科技园41个、科技型农业专业合作社116个以及涉农产业技术创新战略联盟19个，实施粮食丰产科技工程，带动粮食增产60亿公斤，农民增收98亿元。

4. 科技型企业发展情况

2010年江苏创业板新增上市公司12家，比去年全年多4家；全省新上市企业25家。截至目前，累计在国内上市的高新技术企业115家；承担省重大科技成果转化资金项目的企业累计有66家在国内上市，20家在境外上市。

5. 技术市场成果交易

2010年，江苏技术市场各类技术合同成交总数达20450项，各类技术合同成交额达317.05亿元（表6）。

（以上数据主要由江苏省科学技术厅提供）

从学习跟随到高端引领

薛海燕

"十一五"期间，江苏自主创新工作取得了显著进展。但是，从江苏发展的阶段性特征看，经济增长的传统动力正逐步衰减，科技进步与创新日益成为经济发展的主导力量，经济发展迫切需要由主要依靠物质消耗、学习模仿向主要依靠创新驱动转变。

与发达国家和地区比较，江苏发展的差距不仅体现在经济总量、人均水平上，而且更多地体现在产业层次、资源利用效率和发展质量效益上。如果说，改革开放30多年来，江苏更多的是依靠引进技术推动产业发展，走的是发挥"比较优势"的"后发之路"；那么，在新一轮科技和产业革命的背景下，江苏只能依靠培育"竞争优势"，走出一条以创新驱动为特征的"先发之路"。"十二五"时期，江苏自主创新的路径已然十分清晰。

坚持高端引领，着力培育六大战略性新兴产业。主攻高端技术，加快推进重大产业技术研发和重大共性技术攻关，争取在掌握优势产业核心技术、前沿先导技术、产业化应用关键技术等方面取得突破。发展高端产品，加快高新技术成果转化，努力实现战略性新兴产业的规模、质量和效益同步提高。突破高端环节，大力发展知识、人才密集的高附加值行业，加快向自主研发跨越、向产业链两端延伸、向价值链高端攀升。

突出企业主体，着力建设创新型领军企业。以实施国家技术创新工程试点为抓手，引导企业加大研发投入力度，鼓励企业把更多资金投向成果转化，推动企业真正成为创新需求、研发投入、技术开发和成果应用的主体。集成国家、地方和社会创新资源，培育一批具有国际竞争力、引领产业发展的创新型领军企业。

集聚创新资源，着力营造全社会创新环境。创新科技金融合作方式，努力形成多元化、多层次、多渠道的科技创新投融资体系；加快人才、项目、基地和服务的"四位一体"联动，吸引更多的国际高端人才到江苏创新创业；深入实施知识产权战略，加强知识产权创造、运用、保护、管理；着力完善支持科技创新的政策举措，最大限度激发全社会的创造活力。

2011·精彩之笔

- 江苏省出台《关于实施创新驱动战略推进科技创新工程加快建设创新型省份的意见》。

- 新设立常熟高新区、吴江高新区（筹）2家省级高新区，省级以上高新园区达18家，新升级江阴国家高新区，国家高新区达8家。

- 《江苏省"十二五"科技发展规划》出台，明确提出要形成创新型城市、创新型县市、创新型园区、创新型乡镇多层次发展的区域创新体系布局。

- 恒瑞医药经历14年，研发的1.1类新药艾瑞昔布通过上市审批。至此，江苏省一类新药拥有数达到39个。

- 江苏熔盛造船有限公司自主设计和建造的世界首艘3000米级深海铺管起重船成功试航，填补了我国在相关领域的空白。

- 光伏科学与技术国家重点实验室60片156mm×156mm光伏电池组成的组件发电功率峰值达274W，表明我国光伏技术研发能力达到世界一流水平。

- 新型疫苗中试及产业化、人工合成皮肤产业化、记忆合金医疗器械产业化等一批产业化项目集中开工，总投资逾11亿元。

- 江苏–以色列产业研发合作计划第四次双边联委会召开。

创新先锋

任晋生

先声药业的创始人、董事会主席、首席执行官、现任中国药科大学客座教授、南京中医药大学客座教授、中国西北大学兼职教授、南京中医药大学先声商学院院长。在其带领下，先声药业成功登陆纽约交易所。

任晋生是个追求创新的人，却从不轻言成功。他对"先声"的解释是"追求领先，不能满足于过去"。他认为成功不能复制，只能创新。在他看来，做研发创新的工作尽管有时会磕磕绊绊、举步维艰，但是依然值得坚持不懈地去为之奋斗，去完成、去追求，因为创新是一件光荣的事情。

任晋生的梦想，是把先声药业打造成"百年企业"，让其生生不息、代代辉煌。而这种延续和发展，也是只有靠着全体先声人共同迸发出的创新理念才能健康顺利地进行下去。

感言：如果不选择创新，等待我们的只有失败，惟一的区别是失败的速度，可能会因竞争对手的突破性创新导致我们立即休克，也可能因竞争对手渐进式的创新导致我们在不知不觉中衰败。

符冠华

江苏省交通科学研究院有限公司董事长、美国沥青路面协会（AAPT）会员、江苏省运输协会常务理事、江苏省公路学会副理事长。他曾先后主导并参与编制国家、行业以及地方规范标准31项，取得国家发明专利授权33项。

符冠华一直从事道路桥梁的科研设计工作，有扎实的专业理论知识，熟悉国内外道桥专业技术动态，积极参与解决交通工程建设中的热点难点问题，并结合实际开展研究。他认为，企业的创新离不开企业家的创新精神，尤其对于交通行业，如何为其提供可持续发展的新技术、新产品，企业家必需要具备创新的勇气、创新的文化和创新的能力。

感言：创新必须有创新的机制凝聚人才，组建一支强有力的创新团队，这是企业创新的基础。创新必须瞄准国际先进水平，摸准国内行业发展的脉搏，引进、吸收、再创新，做国内外企业做不到或做不好的事，做国内企业没想到或想到了还没有做的事，这是传统行业的企业创新之路。

一汽集团无锡柴油机厂

一汽集团无锡柴油机厂是中国第一汽车集团公司下属的全资企业。工厂形成了开放合作的自主研发模式，建成了产品开发流程和标准体系、产品开发过程管理体系等自主研发"五大体系"，拥有两大发动机基地、发动机再制造基地和改装车研制基地4大厂区，搭建了节能环保技术、电子智能技术等自主研发"五大技术平台"，是柴油机行业唯一同时掌握VCU、GPS、EGR、发动机制动等多项关键核心技术、我国第一家研制成功四气门柴油机、第一家研制成功电控共轨柴油机、第一家研制成功两级增压柴油机并成功推广的企业。

一汽集团无锡柴油机厂提出了建设具有核心竞争力的自主锡柴、实力锡柴、和谐锡柴的奋斗目标，以争第一、创新业、担责任为核心理念，秉承学习、创新、抗争、自强的企业精神，开拓创新，昂扬奋进，以"高瞻远瞩，始终睁大眼睛看世界；知己知彼，始终睁大眼睛看市场；未雨绸缪，始终睁大眼睛看明天"的企业哲学为指导，打造民族品牌，高端动力，推动自主事业、汽车工业又好又快发展，实现人、车、社会的和谐发展。

常熟开关制造有限公司

常熟开关制造有限公司，是国内著名的电气专业制造公司，为国家创新型试点企业、国家重点高新技术企业、国家火炬计划常熟电气机械产业基地骨干企业、中国优秀民营科技企业，曾获国家科学技术进步二等奖。

常熟开关制造有限公司专业研发制造高低压电器元件、电子产品和成套开关设备，是国内低压电器行业最具有影响力的产品研发公司，产品广泛应用于电力、机械、冶金、石化、纺织、建筑、船舶等领域。

常熟开关制造有限公司的经营理念是为顾客创造价值，为员工创造机会，为社会创造效益。公司秉承永不言满，追求卓越的企业精神，加强创新型产品的研发和生产。为确保完善的研发手段，确保开发和制造出领先科技的电器产品，公司大力招揽人才，拥有博士、研究生、本科生等多层次的专业技术队伍。

常熟开关制造有限公司拥有先进的模具制造，零部件自动化生产，焊接自动化，断路器装配检测流水线等一大批先进制造技术，以技术、品质和诚信打造了一个电器行业的著名民族品牌。

兴皖富民 活力江淮

充分发挥合芜蚌自主创新综合试验区的龙头示范作用,
按照高端引领、产业提升、先行先试、辐射带动的要求,
广泛集聚各类创新要素,
努力多出科技成果、产业成果、改革成果和人才成果,
走出一条以应用开发为主的创新之路。
"十二五"时期,全社会研发投入、专利授权量、
省级以上创新型(试点)企业、高新技术产业总产值年均增长20%以上,
创新对经济社会的支撑作用明显增强。

——摘自《安徽省国民经济和社会发展第十二个五年规划纲要》

　　"十一五"时期，安徽省积极抢抓国家促进中部崛起和扩大内需的重大机遇，全面实施工业强省、东向发展、创新推动、中心城市带动、城乡统筹和可持续发展六大战略，国家技术创新工程试点省建设全面启动，地区生产总值由2005年的5375.8亿元，增加到2010年的12359.33亿元。

一、要素投入及主要科技产出指标

　　"十一五"时期，安徽省全社会研发经费逐年增长。2006年该项支出为59亿元，2010年增至163.9亿元，占地区生产总值的比重为1.32%（表1）。

　　安徽省全社会研发全时人员总数大幅增长，从2006年的28825人年增长到2010年的64169人年（表2）。

　　"十一五"时期，安徽省专利授权量达3.46万件，是"十五"时期的2.7倍。2010年专利授权量达16012件（表3），并获得国家科技奖励18项。

© 安徽合肥经济技术开发区 资料图片

二、自主创新能力建设主要指标

安徽省充分发挥合芜蚌自主创新综合试验区的龙头示范作用，按照高端引领、产业提升、先行先试、辐射带动的要求，广泛集聚各类创新要素，以应用开发为主展开自主创新。

1. 重大项目

2010年，安徽省执行国家各类科技计划项目1473项（表4），在13个国家科技重大专项中，参与承担了10个重大专项项目研发。

2. 科技创新体系建设

加快建设以企业为主体、市场为导向、产学研相结合的科技创新体系，高新技术园区和产业基地建设取得重大突破，芜湖高新区、蚌埠高新区获国务院批准升级为国家级高新区。截至目前，全省拥有国家级高新区、国家火炬计划特色产业基地、国家高新技术产业化基地及各类国家创新创业平台106个（表5）。

3. 开放合作与人才引进

安徽省的开放合作意识进一步强化，区域合作机制更加完善，更好地利用两个市场、两种资源，与国内国际的科技合作与交流取得明显成效，人才引进和培养机制更加健全，拥有博士后工作站78个，两院院士15人。

4. 政策保障

2008年，安徽省作出建设合芜蚌自主创新综合试验区的重大战略决策，决定从当年起每年安排5亿元财政专项资金并连续5年每年安排1亿元设立创投引导资金，对核心技术和重大装备的研发项目、重大引进技术和装备的消化吸收再创新项目以及高新技术产业化项目给予重点支持。

三、重点领域成果与成效

自主创新对安徽省经济社会的支撑作用明显增强，涌现出很多优秀的科技成果、产业成果、改革成果和人才成果，科技成果转化和产业化步伐不断加快。

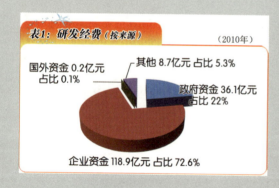

表1：研发经费（按来源）　（2010年）
国外资金 0.2亿元 占比 0.1%
其他 8.7亿元 占比 5.3%
政府资金 36.1亿元 占比 22%
企业资金 118.9亿元 占比 72.6%

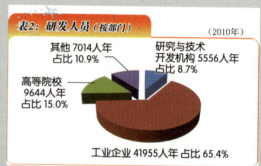

表2：研发人员（按部门）　（2010年）
其他 7014人年 占比 10.9%
研究与技术开发机构 5556人年 占比 8.7%
高等院校 9644人年 占比 15.0%
工业企业 41955人年 占比 65.4%

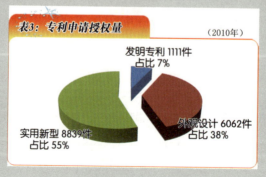

表3：专利申请授权量　（2010年）
发明专利 1111件 占比 7%
外观设计 6062件 占比 38%
实用新型 8839件 占比 55%

1. 高新技术产业发展

2010年，高新技术产业实现工业产值5968亿元，比上年增长47%，占全省工业产值的29.0%；实现增加值1623亿元，增长27.4%。有国家级创新型(试点)企业25家，高新技术企业1313家。

光机电领域：2010年光机电领域实现增加值797.4亿元，占当年高新技术产业增加值的49.1%。合肥锻压等研制的"大型数控单动薄板冲压液压机"通过国家级检测，性能指标及技术水平达到国际先进；奇瑞装备公司等研制的"QH-165kg新型点焊机器人"，是国内首台自主研制可提升负载165公斤级的点焊机器人。

新材料领域：2010年，新材料领域实现增加值493.8亿元，占全年高新技术产业增加值的30.4%。安徽安利股份公司等研发的"速成即剥离二液型聚氨酯合成革关键技术"，性能指标比国内一液型技术的平均水平提高25%至50%；合肥会通等研发的"新一代环境友好聚丙烯发泡材料"，可广泛应用于汽车零部件、家用电器、食品包装、建筑材料等领域。

表4：承担国家级科技计划项目	2010年 单位：项
基础研究计划	70
国家自然科学基金	650
863计划	119
国家科技支撑（攻关）计划	64
科技型中小企业技术创新基金	193
国家重点新产品计划	60
火炬计划	171
星火计划	146

表5：科技创新体系建设

国家级工程（技术）研究中心6个　国家级企业技术中心23个　国家部级重点实验室35家　国家级工程实验室4家　国家重点实验室6家　国家级科技企业孵化器9家　国家级高新技术产业开发区3家　国家级科技产业化基地14家　国家级生产力促进中心6家

表6：技术合同成交额　单位：亿元

2006年	2007年	2008年	2009年	2010年
18.5	26.5	32.5	35.6	46.2

生物医药领域：安徽环球药业与中科院上海药物所合作开发的国家一类新药——盐酸安妥沙星，成为我国自主研制的第一个喹诺酮类抗感染药物，填补了中国在喹诺酮类药物研发中40余年的空白，该药已获国家食品药品监督局颁发的新药证书和生产批件，并正式投产上市。安德生（合肥）制药有限公司开发研究的新一代水溶性和靶向性紫杉醇新药——一类新药紫杉肽,是我国首创的具有自主知识产权的紫杉烷类一类新药。

电子信息领域：合肥芯硕半导体公司研发投产的高分辨率光刻机改变了我国此类产品100%依靠进口的局面，目前，该产品在国内市场占有率达50%；中电集团第38所"魂芯一号"BWDSP100高性能通用数字处理器是我国完全自主研制的居国际先进水平的高性能通用DSP（数字信号处理）芯片；合肥东芯通信"LTE终端基带芯片"攻克了我国发展LTE技术的瓶颈，目前已完成芯片原型机开发。

新能源与高效节能领域：中科院等离子体所"稳定运行的高效染料敏化太阳电池组件"，于2006年获全球可再生能源领域最具投资价值的十大领先技术"蓝天奖提名奖"，已获发明和实用新型专利14项；蚌埠玻璃工业设计研究院"光伏玻璃成套技术"具有完全自主知识产权并填补国内空白，已获4项发明专利和15项实用新型专利；中科院安徽光机所"环境光学检测仪器与设备"已获授权发明专利26项、实用新型专利12项和软件著作权60项。

2. 改造提升传统产业

奇瑞、安凯、江淮三大自主品牌汽车企业已分别在新能源乘用车、客车和商用车上进入前沿，有多款新车型入选《新能源推荐目录》，2010年，合肥市生产150辆纯电动客车、585辆纯电动轿车、建成全国最大的纯电动汽车充电站；铜陵有色先后开发出高新技术产品51项，主产品阴极铜产量连续5年位居全国铜行业第一；海螺集团开创我国建设新型干法水泥生产线的先河，形成不同产能水泥生产线配套余热发电工程系列化设计标准，被列为国家十大节能工程之一。

3. 科技支撑新农村建设

"十一五"期间，共选育水稻、小麦、玉米新品种130个，自育品种推广面积分别占全省的80%、35%和20%，形成了具有区域特色的稻麦作物高产优质高效栽培技术等省级地方标准31项。工程共吸引全省500多名科技人员参与，增产粮食759.21万吨。已在全省建立13000多个村级信息服务点，230万农业短信用户，研发出国内首个农业专业搜索引擎"中国搜农"。

4. 科技型企业发展情况

2010年全省高新技术企业1313家，实现产值4665亿元，增加值1268.8亿元，当年申请专利10084项，授权专利6193项。营业总收入亿元以上的高新技术企业447家，10亿元以上的72家，国家重点高新技术企业41家，上市高新技术企业46家。

5. 技术市场成果交易

2010年，安徽省技术市场各类技术合同成交总数达4831项，各类技术合同成交额达46.2亿元（表6）。

（以上数据主要来自安徽省科技厅、安徽统计信息网、

安徽省高新技术企业认定管理网）

发挥区域创新的辐射带动作用

白海星

近年来，安徽省大力实施创新推动战略，积极探索区域创新发展道路，自主创新已经成为转变经济发展方式、实现科学发展的一面旗帜。

面对区域经济竞争更加激烈、能源资源和环境制约日益突出的局面，安徽省清醒地认识到，不论是继续做大经济总量还是提高发展质量，都离不开科技进步的支撑，离不开自主创新的推动。

为了在自主创新方面有更大作为，安徽省启动建设合芜蚌自主创新综合试验区和国家技术创新工程试点省，从抓企业到抓产业，从抓一座城市（合肥）到抓一个区域（合芜蚌），从抓单项科技体制改革到抓综合体制改革，自主创新的思路更加明晰，布

局更加合理。

安徽省以培育和发展战略性新兴产业为主攻方向，以合芜蚌试验区建设为主要抓手，以皖江城市带承接产业转移示范区为支撑，突出"高端引领、产业提升、先行先试、辐射带动"的思路，逐步建立起相对完善的科技投融资体系和以企业为主体、产学研合作的技术创新体系，产业、科技、人才、改革成果加速涌现，科技资源优势向产业发展优势转化，引领牵动全省经济发展。

值得一提的是，安徽省坚持把自主创新对经济社会发展的贡献和对创新文化的融入作为"指挥棒"，坚持"项目跟着需求走，资金跟着项目走，合同跟着资金走，监督跟着合同走，舆论跟着监督走"的路径，使得创新资源渐趋整合，创新人才不断集聚，创新氛围日益浓厚，自主创新水平得到全面提升，为安徽全面转型、加速崛起增添了新的优势，注入了强大动力。

CE 2011·精彩之笔

■ 1月，"实现16公里自由空间量子态隐形传输"等3项成果入选中国科学十大进展。

■ 2月，《合芜蚌自主创新综合试验区"十二五"发展规划纲要》经审议通过。

■ 3月，奇瑞汽车、安徽科大讯飞、黄山永新和安徽中鼎股份进入中国创新型企业100强榜单。

■ 5月，与中国工程院签署科技合作协议。

■ 6月，《安徽省人民政府关于加速科技成果转化实施意见》出台。

■ 7月，经国务院批准，合芜蚌试验区参照中关村国家自主创新示范区开展企业股权和分红激励试点政策。

■ 8月，省科技厅、省国资委实施自主创新联合行动计划，启动省属企业科技成果转化重大项目。

■ 8月，奇瑞汽车工程中心获国家实验室认可，检测结果获60余个国家和地区承认。

■ 9月，《安徽省"十二五"科技发展规划纲要》发布。

■ 11月，合芜蚌自主创新综合试验区建设推进暨重大政策试点启动大会召开。

CE 创新先锋

尹同跃

奇瑞汽车股份有限公司党委书记、董事长兼总经理。曾就读于安徽工学院（现合肥工业大学）汽车制造专业，有赴德国、美国学习的经历，并参与了一汽—大众的前期准备工作，曾获一汽"十大杰出青年"称号，并在全国获得中华全国总工会"全国五一劳动奖章"，被评为"全国劳动模范"、"CCTV2005中国经济年度人物" 和"全国优秀共产党员"。

尹同跃敢于拼搏，追求创新，他认为自主创新是中国民族汽车工业唯一出路。他致力于发展中国民族品牌汽车工业，并成功找到突破点，带领奇瑞研发出中国第一个汽车发动机自主品牌ACTECO并出口美国，实现了中国自主发动机品牌出口"零的突破"。

感言：自主创新是个漫长的产业链构建过程，没有捷径可走，有些硬性的东西必须掌握在自己的手里，靠买是买不来的，否则就不可能有话语权和市场主导权。虽然今年以来中国的汽车市场环境发生了很大的变化，但我们依然还是信心十足，我们将着眼于未来，更加坚定地坚持自主创新道路，着力进行研发体系建设和集成创新能力提升，推进企业转型和做强做大。

杨桂生

中国首位工程塑料博士、浙江大学、合肥工业大学教授、上海杰事杰新材料集团、合肥杰事杰新材料股份有限公司董事长。他的多项研究成果填补了中国工程塑料领域的多项空白并带动了相关产业的发展，成为中国工程塑料行业的代表人物。创业以来，杨桂生先后获得了"中国十大杰出青年"、"中国青年科技奖"、"中国科协杰出青年奖"、"紫荆花杯杰出企业家奖"、"中国科学院科技进步一等奖"和"上海市十大科技精英"等奖励和荣誉，并被权威媒体评为"可能影响21世纪中国的100个青年人物"。

感言：投入才有回报，忠诚才有信任，主动才有创新，敬业才有荣誉；我们持之以恒地坚持科技创新，即便在资金链最紧张的时候，也没有减少研发投入。现在，支撑中国工程塑料行业未来发展的核心专利大都在我们手里。以市场为导向，解决经济发展当中的实际技术问题是我们的责任。高科技企业有两个最基本的特征，一是强大研发能力带来的高盈利能力，二是要给客户创造期待，我们是做材料的，要给我们的客户、供应商和加工厂制造一种期待。

合力叉车

安徽合力叉车集团成立于1993年，被列入安徽省政府"861"行动计划和重点支柱产业。合力叉车先后荣获"中国叉车第一品牌"、"中国叉车行业最具影响力品牌"及国家商务部"重点培育和发展的出口名牌"、"中国驰名商标"等荣誉。被中国质量检验协会用户委员会评为"全国用户满意产品"，荣获"全国用户满意服务"和"全国用户满意企业"称号。

合力叉车集团树立了"以高新技术改造传统产业"的经营理念，致力于叉车及配套零部件新产品的研究开发。目前拥有全国首批、叉车行业唯一的国家级企业技术中心，已主持和参与制定的国家或行业标准14项，制定了企业标准90多项。是国家创新型企业、国家火炬计划重点高新技术企业、机械工业500强企业、全国520户重点企业。

作为中国工业车辆产业的领导者，合力叉车集团坚持走自主创新、自主制造、自主营销、自主品牌之路，由一个默默无闻的本土品牌成为国际知名品牌，合力的产品结构也由单纯的中小吨位内燃叉车升级为全球产品线最完整的物流装备供应商，不仅连续20年位居中国叉车行业第一，还一举跃升世界工业车辆前8强。

合肥经济技术开发区

合肥经济技术开发区是国家级开发区，成立于1993年4月，管辖面积53平方公里，常住人口近20万人。13年来，开发区坚持"三为主二致力一促进"的办区宗旨，发扬"团结拼搏，艰苦挺进，改革创新，无私奉献"的创业精神，坚持"项目是生命线、改革创新是永恒的主题、带领农民致富是立身之本"的三个主旋律，实现了"农业向二三产业，农村向城市，农民向城市居民"的三个转变。造就了一片充满活力、富裕繁荣的创业者沃土，当年的岗冲荒地崛起为一座现代化新城。

合肥经济技术开发区位于长三角腹地、中部前沿，坚持推进"传统产业高端化，高新技术产业化"，逐步实现技术研发本土化，建立"创新创业园"，争取国家科技部设立"海智基地"，积极设立和争取各类奖扶资金，推进企业技术中心、研发中心建设，园区逐步实现了技术研发本土化。目前全区共有高新技术企业61家，国家级企业技术中心5家，省级企业技术中心15家，省部级以上重点实验室33家。研发能力的增强使得园区创新水平有了质的飞跃，成为中西部科技创新领航区。

三湘四水　后劲勃发

推动经济社会发展，必须依靠创新驱动和人才支撑，
必须加快教育改革发展，发挥人力资源优势，
全面推动经济发展向主要依靠科技进步、
劳动者素质提高和管理创新转变。
加快建立以企业为主体、重大创新平台为支撑、
产学研用相结合的自主创新体系，大力推进科技进步和创新，
显著增强原始创新、集成创新和引进消化吸收再创新能力。

——摘自《湖南省国民经济和社会发展第十二个五年规划纲要》

  "十一五"时期，湖南省加快以长株潭试验区为龙头的两型社会建设，经济持续快速增长，产业结构进一步改善，生态环境取得明显成效，人民生活水平不断提高。地区生产总值由2005年的6473.61亿元，增加到2010年的15902.12亿元，科技进步对经济增长的贡献率达51%，比"十五"末提高4个百分点。

一、要素投入及主要科技产出指标

  "十一五"时期，湖南省全社会研发经费逐年增长。2006年该项支出为53.61亿元，2010年增至186.57亿元（表1）。

  湖南省全社会研发全时人员总数大幅增长，从2006年的4.01万人年增长到2010年的7.26万人年（表2）。

  2010年专利授权量达13873件（表3），并获得国家科技奖励21项，其中自然科学奖1项、技术发明奖1项，科技进步奖通用项目16项，专项项目3项。

◎ 站在岳麓山俯瞰湘江橘子洲头全景　严其政供图

二、自主创新能力建设主要指标

　　湖南省加快建立以企业为主体、重大创新平台为支撑、产学研用相结合的自主创新体系，大力推进科技进步和创新，原始创新、集成创新和引进消化吸收再创新能力显著增强。

1. 重大项目

　　"十一五"期间，在13个国家科技重大专项中，湖南省参与承担了其中8个重大专项项目研发。2010年，湖南省承担国家级科技计划项目1634项（表4）。

2. 科技创新体系建设

　　企业的创新主体地位进一步突显。高新技术企业承担的省级科技计划项目（课题）数接近50%，在省科学技术奖获奖项目中，有高新技术企业参与的占80%以上（表5）。

3. 开放合作与人才引进

湖南省与国内国际的科技合作与交流取得明显成效，人才引进和培养机制更加健全。

目前，湖南省已构建产业技术创新战略联盟50个，与国内70多所高校、30多个科研院所开展了产学研合作，同60多个国家和地区及国际组织开展科技合作与交流。

拥有两院院士51位（含受聘来湘的26位），24个科研团队入选国家创新团队，16人进入国家"千人计划"，已基本形成以院士、长江学者、科技领军人才为学术带头人，国内外年轻博士为骨干的科研队伍。

4. 政策保障

对科技重大专项实行了重大改革，首次对"工程机械液压元件关键技术研发及产业化"专项进行了招投标，由政府和企业共同出资支持实施科技重大专项，面向全国竞争性选择承担单位，在项目设计、承担单位选择、项目实施、项目验收等全过程体现企业主体地位，得到了社会的普遍好评。

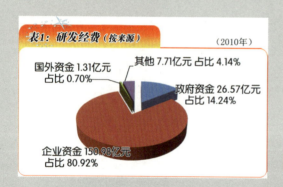

表1：研发经费（按来源）（2010年）
国外资金1.31亿元 占比0.70%
其他7.71亿元 占比4.14%
政府资金26.57亿元 占比14.24%
企业资金150.98亿元 占比80.92%

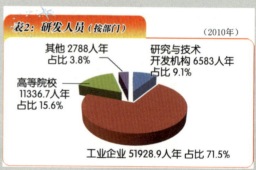

表2：研发人员（按部门）（2010年）
其他2788人年 占比3.8%
研究与技术开发机构6583人年 占比9.1%
高等院校11336.7人年 占比15.6%
工业企业51928.9人年 占比71.5%

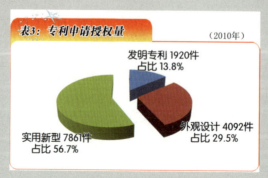

表3：专利申请授权量（2010年）
发明专利1920件 占比13.8%
实用新型7861件 占比56.7%
外观设计4092件 占比29.5%

2010年3月至9月，湖南省人大常委会在全省范围内对《中华人民共和国科学技术进步法》、《湖南省科学技术进步条例》贯彻实施情况进行了执法检查。

成立了湖南省科技经费监管服务中心，科技经费监管进一步完善。

三、重点领域成果与成效

湖南省坚持创新发展，把科技进步和创新作为加快转变经济发展方式的重要支撑，推动经济发展由粗放增长向创新驱动转变，开发了一批具有领先水平的重大创新技术和产品。

1. 高新技术产业发展

2010年，湖南省实现高新技术产品总产值6437亿元，实现增加值1951亿元，分别是2005年的4.2倍和4.1倍。高新技术产品增加值占GDP的比重达13%，比2005年提高5.7个百分点。高新技术产业总产值和增加值年均增长率率分别达到33.4%和32.8%。

电动汽车领域：突破一系列重大关键瓶颈技术，形成从电池、电机、电控、

表4：承担国家级科技计划项目 （2010年 单位：项）

基础研究计划（在研）	62
国家自然科学基金（立项）	725
863计划（在研）	186
国家科技支撑（攻关）计划（在研）	100
科技型中小企业技术创新基金（立项）	359
国家重点新产品计划	37
火炬计划	111
星火计划（在研）	54

表5：科技创新体系建设

国家级企业技术中心20个
国家级示范生产力中心5家
国家级工程（技术）研究中心12个
国家高新技术产业化基地9家
国家重点实验室11家
国家级科技企业孵化器7家
国家级高新技术产业开发区4家

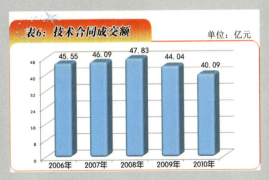

表6：技术合同成交额 （单位：亿元）

2006年	2007年	2008年	2009年	2010年
45.55	46.09	47.83	44.04	40.09

电动空调到整车的新能源汽车产业链。目前，长株潭投放运营的混合动力公交车达789台，占全国首批14个示范城市投放车辆总数的三分之一。纯电动汽车和混合动力汽车还成功开辟了天津、昆明、海口等外省市场。

光伏领域：湖南光伏产业从无到有，从小到大，逐步向千亿元目标迈进。凭借技术优势和产业基础，湖南省成为"金太阳"光伏发电示范基地。

风电领域：掌握风电装备关键技术，大大提升了产品核心竞争力，湖南生产的风力发电机已应用到内蒙古、福建等19个风电场。

2. 改造提升传统产业

科技成果推进了传统优势产业改造升级。"安全环保烟花爆竹材料与综合燃放技术"解决了烟花爆竹生产和燃放的安全、环保问题，促进了烟花爆竹产业的可持续发展。

浏阳市东信烟花集团有限公司等多家企业依托科技成果产业化，先后承担了北京奥运会、新中国成立60周年天安门庆典、上海世博会、广州亚运会等重大活动的烟火燃放任务。

"柑橘生物酶法去皮和脱囊技术"科技成果助推世界首条柑橘酶法脱囊衣生产线在湖南诞生，较传统工艺，每吨产品可减少酸碱废水约40吨，科技成果被10多家企业推广应用。

3. 科技支撑新农村建设

"十一五"以来，湖南省一大批农业生产技术和新品种获得突破和转化，提高了农业生产能力，创造了显著经济效益。

超级杂交稻育种取得新突破，选育了一批新的高产组合，不断接近亩产900公斤的第三期战略目标。

以整合"12396、农村远程教育、科技特派员"资源为手段，以服务"百万农户、万家企业"为目标，新型农业农村科技信息化综合服务平台建设进展明显，被科技部等部门列为国家农业农村信息化科技示范省试点。

4. 技术市场成果交易

2010年，湖南省技术市场各类技术合同成交总数达5137项，各类技术合同成交额达40.09亿元（表6）。

（以上数据主要来自湖南省科学技术厅）

"两型"社会需要创新支撑

刘麟 赖薇

在湖南这样一个钢铁、有色冶金、化工、造纸和电力等高能耗、高污染行业比较集中的地方，应当如何建设"资源节约型、环境友好型"社会？

湖南人做出了靠自主创新支撑"两型"产业，用"两型"产业引领"两型"社会的战略选择。

通过自主创新，湖南已经集聚了一批节能减排重大专项和平台建设项目。针对湘江流域重金属污染治理，湖南通过自主创新形成了区域循环经济关键技术、重金属污染治理技术、高效清洁冶炼工艺等一批重大科技成果，为把湘江打造得更美好提供了坚实的技术支撑。

湖南紧紧围绕建设"两型"社会的战略目标，建设了一批科技共享服务平台、区域科技创新服务平台、工业设计创新平台、重点实验室和工程技术研究中心，进一步整合、优化了科技资源配置，有效提升了节能减排的自主创新能力。创新平台在引领高新技术产业发展和支撑经济社会发展中，起到了重要的集聚、辐射和带动作用。

徜徉三湘四水，感受"两型"气象，一股自主创新的新风扑面而来。"十二五"时期，湖南力争综合科技、创新能力进入全国十强，科技进步对经济增长的贡献率超过55%，为此，湖南全省正按照"创新引领、科技支撑、跨越发展、惠及民众"的总体要求，以提高自主创新能力为核心，着力突破产业关键技术和共性技术，加快培育发展战略性新兴产业，大力发展民生科技，全面推进自主创新体系建设，走上了一条创新驱动、内生增长的发展道路。

CE 2011 · 精彩之笔

- 4月，"湖南省极端气象灾害预警评估技术体系研究与示范"科技重大专项通过专家验收。

- 5月，国内首台具有完全自主知识产权的SF35100型300吨电动轮自卸车在湘电集团下线。

- 5月，中国南车大功率IGBT产业化基地在中国南车株洲所奠基。

- 7月，国家超级计算长沙中心一期百万亿次"天河一号"主机系统建成开通，这是我国第二个投入实际运行的国家级超级计算中心。

- 8月，国内最大吨级矿用自卸车——HMTK-6000电动轮矿用自卸车在中冶京诚（湘潭）重工设备有限公司隆重下线。

- 9月，株洲市成为全国首个实现公交车电动化的城市。城区现有的627辆公交车全部换成了纯电动或混合动力车。

- 9月，杂交稻"Y两优2号"108亩高产攻关片验收结果为平均亩产926.6公斤，创造了世界杂交水稻史上的新纪录。

- 10月，三一SAC12000全地面汽车起重机胜利完成实地工况下的首次吊装任务。

- 11月，国防科大研制成功世界速度最快摄像机。

- 11月，世界最大的屋顶电站项目——兴业太阳能20兆瓦屋顶电站项目开始发电。

E 创新先锋

易小刚

三一重工股份有限公司执行总裁兼三一集团总工程师、研究员级高工、博士生导师，曾被评为十佳全国优秀科技工作者、湖南省劳动模范，湖南省优秀专家、国家科学技术奖评审专家、享受国务院特殊津贴专家，长期从事工程机械产品研发与技术管理。

易小刚长期扎根企业科研生产第一线，打破恐惧，大胆创新，致力于我国工程机械自主关键技术和重要装备的研究，为改变我国工程机械长期依赖进口的局面做出了重要贡献。

易小刚认为，没有自主创新，企业就没法生存，更谈不上发展。技术创新不是很难的突破，只是思路的改变。

> 感言：有些人每天畏畏缩缩，好像创新离我们很远。其实，不是这样。创新，是一种文化，一种理念，一种胆量。也就是说，人人都可以创新。产业发展靠创新，创新支撑靠人才。引进一个好的创新团队，特别是创新帅才，带来的就是一个大产业。

柴立元

重金属污染防治技术专家、国家环境保护有色金属工业污染控制工程技术中心主任、中南大学教授、博士生导师，兼任中国环境科学学会高级会员、中国环境科学学会固体废物专业委员会会员、湖南省环境科学学会常务理事、湖南省环保产业协会常务理事、长沙市环境科学学会常务理事、湖南省教育学科评议组成员、美国化学学会会员等职，研究方向主要涉及有色冶金环境工程、环境材料及有色金属清洁（生物）冶金等领域。

柴立元负责"国家环境保护有色金属工业污染控制工程技术中心"的建设，曾获中国环境科学学会青年科技奖。他认为基础研究不但要面向国家重大战略需求，也要面向企业，更要面向产业化市场，"政、产、学、研、用"结合紧密与否是影响科技进步的关键所在。

感言：重金属污染防治技术属惠及民生的多学科交叉综合领域，需要政府搭建公共平台、公众参与，通过联合攻关和全面辐射实现自主创新和环境改善。

南车株洲电力机车有限公司

南车株洲电力机车有限公司，是中国电力机车主要研制生产基地、国家城轨车辆国产化定点企业，也是国内唯一的电力机车整车出口企业，享有"中国电力机车之都"的美誉。

从改革开放至今，南车株洲电力机车有限公司不断提升自主创新能力，成功研制了拥有自主知识产权的新一代交传电力机车和高速客运动车组。特别是2004年以来，公司率先引进八轴大功率交传电力机车，并在此基础上先后自主研制出"和谐"型9600kW和7200kW两种六轴大功率交传电力机车，引领中国电力机车由直流传动进入交流传动时代，强有力地推进了我国电力机车事业的发展。

一直以来，南车株洲电力机车有限公司坚持自主创新，追求稳步持续健康发展，不断取得竞争优势，营造了公司电力机车和城轨车辆两大主业比翼齐飞的产业格局。公司产品档次在国内处于领先水平，并进入国际一流行列。截至目前，公司已累计生产各型电力机车近5000台，约占有国家铁路电力机车市场的50%，始终保持着我国电力机车行业的龙头地位，享有"中国电力机车之都"的美誉。2005年以来销售收入年均增长46%。2010年，公司实现销售收入160亿，利税超过10亿元。

凯天环保科技股份有限公司

凯天环保科技股份有限公司，是一家集环境规划、评价、运营、检测，环保产品研发、设计、制造、销售及安装服务于一体的高新技术环保企业。公司拥有长沙工业园、株洲工业园和衡阳工业园三个生产基地，下设凯天环保安装工程公司、凯天环保研究院。

凯天环保科技股份有限公司主要从事工业粉尘治理、烟气脱硫脱硝脱汞、重金属污染治理、环境服务等环保业务，拥有整体厂房恒温恒湿控制与除尘、有机废气、有毒气体综合治理相结合的高端系统核心技术，是目前国内唯一能解决这一关键技术的企业。截止2010年底，国内共有39.7万平米车间安装整体厂房治理系统，其中38万平米由凯天环保完成，在该领域的市场占有率超过95%。

凯天环保科技股份有限公司坚持以人为本、保证优良的工作环境和劳动者健康是的企业宗旨，秉承"产品如人品，质量是生命"的产品理念，至诚至誉，勇于创新，以创造一个洁净美好的明天为目标。

湖南熙可食品有限公司

湖南熙可食品有限公司是专业生产出口酸性水果罐头的合资企业，是全国园艺产品出口示范企业、国家级农业产业化龙头企业，以生产柑桔、黄桃、梨、甜玉米、蘑菇、草莓等果蔬食品为主。公司成功解决了无糖水桔片容易散瓣和组织形态破坏的技术难题，并从2000年开始与湖南省农业科学院合作，推进柑桔产业的工业化与产业化进程，增加柑桔产品的科技含量。首创了"酶法脱囊衣"技术，并研发投产世界首条柑橘酶法脱囊衣生产线。

湖南熙可食品有限公司先后荣获"国家科学技术进步二等奖"、"湖南省科技进步一等奖"、"国家高新技术企业"。产品主销欧盟、美国、日本、俄罗斯，年产值、产量、出口创汇在全国食品罐头行业跨入前五名、柑桔罐头行业全国排名第一位。

湖南熙可食品有限公司遵循"超一流质量，树熙可文化，以持续提升的质量水准，为顾客提供安全和满意的产品"的质量方针，以国际国内市场为龙头，以大规模、多层次产品开发加工为动力，以低成本的现代化农作物种植为龙尾，形成一个以市场带动种植、加工，而又以种植、加工推动市场这样一个首尾相顾的现代化产业链参与国际竞争，并在竞争中将公司发展为全国同行业中最强的龙头企业，为广大股东提供持续回报的规范运作的中国农业类上市公司。

灵秀川蜀　强劲回升

充分发挥科技第一生产力和人才第一资源作用，
提高教育现代化水平，增强自主创新能力，壮大创新人才队伍，
为建设西部经济发展高地提供强大的科技和人力资源支撑。
坚持自主创新、重点跨越、支撑发展、引领未来的方针，
深入实施"科教兴川"战略，整合科技资源，
提升创新能力，加快科技成果向现实生产力转化。

——摘自《四川省国民经济和社会发展第十二个五年规划纲要》

　　"十一五"时期，面对"5·12"汶川特大地震带来的严重影响，四川省奋力推进"两个加快"，在灾后恢复重建工作中着力打造我国西部科技创新高地，自主创新能力明显提升，地区生产总值由2005年的7385亿元，增加到2010年的17185亿元。

一、要素投入及主要科技产出指标

　　"十一五"时期，四川省全社会研发经费逐年增长。2006年该项支出为107.6亿元，2010年增至264亿元，占地区生产总值的比重为1.54%（表1）。

　　四川省全社会研发全时人员总数实现较快增长，从2006年的6.79万人年增长到2010年的8.39万人年（表2）。

　　"十一五"时期，四川省专利授权量达8.28万件，是"十五"时期的4.2倍。2010年专利授权量达32212件（表3），并获得国家科技奖励34项。

© 成都天府广场全景　陈先敏供图

二、自主创新能力建设主要指标

四川省充分发挥科技第一生产力和人才第一资源作用，努力提高教育现代化水平，壮大创新人才队伍，增强自主创新能力。

1. 重大项目

2010年，四川省执行国家级科技项目1668项（表4），在13个国家科技重大专项中，四川参与承担了其中8个重大专项84个项目研发。

2. 科技创新体系建设

加快建设以企业为主体、市场为导向、产学研相结合的技术创新体系，认定高新技术企业1356个（表5）。

3. 开放合作与人才引进

"十一五"期间，四川省40多个国家的产学研机构开展国际科技合作，组织实施《四川省国际科技合作与交流研究计划》项目175项，并建立了大熊猫繁育国际科技合作基地、生物医药国际科技合作基地、自然资源开发国际科技合作基地、农业国际科技合作基地。

4. 政策保障

2010年，四川省本级财政科技投入9.8亿元（其中研发经费4.35亿元），占同级财政支出的1.56%；目前，四川省已经拥有成都、攀枝花、绵阳、德阳以及宜宾共5个国家知识产权试点城市。

三、重点领域成果与成效

四川省把科技成果转化作为科技工作的"第二战场"，在新一代信息技术、新能源、高端装备制造、新材料、节能环保、生物等领域超前部署、科学规划、大力培育，开发了一批具有国际领先水平的重大创新技术和产品。

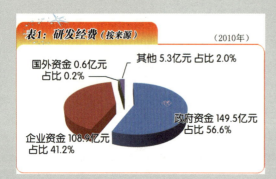

表1：研发经费（按来源）（2010年）
国外资金 0.6亿元 占比 0.2%
其他 5.3亿元 占比 2.0%
政府资金 149.5亿元 占比 56.6%
企业资金 108.9亿元 占比 41.2%

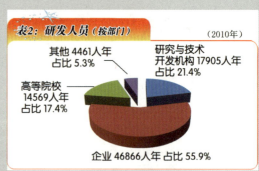

表2：研发人员（按部门）（2010年）
其他 4461人年 占比 5.3%
研究与技术开发机构 17905人年 占比 21.4%
高等院校 14569人年 占比 17.4%
企业 46866人年 占比 55.9%

表3：专利申请授权量（2010年）
发明专利 2204件 占比 6.8%
外观设计 12724件 占比 39.5%
实用新型 17284件 占比 53.7%

1. 高新技术产业发展

2010年，高新技术产业实现工业产值4962.2亿元，比上年增长30.2%，占全省工业产值20.9%；工业增加值按可比价增长17.7%。

电子信息领域：英特尔、富士康、纬创、联想、戴尔等企业相继落户成都，形成了完整的IT产业链。

新能源领域：以太阳能、核能、风能等为核心的成都新能源产业，正在加速集群发展。2010年，仅成都就聚集了亿元以上的新能源产业项目13个，新能源产业就实现增加值87.9亿元，增长35.2%。成都已成为"国家新能源装备高新技术产业化基地"、"新能源产业国家高技术产业基地"。

轨道交通领域：开发出时速250公里及以上高速道岔钢轨，为我国铁路提供了2.6万吨优质高速道岔钢轨。

生物医药领域：国内第一个、世界第三个23价肺炎球菌多糖疫苗获准规模化生产，占国内50%以上市场份额。

表4：承担国家级科技计划项目　　单位：项

	2006年	2007年	2008年	2009年	2010年
合计	826	912	1137	1429	1645
基础研究计划	5	6	8	60	71
国家自然科学基金	297	370	493	562	745
863计划	32	61	132	162	184
国家科技支撑（攻关）计划	50	39	97	131	136
科技型中小企业技术创新基金	92	100	104	267	250
国家重点新产品计划	13	12	9	28	28
火炬计划	172	136	104	90	94
星火计划	165	188	190	129	137

表5：科技创新体系建设

国家级工程（技术）研究中心14个
国家级企业技术中心39个
国家部级重点实验室68家
国家级工程实验室3家
国家重点实验室14家
国家级科技企业孵化器9家
国家级科技产业化基地26家
国家级生产力促进中心1家

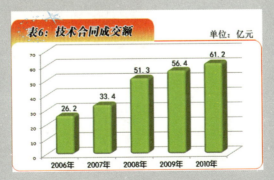

表6：技术合同成交额　　单位：亿元

2006年	2007年	2008年	2009年	2010年
26.2	33.4	51.3	56.4	61.2

现代中药产业领域：2010年1至10月，四川中药工业累计完成总产值230.85亿元，同比增长28.23%；180家中成药生产企业中，67家中药企业实现销售收入上亿元；形成了地奥心血康、抗病毒颗粒等10余个单品种过亿元的优势产品；科伦、华神、中汇等7家企业已成功上市（IPO）。

2. 改造提升传统产业

四川致力于改造提升四大传统产业链：发电设备产业链重点发展百万千瓦级超临界、超超临界火电机组、70万千瓦级及以上混流式水电机组及新能源装备；机车车辆产业链逐步提升高速铁路装备比重，重点发展大功率电力机车和交流传动内燃机车、快速铁路货车等；油气化工装备产业链重点发展大型天然气液化设备、特大型空气分离设备、特种陆地钻机及配套设备、超深海洋钻机等；大型工程施工成套设备产业链重点发展隧道掘进机、盾构机及通用工程机械、管道运输机等。

3. 科技支撑新农村建设

农业科技创新能力显著加强，育成399个农畜新品种，有17项农业科技成果获国家科技进步奖励，227项农业科技成果获四川省科技进步奖，其中一等奖35项、二等奖63项、三等奖129项。

开展16个科技创新产业链示范，集成应用新品种、新技术和新模式240多个（项、种），开发新产品310多个，项目龙头企业新增销售收入22.88亿元，项目区农民人均增加收入达1200多元；建设省级新农村示范片农业科技园区60个。

4. 科技型企业发展情况

2010年末，四川省拥有规模以上高新技术企业1498户，比2006年增加533户。高新技术企业平均实力有较大增长。2010年，高新技术企业户均资产总额3.9亿元，是2006年的2.2倍；户均总产值为3.3亿元，是2006年的2.4倍。

5. 技术市场成果交易

2010年，四川省技术市场各类技术合同成交总数达9025项，各类技术合同成交额达61.2亿元（表6）。

（以上数据主要由四川省科学技术厅提供）

一手抓创新　一手抓转化

钟华林

四川从来就不缺乏科教人才：60多名两院院士、90多所普通高等院校、100多万名在校大学生，大量的国家、省级重点实验室和科研机构，是四川加快建设科技创新高地的重要支撑。

四川也清醒地认识到科技自主创新的"短板"——中央在川单位强、军工强，地方弱、企业弱，科技成果多、转化少的"两强两弱、一多一少"的格局没有根本改变；转移转化的能力还比较低，技术转移转化的渠道还不通畅，缺乏大规模促进科技成果转化和产业化的有效支持手段和公共服务平台；科技成果转化的投入不足，无法形成"投入—产出—增值—再投入"的有效机制。

"十二五"时期是科技支撑经济社会加快发展、引领培育新经济增长点的重要时期，加快建设科技创新高地，支撑加快经济发展方式转变，科技创新面临的需求、机遇和挑战前所未有。

为此，四川省正式启动实施《四川重大科技成果转化工程实施方案》，决定把科技成果转化作为科技工作的"第二战场"，当作四川建设西部科技创新高地的重大举措，以科学发展为主题，以支撑加快经济发展方式转变为主线，践行"技术就是经济"理念，从3个方面入手，加大科技成果转化力度。

一是以整合科技资源为切入手段，在集成政策、投入、金融、人才、平台、产学研结合等方面着力，推进科技体制机制创新，打造四川科技创新核心区，努力把科技资源优势转化为经济产业优势。

二是以提升创新能力为重要途径，通过以企业为主体的技术创新体系建设，推动企业成为技术创新需求的主体、创新投入的主体、创新活动的主体和成果应用的主体，提升相关行业的整体技术水平，推动四川工业经济加速发展。

三是以加速成果转化为中心任务，加强以研发为主体的科技创新的同时，完善创新科技成果转化工作机制，出台科技成果转化政策措施，形成"一手抓创新、一手抓转化"的新科技格局，推动科技成果商品化、资本化、产业化，探索一条科技与经济相结合的路子。

按照科技创新与产业化相结合的原则，《四川重大科技成果转化工程实施方案》包含有15个重大科技成果转化专项，覆盖了"7+3"产业、高新技术产业和战略性新兴产业的各个领域。按照规划，四川到2015年将实施科技成果转化项目1500项，全省高新技术产业要实现总产值15000亿元以上，战略性新兴产业规模有望达到5000亿元以上。

CE 2011·精彩之笔

- 1月，第三届中国（西部）高新技术产业与风险资本对接推进会召开。

- 3月，银邦硅业化学法处理四氯化硅科技成果通过省级鉴定，破解多晶硅产业难题。

- 4月，"国家863计划生物与医药技术领域地震应急项目"在成都通过课题验收。

- 6月，科技部、财政部、教育部等国家八部委共同确定四川为国家技术创新工程省。

- 7月，四川省重大科技成果转化分析检测平台对接会暨国产科学仪器设备应用示范（四川）中心落成。

- 7月，出台《四川省重大科技成果转化工程实施方案》。

- 8月，召开农畜育种攻关暨现代农作物种业工作会议，育种攻关为种业发展提供三大战略支撑。

- 10月，国家（成都）生物医药产业创新孵化基地暨四川生物医药技术创新公共服务平台启动仪式举行。

- 10月，第六届欧洽会"中国—欧盟科技创新合作圆桌会议"、"中欧技术转移与科技合作专题会"召开。

- 11月，四川省重大科技成果项目组织暨培训咨询会在成都召开。

E 创新先锋

冯涛

中国化纤工业协会副理事长、四川宜宾丝丽雅集团公司董事长。他秉承大胆改革，锐意创新的精神，在工作中带领职工创造了集团发展速度位居全国同行第一、企业规模从全国同行倒数第二名挤进前十名、效益由倒数第一跃居全国同行首位的惊人成绩。

冯涛非常注重企业的创新管理。他对公司进行了管理思想、管理组织、管理机制和管理控制的创新，建立了国家技术中心、博士后工作站，每年按销售收入6%投入科技创新。公司建立了由决策层、执行层和实施层构成的科技创

新管理体系，实现了从传统管理模式向战略管理模式的转变。他制定了"面向国际竞争，科学创新经营，增效发展图强"的目标，并提出"用知识经济武装丝丽雅"的口号，促进公司从思想到文化到产品的全面发展。

感言：传统产业在科技创新上有巨大潜力。纺织行业竞争激烈，只有用现代科技才能支撑产业发展，在节能减排、提高劳动生产率、开发新产品等方面科技创新潜力巨大。一个没有创新的企业，是没有竞争力的企业，最终必将淹没在激烈的市场竞争之中。

余自甦

攀钢集团有限公司总经理，"钒钛资源综合利用产业技术创新战略联盟"理事长，硕士研究生，高级工程师，毕业于北京科技大学铸造专业。

余自甦重视沟通协调和工作机制创新。攀钢集团有限公司联合中科院、清华大学、承德钢铁集团等18家企业、科研院所及大学共同组建了"钒钛资源综合利用产业技术创新战略联盟"。联盟以承担具有战略性、前瞻性、独创性、可形成我国钒钛资源综合开发利用核心技术竞争力的重大科研项目为载体，着力研究解决制约我国钒钛产业发展的重大瓶颈技术，促进我国钒钛产业结构优化升级，提高我国钒钛资源综合利用效率和水平，并努力把联盟打造成为一流的行业共性技术创新平台，使其在推动产业关键核心技术创新方面产生最大的协同效应。同时培育产业集群、创新集群，推进科技成果转化，积极打造钒钛战略产品，积极推进钒钛产业的快速、健康发展和优化升级。

感言：创新联盟要坚持产学研结合，形成持续和稳定的产学研合作关系，培育产业集群、创新集群，孕育具有工业成熟度的新技术，形成可持续发展的技术创新链，带动相关产业发展。

利尔化学股份有限公司

利尔化学股份有限公司是于1993年由中国工程物理研究院发起设立的中外合资企业，是一家以科研为基础的农化企业，是四川省最大的农药企业，也是国内最大的主要从事氯代吡啶类高效、低毒、低残留农药原药及制剂的研发、生产的高新技术企业。

利尔化学股份有限公司以发展卤代吡啶类化合物为主导方向，致力于农药原药、制剂及其它精细化学品的研制、开发、生产和销售。经过十多年的发展，目前已成长为四川省最大的农用精细化学品生产企业，国内最大的氯代吡啶类除草剂系列产品研发、生产及出口基地，产品远销全球二十多个国家和地区。通过目前已拥有50余项专有技术，申请专利80余项，已获授权46项，其中申请发明专利49项，获授权16项。

作为首批响应国家军转民号召设立的省级高新技术企业，在中国工程物理研究院强大技术背景的支撑下，利尔化学股份有限公司发扬了"自强不息，团队协作，勇于创新"的企业精神，秉承"反应敏捷，行动迅速"的工作作风，融合科技资源优势，加强品牌管理，用自己专业的化学技术，优质的创新产品和真诚服务为客户创造价值，致力于人类生活水准的不断提升和社会的持续进步。公司按照专业、规范、严谨的要求，勇于探索，勤奋执着，产品制造技术居国内领先水平，迅速发展成为一个引领西部农药行业的高科技企业。

成都国腾电子技术股份有限公司

　　成都国腾电子技术股份有限公司是致力于卫星应用产业发展的国家级高新技术企业，公司先后承担了"863"、"973"、"核高基"等重大科研项目，初步形成了具有核心技术优势的"器件–终端–系统–服务"北斗产业链，主要产品包括北斗卫星导航应用关键元器件、特种行业高性能集成电路、北斗卫星导航终端及北斗卫星导航定位应用系统。目前，公司已成为北斗卫星导航产业的领军型企业，突破了多项北斗应用关键技术，填补了国内组合导航技术空白，是国内唯一能够提供全系列基带、射频、天线、功率放大器、低噪放等北斗终端关键元器件的厂商、国内最大的北斗终端供应商以及西部地区唯一获得分理级和终端级北斗运营服务的企业。

　　成都国腾电子技术股份有限公司是入驻国家集成电路设计成都产业化基地的首批企业之一，是四川省第三批建设创新型培育企业、四川省集成电路设计产业技术创新联盟成员单位，也是航空、航天、船舶及电子科技集团等特大型工业企业的电子元器件配套定点单位，通过了GB/T 19001–2000 idt ISO 9001:2000质量体系认证，曾获得成都高新区 2003 年度"优秀创业企业"称号以及2007 年度"优秀高新技术企业"称号。

　　现在，成都国腾电子技术股份有限公司已发展成为国内综合实力最强、产品系列最全、技术水平领先的北斗关键元器件研发和生产企业之一，是国内最大的北斗终端供应商，也是我国西部地区唯一获得北斗运营服务资质的企业，被列为国家重点支持的北斗系列终端产业化基地。

创新号角响遍琼州

坚持"创新驱动、引进集成、示范推广、跨越发展"的思路，
把增强科技创新能力的重点放在事关发展全局的关键环节上。
推动我省科学技术蓬勃发展，
为海南国际旅游岛建设、
转变经济发展方式提供科技支撑。

——摘自《海南省国民经济和社会发展第十二个五年规划纲要》

　　"十一五"时期，"建设海南国际旅游岛"上升为国家战略，海南省积极实施科教兴琼战略，以提高自主创新能力为首要目标，以突破核心和关键技术为重点，以服务发展和改善民生为目的，加大科技对发展方式转变和经济结构调整的支撑力度，促进经济社会又好又快发展，地区生产总值由2005年的918.75亿元，增加到2010年的2064.50亿元。

一、要素投入及主要科技产出指标

　　"十一五"时期，海南省全社会研发经费逐年增长。2006年该项支出为2.45亿元，2010年增至7.02亿元，占地区生产总值的比重为0.34%（表1）。

　　海南全社会研发全时人员总数大幅增长，从2006年的1264人年增长到2010年的4010人年（表2）。

　　"十一五"时期，海南省专利授权量达2229件，是"十五"时期的1.75倍。2010年专利授权量达714件（表3）。

◎ 海南亚龙湾一角　何 伟供图

二、自主创新能力建设主要指标

海南省加强重点实验室和工程技术研究中心建设，加强科技创新体系建设，同时把科技创新创业人才队伍建设放到更加突出的位置，自主创新能力不断提高。

1.重大项目

2010年，海南省实施国家基础研究类项目74项（表4），并承担了国家重点新产品计划等国家级科技计划项目。

2.科技创新体系建设

加快建设以企业为主体、市场为导向、产学研相结合的技术创新体系，拥有国家级科技产业化基地2个、国家级工程（技术）研究中心2个、国家部级重点实验室培育基地2家。

3.开放合作与人才引进

"十一五"期间，争取科技部支持，开展国家国际科技合作项目19项，项目总经费1307.23万元，成立1个国际科技合作基地。2010年，海南省设立省国际科技合作专项，支持开展国际科技合作项目7项，项目总经费70万元。2009年到2010年上半年，引进高层次创新创业人才122人，有3人入选国家千人计划，有6人入选海南省高层次创新创业人才人选，并有6个海外高层次创业人才重点项目落地。

4.政策保障

海南省财政厅、海南省科技厅印发了《海南省高新技术产业发展专项资金管理暂行办法》，明确高新技术企业、产学研联盟、国家级知识产权试点企业等奖励办法;发布实施《海南省知识产权战略纲要（2010—2020年）》和《海南省促进知识产权发展的若干规定》。

三、重点领域成果与成效

加快科技成果转化和产业化，海南省实施知识产权战略，高新技术产业和战

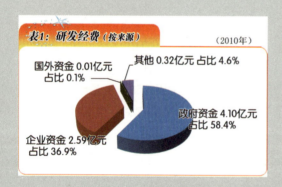

表1：研发经费（按来源）（2010年）
国外资金 0.01亿元 占比 0.1%
其他 0.32亿元 占比 4.6%
政府资金 4.10亿元 占比 58.4%
企业资金 2.59亿元 占比 36.9%

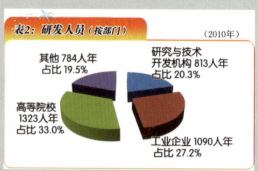

表2：研发人员（按部门）（2010年）
其他 784人年 占比 19.5%
研究与技术开发机构 813人年 占比 20.3%
高等院校 1323人年 占比 33.0%
工业企业 1090人年 占比 27.2%

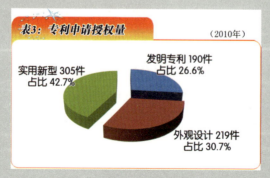

表3：专利申请授权量（2010年）
实用新型 305件 占比 42.7%
发明专利 190件 占比 26.6%
外观设计 219件 占比 30.7%

略性新兴产业加快发展，科技兴旅、科技兴海初见成效。

1. 高新技术产业发展

近年来，海南省立足省情，在"大企业进入、大项目带动、高科技支撑"发展战略的指导下，积极引进大企业、大项目，推动了海南省高技术产业迅速发展。2010年，海南省61家高新技术企业通过国家认定,按全省高新技术企业口径统计，高新技术产业实现工业产值177.8亿元，比上年增长40.9%；实现工业增加值50.6亿元，比上年增长64.2%(表5)。

新材料领域：海南赛诺实业有限公司经过多年的研发，成为全球第二个可以生产多种涂布薄膜的企业；海南椰国食品有限公司研发的糖化椰纤果、细菌纤维素面膜材料生产技术填补国内空白。

新能源领域：年产100兆瓦多晶硅太阳能电池生产线建成投产；1000兆瓦薄膜太阳能电池生产基地落户海口；20兆瓦光伏发电并网示范工程竣工并网发电。

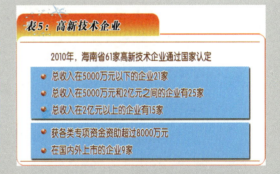

表4：承担国家级科技计划项目　　　　单位：项

	2006年	2007年	2008年	2009年	2010年
基础研究计划	2	2	3	3	6
国家自然科学基金	37	45	44	48	72
国家重点新产品计划	6	4			5
星火计划	4	6	8	13	12

表5：高新技术企业

2010年，海南省61家高新技术企业通过国家认定
- 总收入在5000万元以下的企业21家
- 总收入在5000万元和2亿元之间的企业有25家
- 总收入在2亿元以上的企业有15家
- 获各类专项资金资助超过8000万元
- 在国内外上市的企业9家

表6：技术合同成交额　　　　单位：亿元

2006年	2007年	2008年	2009年	2010年
1.33	0.73	0.35	0.55	3.30

生物与新医药领域：2010年，该领域的37家高新技术企业实现总收入81.8亿元，同比增长24.6%，实现工业增加值35.7亿元，同比增长43.3%，推动该产业连续多年保持强劲发展势头。

先进制造领域：一汽海马汽车有限公司实施国家"863"计划"纯电动汽车制造关键技术研究"项目，获得三项电动汽车核心技术的授权专利，研制出普力马纯电动汽车；海南金盘电气有限公司研发生产的干式变压器等新型输变电设备产品远销欧美。

电子信息领域：培育和发展了海南天涯在线、海南北斗星通信息、海航信息等一批龙头企业；惠普、东软、中软、长城信息等192家企业落户海南生态软件园，成为海南省电子信息产业的主要增长点。

2. 现代农业技术突破

热带设施甜瓜栽培技术筛选出大棚专用哈密瓜品种，《GP-C832A加强型钢管塑料大棚技术条件》等4项标准填补我国热带地区设施棚型设计与建设标准空白；研发获得了《新型水泥镀锌管结构大棚》等设施农业相关专利4项，其中1项为国家发明专利。

采用动态生物发酵生产工艺，利用废弃的椰子水作为载体通过木葡糖酸醋杆菌等复合微生物发酵产生高纤椰果基础上，突破糖化工艺流程，开发出7个糖化产品，实现高纤椰果的产业化升级。

种植"创利一号"西瓜，开展高产栽培配套生产中试与示范推广，通过采用地膜覆盖技术、嫁接苗生产技术、穴盘育苗技术、测土配方施肥技术、病虫生物防治等配套栽培技术中试，年培育各类西瓜嫁接苗600多万株，技术在海南全省推广应用，技术达到国内先进水平。

3. 技术市场成果交易

2010年海南省技术交易中心共促成26个技术合作项目签约,技术交易和项目合作促成总额1.115亿元，海南省技术市场各类技术合同成交额达3.3亿元（表6）。

（以上数据主要由海南省科学技术厅提供）

让特色更特　让优势更优

金　晶

海南省是我国最大的经济特区。但其经济总量偏小，科技资源不足，自主创新能力相对薄弱。因此，能否抓住"建设海南国际旅游岛"上升为国家战略的重要机遇，走出一条因地制宜、突出特色的自主创新之路，成为海南实现跨越式发展的关键。

对海南而言，自主创新更需因地制宜。丰富的资源是自主创新的基础，人少地小的客观现实，要求海南开展自主创新、推广高新技术、培育新兴产业都需要悉心规划，长远布局，把有限的财力、物力、人力用在"刀刃"上。对此，海南加强政策、资金、技术的集成运用，出台一系列促进自主创新的政策措施，并以高新技术企业税收优惠、增强自主知识产权等为重点，不断完善科技创新体系。此外，由于海南在发展的同时长期注重生态保护，既要金山银山，又要绿水青山，多年来环境、大气、水体质量始终保持全国一流水平，良好的居住、工作环境也正成为海南吸引、留住国内高新技术企业、高端科技人才的一大"法宝"。

对海南而言，自主创新更应突出特色。海南有别于其他省份的主要特色在其热带气候条件，这使得热带资源相关领域的许多科学研究及成果成为海南"独有"。此外，因为管辖占全国海域面积三分之二的南海，海南之"特"还体现在"海"上。所以，让特色更特，让优势更优，海南自主创新完全可以做到彰显本色、扬长避短：如在热带特色农业方面，重点发展热带农业新品种开发和农副产品精深加工新技术；在海洋资源开发方面，重点发展深海养殖、海洋油气资源深加工催化技术、海洋药物研发、海洋工程装备维修与制造新技术等。

对海南而言，自主创新更能"激活"后发优势。从全国范围内看，海南传统产业尤其是工业发展体量小、基础弱，但在我国提出发展七大战略性新兴产业，传统产业转型升级的大背景下，海南获得了与国内发达地区站在同一起跑线上的机会。这一次，海南得以突破起点低、竞争力弱的约束，在生物医药、新能源、新材料等领域有选择地及时跟进，步步为营，"杂交水稻制种超高产方法"、"PVC合金超滤膜"等一批国内外领先的原始创新技术相继涌现。把握新技术革命机遇，自主创新会让海南更容易走出一条科技含量高、经济效益好、资源消耗低、环境污染少、人力资源优势得到充分发挥的新型工业化道路，从而带动当地经济社会发展实现整体跨越。

人心思进，蓄势待发。"十二五"时期，海南提出了"创新驱动、引进集成、示范推广、跨越发展"的科技发展思路，把提升自主创新能力放在开展科技工作的首要位置；《海南国际旅游岛建设发展规划纲要》中不但对高新技术产业发展提出了明确要求，同时还提出推进新型工业与旅游业的融合发展。相信海南今后会以海纳百川的开放胸襟招才引智，让自主创新成为其后发腾飞强而有力的翅膀。

2011·精彩之笔

- 1月，海南省主持完成的"特色热带作物产品加工关键技术研发集成及应用"成果获国家科技进步二等奖。

- 3月，海南省高新技术企业海南神农大丰种业科技股份公司在深圳证券交易所创业板成功上市。

- 4月，"2011年海南省政府科技顾问座谈会"在海口市召开，多位院士、专家围绕"海南国际旅游岛建设"主题建言献策。

- 5月，以中国热带农业科学院为依托单位的"国家重要热带作物工程技术研究中心"获科技部批准正式命名。

- 6月，海南省科技厅与中国工商银行海南省分行在海口市签署了《共同促进高新技术产业发展战略合作框架协议》。

- 7月，海南省政府出台《海南省鼓励和支持战略性新兴产业和高新技术产业发展的若干政策（暂行）》，针对发展新能源、新材料等产业，从七个方面给予鼓励和支持。

- 9月，海口市投放30辆电动公交车、170辆混合动力公交车及27辆纯电动出租车开展示范运营。

- 11月，海南省首个国家"金太阳"示范工程项目——临高20兆瓦光伏并网示范工程项目竣工，并正式开始并网发电，每年可提供清洁电能2600万千瓦时。

 创新先锋

王庆煌

中国热带农业科学院院长，国家重要热带作物工程技术研究中心主任，我国香草兰研究的开拓者和关键技术的主要发明者。曾荣获全国先进工作者、全国优秀共产党员、农业部有突出贡献中青年专家等荣誉称号。2011年9月20日，获得第三届全国道德模范提名奖。

王庆煌担任中国热带农业科学院院长以来，带领农业科技专家，紧密围绕热带现代农业发展技术需求，积极开展科技自主创新和热带现代农业发展支撑服务。在攀枝花推广晚熟芒果及配套栽培技术，在海南开展中部六市县农民3年增收十大科技行动，有力地促进了当地产业结构调整和农民增收。特别是在抗击南方雨雪冰冻灾害、西南省区特大干旱、海南强降水洪灾等重大灾害和应对"问题豇豆"等事件中表现突出，得到了农业部、地方政府和广大农民的高度评价。

感言：当前，我国已进入"三化"同步推进的关键阶段，发展热带特色高效农业，突破土地、资源和环境等瓶颈约束，维护天然橡胶等战略物资和大宗热带农产品供给安全，决定了我们必须坚定不移地走自主创新之路，这是热带农业科技工作的战略基点，也是热带现代农业发展的战略路径。

钟春燕

知名企业家和科研工作者、海南椰国食品有限公司、海南光宇生物科技有限公司总经理、海南省委省政府直接联系重点专家。曾获中国专利优秀奖、全国巾帼建功标兵、省劳模、全国三八红旗手、省首届十大专利发明人等称号。

钟春燕通过技术推广使海南省诞生并崛起了椰果行业。她推广"将椰子水发酵制作的食用纤维及其生产方法"专利技术，提高了农产品的附加值。这项专利技术结束了在椰子产品加工过程中椰子水被废弃的历史，并解决了由此带来的环境污染问题。她发明并申请的国家发明专利"细菌纤维素凝胶面膜"，是国内椰果产业首次由食品领域向非食品领域渗透和转移的产业化成功范例，对椰果产业进一步的升级具有重要意义。她所在的公司吸收大量从业人员包括下岗妇女，培养了大量行业技术人才和管理人才，为椰果行业发展提供了支持。

感言：自主创新是企业的立足之本，以市场为导向不断开发新产品，并进行知识产权保护，才能在当今激烈的市场竞争中获得立足之地。坚持就是最大的创新，坚持的原动力来源于对事业的热爱和执着。创新并不难，重要的是创新要有可持续性。

海南赛诺实业有限公司

　　海南赛诺实业有限公司是一家从事薄膜包装材料研发、生产、销售的技术密集型企业，目前为中国最大的涂布膜供应商和烟用薄膜的主要供应商，是全球第二个可以生产多种涂布薄膜的供应商，成功研发了BOPP激光全息防伪膜、丙烯酸涂布膜、PVOH涂布膜、离型涂布膜等多项填补国内空白的优质产品，其中的PVOH涂布膜和BOPP激光全息防伪膜于2005年分别被列为"国家火炬计划"项目和"国家重点新产品"项目。

　　海南赛诺实业有限公司自开创以来，一直把科技创新作为谋求企业发展之路，曾被评为"2004—2005年度海口市工业科技创新先进单位"，荣获"2004年中国民营科技企业技术创新奖"，于2004年12月被认定为高新技术企业。

　　海南赛诺实业有限公司重视技术创新和产品研发工作，一直把自主创新作为谋求企业发展之路，大力引进优秀人才，充分发挥工程技术研发人员的积极性，紧密结合市场需求和生产实际，具有较强的企业整体研发能力和技术创新能力。

　　在生产、质量管理体制方面，海南赛诺实业有限公司实行全面质量管理制度，本着全心为客户提供质量优异成本合适的产品的质量方针，不懈追求"主要产品客户使用合格率达到99.8%，原材料利用率达到99.8%，每年至少开发成功一个新产品"的质量目标，"诚信、协力、超越"、"离完美更近些"的企业文化理念深入人心。

海南立昇净水科技实业有限公司

海南立昇净水科技实业有限公司是一家专门从事水处理科学技术研究，分离膜技术及产品、家庭净水设备研发、生产、销售和服务的高科技企业集团，在供水领域处于世界同行业领先地位，先后承担国家火炬计划、国家"十五"科技攻关计划项目，参与和承担国家863计划、国家"十一五"重大科技专项（水专项）等科研攻关任务，并获得丰硕科研成果。公司研制"PVC合金毛细管式超滤膜"，先后荣获国家"重点新产品证书"、海南省"科学技术奖"一等奖和"中国膜工业协会科学技术奖"一等奖，技术达到世界领先水平。

海南立昇净水科技实业有限公司是2010年上海世博会直饮水惟一指定供应商，其产品被餐饮企业、厂矿、学校、机关单位、写字楼广泛采用，用于营业用水、公共直饮水净化。立昇小型超滤设备能充分适应农村地区分散、卫生条件差、管理水平落后等特点，在农村改水工程中得到大力推广。公司目前掌握的全套自主知识产权的PVC合金超滤膜核心技术，被《福布斯》评为"世界十大科技"之一。

创新之光闪耀浙江

以科技强省、教育强省和人才强省为目标，
大力提高科技创新能力，加快教育改革发展，发挥人才资源优势，
推动经济社会发展向主要依靠科技进步、
劳动者素质提高和管理创新转变。
积极引导优质创新资源向企业集聚，优先在行业龙头骨干企业、
高新技术企业和战略性新兴产业领域布局
建设一批国家和省级重点（工程）实验室、工程（技术）研究中心、
企业研究院、高新技术研发中心和企业技术中心。

——摘自《浙江省国民经济和社会发展第十二个五年规划纲要》

去年12月6日，在位于浙江慈溪的吉利杭州湾基地焊接车间内，机械手在作业　新华社记者韩传号供图

"十一五"时期，面对国际金融危机冲击和自身发展转型的双重考验，浙江省认真学习实践科学发展观，砥砺奋进，共克时艰，保持了经济平稳较快发展、社会和谐稳定的良好局面。地区生产总值由2005年的13437.85亿元，增加到2010年的27722.31亿元，体制活力不断增强，创新驱动更趋明显。

一、要素投入及主要科技产出指标

"十一五"时期，浙江省研究与试验发展经费支出占生产总值比重逐年攀升，已由2005年的1.2%提高到2010年的1.8%，高于全国平均水平（表1）。

浙江省5年引进各类人才15.8万人，科技人力资源指数从全国第13位上升到第6位，全社会研发全时人员总数大幅增长，从2006年的108123人年增长到2010年的22万多人年（表2）。

"十一五"时期，浙江省专利授权量达32.058万件，是"十五"时期的6倍。2010年专利授权量达11.46万件（表3）。

二、自主创新能力建设主要指标

浙江省坚持创新驱动、开放带动，推动全民创业和全面创新，大平台大产业大项目大企业建设加快推进，民营经济、中小企业和开放型经济发展水平进一步提升，创新体系不断完善。

1. 重大项目

2010年，浙江省执行国家和省级基础研究类项目3333项（表4），在13个国家科技重大专项中，浙江省参与了多个重大专项项目研发。

2. 科技创新体系建设

加快建设以企业为主体、市场为导向、产学研相结合的技术创新体系，认定高新技术企业4269个（含宁波）（表5）。

3. 开放合作与人才引进

浙江省与国内国际的科技合作与交流取得明显成效，人才引进和培养机制更加健全。"十一五"期间，建设国家级国际合作基地10个，引进海外大院名校共建创新载体37家；成功引进海外高层次人才167人，其中93人入选国家"千人计划"。

4. 政策保障

"十一五"期间，浙江省科技厅单独或会同有关部门先后研究制定了20多个政策措施，如联合财政、国税、地税、统计等部门在全国率先出台《企业新技术、新产品、新工艺研究开发费用享受所得税优惠政策》。在专利保护方面，出台了《浙江省发明专利引进项目经费管理办法（试行）》、《浙江省专利示范企业管理办法》、《浙江省专利档案管理办法（试行）》等。

三、重点领域成果与成效

浙江省积极引导优质创新资源向企业集聚，加快科技成果转化和产业化，企业自主创新能力不断增强，开发了一批具有国际领先水平的重大创新技术和产品。

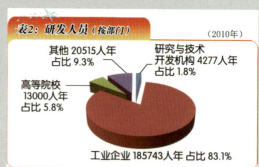

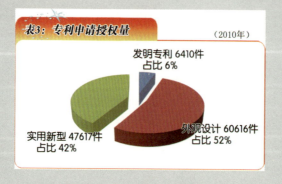

1. 高新技术产业发展

2010年，高新技术产业实现产值11668.40亿元，比上年增长32.9%，占全省工业产值的22.58%；实现增加值2396亿元，增长18.5%。

海洋经济领域：国务院正式批复的《浙江海洋经济发展示范区规划》是我国第一个海洋经济示范区规划，也是浙江省首个纳入国家发展战略的规划。浙江海洋经济上升到国家战略，为资源小省浙江开辟了一片"新蓝海"，让浙江真正从陆域经济延伸到海洋经济，迈入陆海统筹的发展新路径。

国际商贸领域：义乌市国际贸易综合改革试点全面启动。在不到30年的时间里，浙江义乌从一个既没有资源，也不具备区位优势的农业小县，发展成为今天拥有全球最大的小商品批发市场的贸易重镇，在兴商强市的进程中不断积累改革经验，实现了由规模数量向质量效益的转变。

电子商务领域：浙江是电子商务大省，传统产业及社会各领域电子商务应用快速推进，技术、支付、物流等支撑服务取得重大突破，各项主要指标均处于全国前列。据不完全统计，截至2010年底，浙江省拥有各类电子商务网站近4000

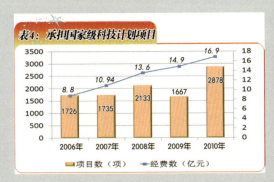

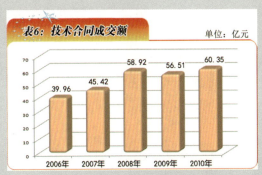

家，60%以上的工商企业开始涉足电子商务领域。

2. 改造提升传统产业

浙江萧山被商务部命名为第一批国家外贸转型升级专业型示范基地。目前基地内共有4家化纤纺织上市企业；已建有各级（含国家级）技术中心43个、博士后工作站6家；拥有中国名牌6个，中国驰名商标1个，中国出口名牌2个，浙江出口名牌6个；参与制定《涤纶取向丝》、《异形涤纶预取向丝》等国内行业标准20多项等。

3. 科技支撑新农村建设

重点开展科技特派员基层创业和科技富民强县等5个科技促进行动。累计选派科技特派员7135人次、120个团队和19个法人3种类型的科技特派员，实施科技特派员项目8381项，帮助入驻乡镇农业龙头企业建立企业研发中心186个，培育省级农业科技企业432个，创建特色农业科技示范基地106万亩，建立科技示范大户4万多户，培训农民676.6万人次。实施科技富民强县促进行动，已有27个被国家科技部列为试点县，33个为省级试点县。

4. 文化创意产业发展

自1999年提出建设文化大省战略以来，浙江文化产业实现了大发展大繁荣。统计显示，2010年，浙江省文化产业增加值首次跨过千亿元大关，达到1056亿元，占GDP比重达到3.8%。连续6年，浙江文化产业增加值几乎每年跨上一个百亿元"台阶"，增幅远超同期GDP增幅，对经济增长贡献率一路走高。

5. 科技型企业发展情况

大力培育科技型中小企业。引导中小型企业加大科技投入力度，加强科技创新，成为以技术创新为主要发展动力的科技型企业。目前已累计认定了4108家科技型中小企业，其中绝大部分企业分布在42个块状经济示范区，对区域经济的辐射和带动作用极强，是结成产业链不可或缺的中坚力量。

6. 技术市场成果交易

2010年，浙江省技术市场各类技术合同成交总数达12826项，各类技术合同成交额达60.35亿元（表6）。

（以上数据主要来自浙江省科学技术厅）

一线观察

激活创新元素

韩　叙

浙江是经济强省，却也是资源小省。由小而大，由大而强，浙江的秘诀在于创新。

在着力提升自主创新能力的同时，浙江更加注重创新体系的形成，使得理念、技术、人才和资本等一系列环节环环相扣。

从理念的角度来说，浙江创新有明显的产业倾斜特色。近年来，浙江加大了对高新技术产业、战略性新兴产业与现代服务业的支持力度，大力推动海洋经济发展与国际贸易综合改革试点，把立足于省情、市情的浙江海洋经济发展示范区规划战略上升到国家战略高度。

从技术的角度上说，浙江是民营经济大省，民营企业已成为自主创新的生力军。通过提升研发经费投入和科研人员占比，民营企业的技术创新能力取得长足发展，专利申请和授权量都有较大幅度增长，科技成果转化和产业化步伐也在不断加快。

从人才的角度上说，浙江对教育领域的投入非常巨大，催生了一大批高质量的学府与研究机构。与人才培养并行的是人才引进，浙江在筑巢引凤的基础上，通过住房补贴、子女教育等一系列政策倾斜，将引来的人才牢牢留住。

从资本的角度上说，浙企在创业板中表现突出，而创业板的鲜明特点正是服务创新。经过两年发展，创业板已经成为支持高新技术企业、促进结构调整的重要平台，浙企也借助资本市场的推动，获得更快发展。

从理念到技术，再到人才和资本，浙江的创新体系涵盖了产业发展的各个方面，每个环节看似独立，却又与其他环节息息相关。独立性与关联性并存的创新体系，形成一个完整的圆环，创新元素得以在其上自由流动，蓄积着生生不息的创新动力。

CE 2011·精彩之笔

■ 4月，国家"十一五"科技支撑计划"农村适宜技术及产品研究与应用"项目通过省级验收。

■ 5月，带锯床和特色机械装备技术创新服务平台揭牌。

■ 6月，浙江省化工新材料重点实验室通过验收。

■ 6月，国家级火炬计划项目杭州市技术转移中介服务平台建设通过验收。

■ 7月，浙江省自然科学基金委员会印发《浙江省自然科学基金青年科学基金项目管理实施细则》。

■ 8月，7个特色产业基地被认定为省级高新技术特色产业基地，29家企业成为省级高新技术特色产业基地骨干企业。

■ 10月，"国家列车智能化工程技术研究中心"成立。

■ 11月，浙江省计量科学研究院获批成立省级院士专家工作站。

■ 11月，"十二五"国家科技支撑计划重点项目"大型反渗透海水淡化关键技术及装备研究与示范"项目落户浙江。

E创新先锋

李书福

现任吉利集团董事长，中资教育研究所理事会副理事长。经济师职称，台州市人大代表，全国政协委员。李书福白手起家，创办吉利集团。1999年底，吉利集团员工发展到近万人，总资产20多亿元，年销售收入30多亿元。吉利集团是中国第一家生产轿车的民营企业。此外，吉利还投资8亿多元创建了全国最大的民办大学——北京吉利大学。2010年3月28日21点，在瑞典的斯德哥尔摩，吉利汽车以18亿美元的价格收购瑞典汽车企业沃尔沃100%的股权。

李书福曾先后荣获全国政协委员、全国优秀乡镇企业家、青年改革家、新长征突击手、经营管理大师、十大民营企业家、中国汽车界风云人物、中国汽车工业(50年)杰出人物、浙商年度风云人物、2009CCTV中国经济年度人物等荣誉。2010年9月16日，获得首届华德奖最受尊敬企业家称号。

感言：有多少人在寻找捷径，梦想着一步登天；有多少人在等待机会，梦想着脱颖而出。但是，梦想不能永远是梦想，在现实面前，仅仅有梦想是不够的。只有把梦想化解成每一步具体的目标，脚踏实地，一步一个脚印，梦想才能变成现实。

倪 捷

绿源集团董事长，金华市政协委员，2005年度被评为风云浙商，获奖辞是：他是电动自行车的创始人，为浙江开辟了一个年60亿产值的新产业，他是"绿色交通"的倡议者，为获得电动自行车的生存空间不懈抗争，他是城市"以人为本"理念的吹鼓手，以他的电动自行车与城市管理体制艰难赛跑。

倪捷不是一个循规蹈矩的人。在读研期间，他就参加创办了当时内地第一份铅印学生刊物《科大研究生》，担任副主编，并因经常刊发著名学者新锐观点而名噪一时。 而20世纪80年代中后期方兴未艾的商品经济大潮更使工科出身的倪捷无心安守象牙塔。1989年，他和同样拥有工学硕士学位的夫人双双放弃令人羡慕的大学教师职业，投身实业。

感言：科学以及追求科学与真理的精神是一个企业乃至整个社会不断发展和前进的不竭动力。科学既是一种认识世界的态度，也是一种解决问题的方法。一旦让科学的态度和方法在一个企业里深深扎根，那么这个企业必将有无尽的活力和能量。

杭州华三通信技术有限公司

　　该公司致力于IP技术与产品的研究、开发、生产、销售及服务。2010年华三通信年销售额11亿美元，在国内30个省市区设有分支机构。目前公司有员工4800人，其中研发人员占55%。华三通信每年将销售额的15%以上用于研发投入，在中国的北京、杭州和深圳设有研发机构，在北京和杭州设有可靠性试验室以及产品鉴定测试中心。截至2010年12月，华三通信已申请专利超过3000件，其中发明专利占85%，在中国通信企业中位居前三。华三通信已参与中国通信标准化协会及IETF，SMTA，SPC，PCI-SIG，Wi-Fi，USB，SNIA，VCCI等国际标准组织。

　　华三通信始终聚焦IP技术领域创新进步，以覆盖IP网络、IP安全、IP多媒体及IP存储的全面的产品线为积累逐步形成下一代数据中心解决方案、基础网络解决方案和多媒体通信解决方案三大解决方案集群，并迅速得到广泛应用，占领了IT发展潮流的制高点。2010年，华三通信在数据中心、广域骨干网等高端市场取得巨大进展，赢得众多高端客户的青睐，在运营商数据中心和城域网取得突破，取得渠道和客户的广泛信赖与认可。

　　感言：创新不能依靠个别天才的"灵光一现"，而应该发挥群体智慧，脚踏实地地积累，聚沙成塔。这需要建立庞大的科研队伍，投入庞大的科研经费，还需要投入一定的人力物力进行前瞻性的基础技术研究，为未来积累技术储备。

华数数字电视传媒集团

华数数字电视传媒集团有限公司是杭州市数字电视发展的运营主体、浙江省数字电视发展的省级主体。华数是一个致力于以数字电视发展为切入点，实现推进全省数字电视发展，向无线、移动电视和信息化应用转型的综合运营企业，致力于通过体制、机制创新，产业做强做大，成为浙江省文化产业的龙头企业。

华数在推动有线电视数字化发展的过程中，创新了数字电视的发展模式，在全国首创了交互数字电视，以及交互数字电视的信息化应用，将数字电视拓展到"新网络、新通信、新传媒、新信息应用"的数字化产业发展领域，形成了在技术创新、应用创新、商业模式创新等多方面的综合优势，在业内创立了数字电视发展的"杭州模式"，并快速推进杭州有线电视数字化整体转换，整转用户早在2006年底就在全国率先突破百万大关，取得了良好的社会效益和经济效益。

通过体制创新，带动内容、技术、服务和管理的创新；通过对新媒体、新通讯、新网络、新信息化应用以及三网融合领域的探索，整合丰富的网络资源、内容资源和应用资源，构建"数字电视、数字化内容与应用服务、宽带通信、新业态电视传媒"等综合性产业集群。

白山松水展豪情

把增强自主创新能力作为调整经济结构
和转变经济发展方式的中心环节，提高科技进步水平，
推动发展要素向更加注重科技进步、人才支撑转变。
推进创新型吉林建设，
使我省成为东北重要的创新型区域、
东北亚地区重要的创新中心和成果转化基地。

——摘自《吉林省国民经济和社会发展第十二个五年规划纲要》

　　"十一五"时期，吉林老工业基地振兴迈出新的重要步伐，自主创新能力明显提升，经济发展速度和质量稳步提高，地区生产总值由2005年的3620.27亿元，增加到2010年的8577.06亿元。

一、要素投入及主要科技产出指标

　　2010年，吉林省全社会研发经费达到75.8亿元，占地区生产总值的比重为0.88%。省全社会研发全时人员总数从2006年的50298人年增长到2010年的56428人年（表1）。

　　"十一五"时期，吉林省专利授权量达15776件，是"十五"时期的1.79倍。2010年专利授权量达6445件（表2）。

二、自主创新能力建设主要指标

　　在提高自主创新能力过程中，吉林省将自主创新摆在了驱动全省经济发展全局

◎ 中国北车长春轨道客车股份有限公司自主创新的
高速铁路总装车间一角 李己平供图

的重要位置，盘活科教资源，调整发展思路，促进科技成果向现实生产力转化。

1. 重大项目

2010年，吉林省参与执行国家基础研究计划项目115项（表3）。

2. 科技创新体系建设

加快建设以企业为主体、市场为导向、产学研相结合的技术创新体系，认定高新技术企业245个（表4）。

3. 开放合作与人才引进

"十一五"期间，吉林省与国内国际的科技合作与交流取得明显成效，人才引进和培养机制更加健全，先后实施了30多项国家政府间合作项目和重大国际合作专项、200多项省国际科技合作项目，建立国际和省级国际科技合作基地27个。

4. 政策保障

通过建立健全科技创新激励机制，完善自主创新政策法规体系及科技成果转化和知识产权流转体制，全社会科技创新意识明显提高，创新环境不断优化（表5）。

三、重点领域成果与成效

围绕推进工业化进程，吉林做强做大支柱产业，加快培育战略性新兴产业，大力发展特色资源产业，开发了一批具有国际领先水平的重大创新技术和产品。

1. 高新技术产业发展

2010年，吉林高新技术产业实现工业产值3189.5亿元，比上年增长28.9%。

吉林碳纤维国家级高新技术产业化基地建设进展顺利，吉林化纤公司5000吨碳纤维原料顺利投产。

第一批10项重大科技成果转化项目取得阶段性进展，"5000吨/年食用合成香料产业化"等12项第二批重大科技成果转化项目已组织实施。

优化医药产业结构，扶持医药物流骨干企业，推进大项目、大品种、大品牌

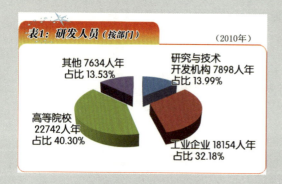

表1：研发人员（按部门）　　（2010年）

其他 7634人年 占比 13.53%
研究与技术开发机构 7898人年 占比 13.99%
高等院校 22742人年 占比 40.30%
工业企业 18154人年 占比 32.18%

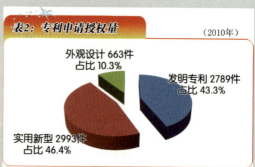

表2：专利申请授权量　　（2010年）

外观设计 663件 占比 10.3%
发明专利 2789件 占比 43.3%
实用新型 2993件 占比 46.4%

表3：承担国家级科技计划项目　　单位：项

	2006年	2007年	2008年	2009年	2010年
国家基础研究计划项目	16	78	89	111	115
国家自然科学基金	237	265	334	418	542
科技型中小企业技术创新基金	85	68	72	184	129
国家重点新产品计划	29	25	29	50	14
火炬计划	9	10	10	4	13
星火计划	3	11	10	9	14

建设。截至2010年11月，全省规模以上医药制造业实现工业总产值540亿元，同比增长35.8%。启动中国人参基因组计划，与天津中医药大学、中国医学科学院药用植物研究所共同签署了中国人参基因组计划合作协议。

2. 改造提升传统产业

汽车扩能改造，推动汽车、石化产业融合发展，组建配套协作联盟。一汽丰越20万辆扩能和吉林轻型40万辆、通用汽车50万辆整车等一批重大项目开工建设，一汽自主品牌汽车创年产销百万辆新纪录。

一汽"高品质J6重型车及重型柴油机自主研发与技术创新"项目荣获2010年度国家科学技术进步一等奖。长春市被确定为国家创新型试点城市和私人购买新能源汽车试点城市。

3. 科技支撑新农村建设

以增产百亿斤粮食、优先发展畜牧业对科技的需求为重点，坚持凝练重大项

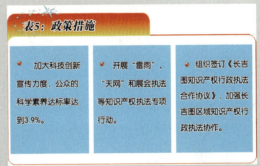

目，坚持自主创新，围绕着粮食丰产、畜牧业高效生产、农产品精深加工、特色动植物综合利用以及社会主义新农村建设等领域，编制了2010年度省科技发展计划农业项目的指南。

2010年度省科技支撑计划现代农业领域重大专项共安排项目11项，投入经费920万元。其中，重大专项四安排项目6项，投入经费720万元；重大专项五安排项目5项，投入经费200万元。重点项目共安排项目61项，投入经费750万元。

承担的"十一五"国家科技支撑计划项目"优质肉牛产业化关键技术研究与开发"各课题完成验收。通过项目实施，实现年直接新增肉牛出栏66000头，合计年直接新增经济效益7亿元；年间接带动优质肉牛出栏40万头，年新增肉牛业经济效益35亿元；农民增收7亿元。

4. 技术市场成果交易

2010年，吉林省技术市场各类技术合同成交总数达3424项，各类技术合同成交额达18.81亿元（表6）。

（以上数据主要由吉林省科学技术厅、
吉林省统计局、吉林省技术市场管理办公室提供）

打通成果转化"最后一公里"

李己平

如果产研脱节,则科研成果无法落地,区域经济失去可持续发展的基础。由此带来的是科技人才流失,科技成果"墙内开花墙外香",抚育之地空心化,吉林就曾在市场经济建立初期走进了这个怪圈。

实施产、学、研一体化,打通科技成果转化的"最后一公里",让科教大省成为科技创新强省,让科教资源优势转化为竞争和发展优势,使吉林成为自主创新蓬勃发展的热土,是吉林近年来的孜孜追求。

2010年,吉林省综合科技进步水平已居全国第14位,高新技术产业化水平居全国第12位,显示出该省自主创新能力明显提高,科技成果转化与产业化能力明显增强。"十一五"期间,吉林省国内发明专利申请量8853件,授权量2716件。有47项科研成果获得国家科学技术奖。在农业、新能源、信息通信、装备制造等领域的一批自主创新成果,带动了吉林省在农业育种栽培、清洁汽车与高速轨道客车、光电子技术、应用软件和网络技术、现代中药和生物制药等领域的竞争优势,为该省的经济增长培育了许多新的增长点。

为了更好地坚持创新驱动和市场驱动并举,吉林制定了《吉林省技术创新工程实施方案》,出台了《科技成果转化促进计划》,推进产学研紧密结合,实现项目、平台、基地联动。

重大科技成果转化和重大科技攻关"双十"工程、技术创新"双百"工程,服务企业的"双千"行动等,则从操作层面加快了以企业为主体、市场为导向、产学研相结合的技术创新体系建设,加快了三批重大科技成果转化和产业化。

今年前10个月,吉林省创新成果再传捷报,百户重点企业技术中心新产品、新技术、新工艺开发项目达2625个,百种重大新产品完成产值197亿元,有71个实现规模化生产。

在吉林省确定的经济发展三大战略中,实施创新驱动战略是其重要一环。推动发展要素向更加注重科技进步、人才支撑转变,切实提高区域创新能力和科技成果转化能力,为全省经济社会发展提供重要支撑,吉林正在成为东北地区乃至全国重要的创新型区域、东北亚地区重要的创新中心和成果转化基地。

2011·精彩之笔

- 1月，一汽集团"高品质解放J6重型车及重型柴油机自主研发与技术创新"项目荣获国家科技进步一等奖。

- 1月，吉林省科技工作会议强调，要深入实施创新驱动战略。

- 4月，吉林省动漫产业技术创新战略联盟成立，联盟由吉林大学、吉林禹硕动漫游戏股份有限公司等22家相关高等院校、企业加入。

- 5月，与中国工程院签署科技合作协议。

- 7月，启动科技企业创新人才培训工程，计划到"十二五"末期培训200户科技型创新企业的核心团队、高层管理者等各类创新人才。

- 7月，举办第二届东北亚产业技术论坛，围绕构建中日韩科技产业的多边技术合作平台展开了积极探讨。

- 7月，与科技部举行第二次部省工作会商，确定下一阶段重点围绕汽车、轨道交通、光电信息、石油化工、农业领域做好科技合作。

- 8月，启动"科技人参工程"，计划用5年时间投资5亿元，解决制约人参产业发展的科技瓶颈。

- 10月，吉林省召开大会，对科技特派员农村科技创业行动、粮食丰产科技工程进行总结表彰。

E 创新先锋

董晓峰

长春轨道客车股份有限公司董事长，他带领公司全体员工，按照全新的发展战略，奋发图强，开拓进取，用五年时间再造了一个新"长客"，创造了轨道交通装备制造行业的新传奇。在董晓峰的带领下，"长客"已经成为行业内制造能力世界最大，装备水平世界领先，研发能力国内最强，经营业绩国内最好的企业。销售收入由2003年的15.6亿元，快速增长到2008年的64亿元，年均增长32.6%。

中国北车长春轨道客车股份有限公司是铁道部重点扶持的铁路客车装备制造骨干企业，担负着国产化动车组的设计制造任务。自1988年以来，企业连年跻身国家最大500家工业企业之列。作为业内龙头企业，长客人撑起了中国铁路客车制造的半壁江山，形成了"中国铁路八万里，有路就有长客车"的真实写照。

感言：企业的生命力在于技术创新的能力，创新能力是企业长盛不衰的关键。技术引进只解决追赶世界先进水平问题，我们的目标是：引进消化吸收再创新，引领世界先进水平。引进与消化同步，吸收与创新并举。秉持先发优势，深化自主创新，培育精细品质，打造民族品牌。

冷春生

　　吉林省通化东宝药业股份有限公司副总经理、高级工程师。冷春生2005年5月，挑起了基因重组人胰岛素原料药、制剂的研发和将其实现3000公斤产能的工业化、国际化的重任，填补了一项项空白领域，攻克了一道道世界难题，跨域了一个个不可逾越的障碍。使通化东宝药业股份有限公司基因重组人胰岛素成为具有中国自主知识产权的世界品牌，走出国门，走向世界。2002年，他作为基因重组人胰岛素的研发者之一，获得了国家科学技术进步二等奖；2007年，他以优异的工作业绩和奋发的创业精神被授予通化市劳动模范；2009年他主持的《年产3000公斤重组人胰岛素原料药项目》获《全国工商联科技进步奖》一等奖，被评为"吉林省拔尖创新人才"。

　　感言：我的体会是学了知识就要创新，要敢于打破束缚，用创新的理念、创新的思维、创新的实践，实施自主创新。走自主创新之路，攀登世界科技高峰，开发出更多更好的中国自主品牌，让生物高端科技的中国创造成为全球竞争的新品牌，是我终生奋斗的目标。

中国一汽

中国第一汽车集团公司简称中国一汽或一汽，总部位于吉林省长春市，前身是第一汽车制造厂，毛泽东主席题写厂名。一汽1953年奠基兴建，1956年建成并投产，制造出新中国第一辆解放牌卡车。1958年制造出新中国第一辆东风牌小轿车和第一辆红旗牌高级轿车。一汽的建成，开创了中国汽车工业新的历史。经过五十多年的发展，一汽已经成为国内最大的汽车企业集团之一。

2010年，一汽全年自主产品销量跨越百万辆达到103万辆，同比增长37.3%，高于行业增幅5.4个百分点。有了自主品牌的助力，一汽连年入选"世界五百强"，最高位列第197位，中国机械工业500强第一位，世界第36位。一批自主车型登上了中国汽车业的最高殿堂。2010年解放J6获得国家科技进步一等奖，这是国家科技最高奖。自主研发的"奔腾"轿车在2011年中国汽车销售满意度研究总体排名中位居自主品牌第一名，主要指标高于行业平均值。

一汽人才发展战略以核心人才培养与引进为重点，通过体系化人才开发，形成以2000名高素质的管理人才、高水平的技术人才、高技能的操作人才为龙头20000人的核心人才群体，建成一支素质优良、结构合理、精干高效的员工队伍，培养出了李骏，这位一汽集团副总工程师、技术中心主任、中国目前自主研发的领军人物。

吉林敖东药业集团股份有限公司

吉林敖东药业集团股份有限公司经过了十几年的发展，形成了独具特色的品牌优势，"敖东及图"商标1999年被国家工商总局认定为中国驰名商标。主导产品"安神补脑液"、"血府逐瘀口服液""利脑心胶囊"、"心脑舒通"等多年来一直保持省优、部优和中国中药名牌产品称号。

中国制药工业百强，先后获得国家火炬计划重点高新技术企业、国家级高新技术企业、全国创新型企业、全国五一劳动奖状。始终把坚持科技创新作为长期发展战略，把自主研发与引进先进技术、设备有机地结合在一起，承担国家发改委中药口服液工艺技术研发平台项目、国家科技部创新中药中试检测平台项目和中药中试放大技术研究平台项目，通过这些项目引领了企业不断科技创新。

在国家级企业技术中心的支撑下，延边药业、延吉药业、洮南药业、大连药业都成为国家高新技术企业。敖东共获得国家专利79项，国家科技进步二等奖1项，吉林省科技进步一等奖1项，延边药业的"安神补脑液"、延吉药业的"BP素"、洮南药业的"小牛牌注射液"是企业的名牌。安神补脑液是该企业中药现代化的成功之作，通过不断地科技创新，将传统中药与现代科技有机结合，创造了畅销二十多年不衰的奇迹。

创新引领 给力中原

深入实施科教兴豫和人才强省战略,着力构建要素完备、
配置高效、协调发展、充满活力的自主创新体系,
加快建设创新型河南,为建设中原经济区提供坚强支撑。
以技术突破带动煤化工、有色、
钢铁企业加快技术创新和产品结构调整,
培育一批有重大影响的自主品牌,促进传统优势产业改造升级。

——摘自《河南省国民经济和社会发展第十二个五年规划纲要》

©河南郑东新区 郑泰森供图

随着中原经济区建设上升为国家战略，河南省迎来了全面发展的历史性机遇。"十一五"时期，河南省加快转变发展方式，调整优化产业结构，自主创新能力明显提升，地区生产总值由2005年的10587.42亿元，增加到2010年的23092.36亿元。

一、要素投入及主要科技产出指标

"十一五"时期，河南省全社会研发经费逐年增长。2006年该项支出为79.84亿元，2010年增至211.38亿元，占地区生产总值的比重为0.92%（表1）。

河南省全社会研发全时人员总数大幅增长，从2006年的58716人年增长到2010年的79157人年（表2）。

"十一五"时期，河南省专利授权量达4.93万件，是"十五"时期的3.25倍。2010年专利授权量达16539件（表3），并获得国家科技奖励97项。

二、自主创新能力建设主要指标

河南省以企业为主体,以研发中心为载体,以重大科技专项、技术创新工程为抓手,依托高新技术产业开发区、产业集聚区,构建产业技术创新联盟,加大研发投入,优化创新环境,加强自主品牌建设,全面提升自主创新能力。

1. 重大项目

2010年,河南执行国家和市级基础研究类项目19项(表4)。

2. 科技创新体系建设

河南省深入实施科教兴豫和人才强省战略,着力构建要素完备、配置高效、协调发展、充满活力的自主创新体系,认定高新技术企业519个(表5)。

3. 开放合作与人才引进

截至2010年,河南省组织实施了有实质性合作成果的科技合作项目28项,同时建立起国家级国际科技合作基地4家,省级国际科技合作基地11家。

4. 政策保障

建立健全科技创新激励机制，完善自主创新政策法规体系及科技成果转化和知识产权流转体制（表6）。

三、重点领域成果与成效

加快科技成果转化和产业化，河南省开发了一批具有国际领先水平的重大创新技术和产品。

1. 高新技术产业发展

2010 年，推动新能源汽车、风力发电装备、精密超硬材料、轨道交通装备、耐火材料、物联网等产业技术创新联盟的深度合作。高新技术产业实现增加值1900 亿元，增长24.8%。

特高压输变电装备领域：许继集团、平高集团实施的特高压输变电装备关键

表1：研发经费（按来源） （2010年）

国外资金 0.13亿元 占比 0.06%
其他 6.84亿元 占比 3.23%
政府资金 31.72亿元 占比 15.01%
企业资金 172.69亿元 占比 81.7%

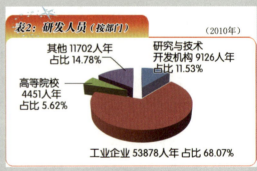

表2：研发人员（按部门） （2010年）

其他 11702人年 占比 14.78%
研究与技术开发机构 9126人年 占比 11.53%
高等院校 4451人年 占比 5.62%
工业企业 53878人年 占比 68.07%

表3：专利申请授权量 （2010年）

发明专利 1498件 占比 9.06%
外观设计 3993件 占比 24.14%
实用新型 11048件 占比 66.80%

表4：承担国家级科技计划项目　单位：项

	2006年	2007年	2008年	2009年	2010年
合计	143	203	229	353	339
基础研究计划	1	7	10	12	19
863计划	22	45	61	61	37
国家科技支撑（攻关）计划	34	56	65	66	42
科技型中小企业技术创新基金	65	71	70	142	166
国家重点新产品计划	10	8	7	26	26
火炬计划	5	8	5	33	34
星火计划	6	8	11	13	15

技术重大科技专项，2010年中标国家重点工程20亿元，专项实施以来已中标合同金额共66.3亿元，创利税13.6亿元；世界最高电压等级和最长输送距离的首条100万伏晋东南—荆门交流和首条80万伏向家坝—上海直流等输电工程中成功应用。

风力发电成套装备领域：风电产业技术创新战略联盟组织实施的风力发电成套装备重大科技专项，仅用1年多时间就开发出2.0兆瓦风电整机和1.5至3兆瓦电机、风叶、轴承等主要部件，有望形成百亿元规模的新兴产业群；2.0兆瓦风电整机已在内蒙通辽风场顺利实现并网发电，取得销售收入6亿多元。

盾构成套装备领域：中铁隧道装备制造有限公司实施的盾构成套装备关键技术研究及应用重大科技专项，研发的具有完全自主知识产权的盾构机中标北京、郑州、重庆等地铁工程，合同金额15亿元。

核电厂用系列核级电动机领域：南阳防爆集团实施的核电厂用系列核级电动机关键技术研究重大科技专项，打破了西方发达国家的技术垄断，形成了核级电动机的产业化生产能力。该集团在重大科技专项的推动下，成为国内同行业惟一同时具有核岛内、外系列核级电机设计制造许可证的企业。

2. 改造提升传统产业

郑煤机承担的大采高高可靠性液压支架及电液控制系统研制，开发出世界最大采高的7米液压支架，攻克了核心技术电液控制系统，该项目已获订货35.2亿元。

3. 科技支撑新农村建设

以优良品种培育为突破口支撑粮食总产超千亿斤。组织实施了小麦新品种"百农矮抗58"、"郑麦366"和玉米新品种"浚单20"产业化研究与开发3个重大科技专项，培育推广河南省两大粮食作物新一代的主导品种。"百农矮抗58"推广面积累计增加5800多万亩，增产小麦约30亿公斤；"郑麦366"百亩超高产攻关田单产创造了688.7公斤的优质强筋小麦新纪录;玉米新品种"浚单20"全国种植面积已达4000万亩，累计已推广1.32亿亩。

4. 技术市场成果交易

2010年，河南省技术市场各类技术合同成交总数达4617项，各类技术合同成交额达27.69亿元（表7）。

（以上数据主要由河南省科学技术厅提供，

部分数据摘自《河南统计年鉴2011》）

挖掘创新"原动力"

党涤寰

河南是我国的农业大省，怎样让自主创新的智力成果更好地为社会经济发展服务，是河南省科技事业一直以来着力解决的核心问题。为此，河南以优良品种培育为突破口，大力提升粮食生产核心区建设的科技支撑能力。在这一过程中，自主创新成为河南创新驱动的"原动力"。河南组织实施良种产业化研究与开发，培育推广河南省两大粮食作物新一代的主导品种。良种培育的重大科技专项和国家粮食丰产科技工程的实施，不但为河南省粮食大面积开展高产创建提供了强有力的技术支撑体系，而且为保障国家粮食安全作出了重大贡献。

而在新型工业化发展道路上，河南把自主创新工作重点从侧重培育战略先导产业转变为促进传统产业改造提升和新兴产业培育并重，提出了技术创新的重点方向和对策建议，并论证了一批战略意义重大、示范带动作用显著、紧迫性强的重大科技项目，力争突破一批关键核心技术，改造提升传统产业，培育壮大战略性新兴产业。

随着河南经济社会全方位、宽领域的对外开放发展，河南加大科技对外开放度，加快科学技术的转移对接步伐，大力促进大型骨干企业与国外、省外科研机构、高校进行深度科技合作，成功举办了河南省技术转移洽谈会，积极搭建技术对接和成果转化平台。

科技创新，必须实施人才战略。在发展的过程中，河南积极实施创新型科技人才队伍建设工程，努力加快对高层次人才和青年科技人才的培养。今年，河南省出台了《河南省科技人才发展中长期规划（2011-2020年）》，深入实施创新型科技人才队伍建设工程。

为了使科技创新与社会经济发展更加紧密地结合，河南还积极推动科技体制机制创新和政策的落实，加快高新技术产业发展，同时积极推动高新技术企业税收优惠和企业研发投入减免所得税等促进科技创新政策的落实，预计今年企业税收优惠可达30多亿元。

科技创新是动力，科技创新是活力，科技创新是民生，科技创新是未来。目前，河南正以促进经济发展方式转变和"三化"协调发展为主线，以提高科技核心竞争力为目标，坚持培育壮大创新主体，实施重大科技专项和工程，扩大科技对外开放，创新体制机制，建设科技人才队伍，加快构建自主创新体系，不断提升科技研发能力、科研成果转化能力、科技创新运用能力和科技人才集聚能力，增强科技创新对"三化"协调发展的驱动力量，为全面推进中原经济区建设提供有力的科技支撑。

2011·精彩之笔

- 1 月，召开河南省自主创新体系建设工作会议，实施《河南省自主创新体系建设和发展规划（2009—2020年）》。

- 1 月，拥有2 个国家级研发中心，12 个省级研发中心和3 家博士后科研工作站的新乡国家新型电池及材料高新技术产业化基地获得科技部认定。

- 4 月，新增"车用生物燃料技术国家重点实验室"、"棉花生物学国家重点实验室"2个国家重点试验室。

- 4 月，出台《河南省人民政府关于进一步推进自主创新体系建设的实施意见》，明确了推动河南省自主创新体系建设的一系列政策措施。

- 5 月，10 家企业被科技部确定为国家创新型企业，目前共有国家级创新型企业13 家。

- 6 月，制定出台《河南省"十二五"科学技术发展规划》，部署了"十二五"期间河南科技发展的目标。

- 7 月，启动"十二五"国家粮食丰产科技工程河南课题，力争在"十二五"期间项目区累计增产粮食160 万吨，增加直接经济效益24 亿元。

- 7 月，与国家自然科学基金委联合，在中部六省率先设立了"人才培养联合基金"，重点支持河南省40 岁以下青年科技人员开展基础研究工作。

- 8 月，召开2011 年河南省承接产业和技术转移合作交流洽谈会，共组织重大项目签约72 项，签约总金额201.77 亿元。

- 10 月，制定出台了《河南省科技人才发展中长期规划（2011—2020）》，深入创新型科技人才队伍建设工程，加快高层次和青年科技人才培养。

程相文

河南省鹤壁市农科院院长（原浚县农科所），1992年被授予国家有突出贡献专家，享受国务院颁发的政府特殊津贴，1993年被省委、省政府授予省管优秀专家，1994年被授予河南省劳动模范，2002年荣获全国"五一"劳动奖章。曾任河南省第五届人大代表和河南省第五次、六次、七次党代会代表。1991年和2001年连续两次被河南省委授予优秀共产党员。著名玉米育种专家。全国"五·一"劳动奖章获得者，2008年度感动中原十大年度人物。获得国家科技进步一等奖。

"玉米种子就是我的生命。作为一名基层农业科技人员，受到温总理如此高的评价和肯定，我一定要把这种鼓励和奖励化作工作的动力与源泉，培育出更多更好的玉米新品种，为我国、我省的玉米粮食增产增收，农民致富做出新的更大的贡献。我们培育的种子品质要永远优秀，在与外国种子的竞争中永远保持优势。为了总理的这份重托，我会更加努力……"

感言：良种培育不是一劳永逸，作为农业科技工作者，只有始终坚守在养育我们的土地上，始终和农民兄弟在一起，才能永葆自主创新的精神动力，不断培育出更加优良的玉米品种。只有坚持创新，才能在与外国种子和产品的竞争中永远保持优势。让农业科技为国家、为老百姓带来更多的财富。

王复明

郑州大学水利与环境学院教授,国家杰出青年基金获得者,河南省基础设施安全防护工程实验室主任。现任郑州大学水利与环境学院院长,水利工程一级学科博士点第一学术带头人。河南省道路检测工程技术研究中心主任,河南省基础设施安全检测与维护工程研究中心主任。中国土木工程学会土力学与岩土工程分会理事,河南省岩石力学与工程学会副理事长等。

1990年获中国青年科技奖,1996年获国家杰出青年科学基金,1997年享受国务院政府特殊津贴,并入选国家级"百千万人才工程",1998年被评为国家有突出贡献中青年专家,2001年被评为河南省科技功臣、全国优秀科技工作者,2003年获全国优秀留学人员成就奖,2005年获首届华侨华人专业人士杰出创业奖,2008年被评为"中原学者",其带领的工程安全学术团队被评为"河南省创新型科技团队"。

感言:工程领域的自主创新成果,从理论创新到技术创新,再到实践检验和转化推广,往往需要十年,二十年,甚至更长的时间。从事工程科技研究必须脚踏实地,选准方向,耐得住寂寞,经得起失败,否则是做不出原创性成果的。

中信重工机械股份有限公司

中信重工机械股份有限公司是国家"一五"期间兴建的156项重点工程之一。公司现为国有大型一类企业,中国最大的重型机械制造企业之一,中国最大的矿山机器制造企业,中国低速重载齿轮加工基地,中国大型铸锻和热处理中心,国家级理化检验认可单位和国家一级计量企业。

历经半个世纪的建设与发展,目前已成为中国最大的矿山机械制造企业、中国最大的重型机械制造企业之一,是中国低速重载齿轮加工基地,中国铸锻和热处理中心,国家级理化检验认可单位和国家一级计量企业。公司通过ISO9001:2000质量体系认证、ISO14001:2004环境管理体系认证和GB/T28001-2001职业健康安全管理体系认证。拥有甲级工程设计院,即洛阳矿山机械工程设计研究院,是国内最大的矿山机械综合性技术开发研究机构。经过50多年的发展,公司服务领域已从单一的矿山机械产品,扩展到煤炭、建材、冶金、有色、电力、化工、洗选、环保、(军工)等行业,产品遍及国内各地,远销欧、美、亚、非等国际市场。众多科研成果填补国内空白,达到国际先进水平。被誉为"中国工业的脊梁,重大装备的摇篮"。

公司是国家首批确定的50家国际化经营企业之一,是国家创新型企业,名列中国建材机械制造20强首位;入选中国企业信息化建设500强;公司"洛矿"牌大型球磨机、大型减速机、大型辊压机、大型水泥回转窑四项产品荣获中国名牌称号,拥有国家首批认定的国家级企业技术中心,位列全国575家国家级技术中心第40位,拥有国家重点实验室——"矿山重型装备实验室"。众多科研成果填补国内空白,达到国际先进水平。

三门峡恒生科技研发有限公司

该公司于2000年在开发区注册成立，是一家民营股份制企业，从2003年起研究发明了专利产品清洁镀金新材料。通过几年时间的生产应用和试验证明：新材料不仅具有超越目前各电镀厂多年习惯使用氰化亚金钾的效果外，更值得研究和骄傲的是它达到了"清洁生产，无污染排放"的环保效果，实现了电镀行业多年来苦苦探索的清洁生产目标。

恒生公司研究的清洁镀金产品，是一种用于电镀黄金的有机金盐，该新材料从源头上削减了剧毒物的使用和排放。新产品解决了我国电镀行业存在多年的氰化物污染难题。目前不仅广泛应用于民用产品，还应用于航空、航天工业，"神舟五号"、"神舟六号"、"神舟七号"和"嫦娥一号"、"嫦娥二号"飞船和歼20飞机等。2007年12月获得中国技术市场金桥奖。省科技厅、省环保厅、省发改委联合颁发了节能减排示范企业证书。

三门峡恒生科技研发有限公司在河南省科技厅高新技术产业化的支持下完成了具有自主知识产权的原创新高新技术产品"丙尔金"。丙尔金的研究成功有效解决了我国电子产品镀金技术氰化物污染难题，成功应用航空及国防工业和现代民用电子产品，2011年被国家环保部评为环境保护科学技术一等奖。

天山南北谱华章

大力增强自主创新能力，将科技创新与经济社会发展紧密结合，
依靠科技进步提升发展层次和水平，
加快科技成果向现实生产力转化，推进经济发展方式的转变。
合理部署与大力支持原始创新、集成创新和引进消化吸收再创新。
到2015年，科技进步综合水平达到全国平均水平。

——摘自《新疆维吾尔自治区国民经济和社会发展第十二个五年规划纲要》

　　"十一五"时期，新疆坚定不移地贯彻党中央、国务院关于促进新疆发展和稳定的一系列重大战略部署，扎实推进西部大开发战略，经济发展方式加快转变，自主创新能力明显提升，经济社会加快发展。地区生产总值由2005年的2604.19亿元，增加到2010年的5418.81亿元。

一、要素投入及主要科技产出指标

　　"十一五"时期，新疆全社会研发经费逐年增长。2006年该项支出为8.48亿元，2010年增至26.65亿元，占地区生产总值的比重为0.49%（表1）。

　　"十一五"时期，新疆全社会研发全时人员总数大幅增长，从2006年的7377人年增长到2010年的14382人年（表2）。

　　"十一五"时期，新疆专利授权量达8642件，是"十五"时期的2.25倍。2010年专利授权量达2562件（表3），并获得国家科技奖励9项。

© 姜帆 供图

二、自主创新能力建设主要指标

新疆通过重点院所、创新团队、创新平台建设，促进高层次人才培养，相继制定出台了一系列鼓励技术创新、加速科技成果转化及产业化的科技政策和法规，优化了科技进步与创新的环境，科技创新体系建设步伐显著加快。

1. 重大项目

2010年，新疆执行国家和自治区基础研究类项目1项（表4），在13个国家科技重大专项中，新疆参与承担了其中11个重大专项项目研发。

2. 科技创新体系建设

加快建设以企业为主体、市场为导向、产学研相结合的技术创新体系，认定高新技术企业113个（表5）。

3. 开放合作与人才引进

新疆与国内国际的科技合作与交流取得明显成效，人才引进和培养机制更加健全。投入资金近亿元，实施了"西部之光"新疆人才特别支持计划，开展新疆紧缺高层次科技人才的引进和培养工作。

此外，新疆还积极落实税收优惠政策，在高新区注册新办的高新技术企业自投产之日起，前三年免征企业所得税，后三年减半征收企业所得税，并出台了《新疆维吾尔自治区自主创新产品认定管理办法（试行）》等。

三、重点领域成果与成效

加快科技成果转化和产业化，开发了一批重大创新技术和产品。

1. 高新技术产业发展

2010年，高新技术产业实现工业产值27.87亿元，比上年增长17.71%，占自治区工业产值0.48%。

电子信息领域：新疆116家电子信息企业实现主营业务收入39.73亿元，同比增

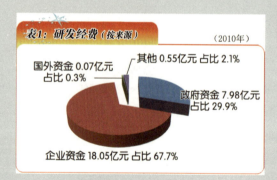

表1：研发经费（按来源）（2010年）

国外资金 0.07亿元 占比 0.3%
其他 0.55亿元 占比 2.1%
政府资金 7.98亿元 占比 29.9%
企业资金 18.05亿元 占比 67.7%

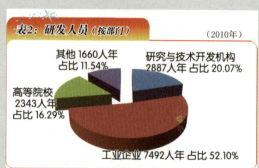

表2：研发人员（按部门）（2010年）

其他 1660人年 占比 11.54%
研究与技术开发机构 2887人年 占比 20.07%
高等院校 2343人年 占比 16.29%
工业企业 7492人年 占比 52.10%

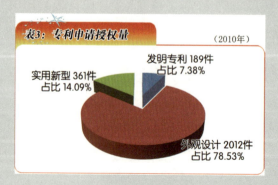

表3：专利申请授权量（2010年）

发明专利 189件 占比 7.38%
实用新型 361件 占比 14.09%
外观设计 2012件 占比 78.53%

长73.56%。截至目前，新疆已认定的信息系统集成企业369家（其中国家认定的软件企业65家），已具备完成信息化建设工程、软件开发和信息服务等信息化综合服务能力。

石油石化领域：针对油气资源的开发和利用，组织开发了异氰酸酯、己二酸、稀土顺丁橡胶、高性能石油助剂等一批油气化工下游新产品。组织实施了新疆煤化工发展技术重大科技专项，开展了完全甲烷化催化剂的筛选和运行试验，完成了10万方煤制合成天然气的工艺包，合成气完全甲烷化技术工业模型试验已经开始，新疆煤化工清洁发展关键技术研究正在推进中。

特色药业领域：科技创新大力推动新疆特色药业发展，建立了甘草、红花等一批道地药材规范化种植基地，制定了40个维药标准和规范，建成自治区首个民族医药材化学样品资源数据库，开发中药民族药新产品24个。

生态产业领域：灌区盐渍化土壤改良、沙漠生态产业、荒漠化土地生态修复与退化生态系统恢复、伊犁河流域水土资源可持续开发利用等技术的开发、集成和示范。

表4：承担国家级科技计划项目　　　单位：项

	2006年	2007年	2008年	2009年	2010年
合计	112	244	255	278	441
基础研究计划	1	3		3	1
国家自然科学基金	75	114	124	161	293
863计划	6	2	1		1
国家科技支撑（攻关）计划	9	48	49	3	1
科技型中小企业技术创新基金	11	29	34	44	88
国家重点新产品计划	4	7	6		11
火炬计划	2	11	22	28	30
星火计划	4	30	26	11	16

表5：科技创新体系建设

国家级工程（技术）研究中心4个
国家级企业技术中心10个
国家部委重点实验室3家
国家级工程实验室2家
国家重点实验室1家
国家级科技企业孵化器2家
国家级科技产业化基地9家
国家级生产力促进中心9家

表6：科技支撑新农村建设

- 累计引进林果品种665个
- 制定技术标准和规程98套
- 申请专利36项
- 开发新产品9个
- 建设优质高效特色林果推广示范区面积达10万亩，辐射带动100万亩

现代农业领域：选育出一大批粮棉果畜等动植物新品种，主要农作物良种覆盖率达到90%以上。育成了抗病性强、纤维品质优良的陆地棉、长绒棉、彩色棉新品种，完善了"矮、密、早"栽培模式和膜下滴灌植棉技术体系。

2. 改造提升传统产业

"十一五"以来，通过大力加强产业结构调整和优化升级，新疆机电装备制造业形成了以输变电装备、新能源装备、农牧机械、石油石化装备为主的产业体系。输变电装备、可再生能源装备制造业的规模不断壮大，2006年至2009年，全行业制定企业产品标准超过300项。一批技术水平高、市场前景好的产品相继投入生产。

3. 科技支撑新农村建设

"十一五"期间,新疆实施"环塔里木盆地特色林果产业发展关键技术研发与示范"重大科技专项（表6）。在节水技术方面，研究开发出果树和棉花微灌、水盐调控、智能化管理等关键技术，以及规格齐全、具有自主知识产权的各类微灌系列新产品。

4. 科技型企业发展情况

企业的创新主体作用得到激励和提升，一批创新型企业和科技型企业脱颖而出。特变电工股份有限公司通过不断的技术开发，先后研制了35KV电缆、10KV变压器、架空电缆、交流输电1000千伏、直流输电正负800千伏等一批重大交直流输变电装备。

5. 技术市场成果交易

2010年，新疆技术市场持续活跃，各类技术合同成交总数达1701项，各类技术合同成交额达4.64亿元。

（以上数据主要由新疆科学技术厅提供）

加大非资源型产业创新力度

姜 帆

近年来，新疆凭借得天独厚的资源优势，石油、天然气、煤炭、冶金等资源型产业迅猛发展。然而，纵观国内外经济发展路径，国民经济对于资源型产业的过分依赖，容易导致其他部门的衰弱，从而引发产业结构不合理、经济效益低、资源浪费严重、生态环境污染等一系列问题。

因此，在发展传统资源型产业的同时，通过自主创新，提升科学技术在经济社会发展中的支撑作用，大力发展传统资源深加工、机械装备制造、农畜产品深加工、新兴服务业及战略性新兴产业等非资源型产业，进而推动新疆经济转型发展，才是新疆经济社会持续又好又快发展的必由之路。

新疆维吾尔自治区政府始终把加强技术创新、加快科技成果转化、发展高新技术并实现产业化作为科技工作的核心任务。"十一五"以来，新疆自主创新能力明显提高，对经济社会发展的支撑引领作用显著增强。通过组织实施一批国家和自治区科技项目，取得了一批具有自主知识产权的核心技术和标志性成果。围绕粮食、棉花、林果、畜牧四大基地建设，农业创新能力不断提高，成为农牧民增收致富的有力推手。此外，新疆科技经费投入持续增长，新建了重点实验室、工程技术研究中心等一批创新基地。

虽然取得了一定的成绩，但新疆在推进自主创新，加快非资源型产业发展过程中还面临不少困难：区域创新体系亟待完善，企业尚未真正成为创新的主体；科技基础条件建设滞后，创新支撑能力不足；科技人才总量不足与结构不合理并存，高层次创新型科技人才匮乏；财政科技投入与跨越式发展的科技需求不相适应。

面对新形势新任务，新疆应抓住科技援疆的历史机遇，积极落实《全国科技援疆规划》，加强对科技援疆工作的组织、协调，策划和实施一批重大科技援疆项目，用好全国优势科技资源；加强重点产业关键共性技术研发和成果转化，推进新型工业化和农牧业现代化；加速推进区域创新体系建设，提升科技持续创新能力；充分利用地缘优势，提升国际科技合作水平，构建向西开放的国际科技合作新格局。

2011·精彩之笔

- 4月，以中国科学院新疆生态与地理研究所为依托单位的荒漠与绿洲生态国家重点实验室获准立项建设，成为新疆首个国家重点实验室。

- 5月，2011年"科技活动周"暨"科技服务民生活动"启动。

- 5月，新疆新认定5家重点实验室。至此，新疆重点实验室数量达28家。

- 7月，特变电工新疆输变电科技产业园特高压基地落成，同时特高压产品下线，本次下线的1700千伏特高压变压器，是当前世界电压等级最高的特高压实验变压器。

- 8月，吐鲁番市、库尔勒市、阿克苏市、布尔津市等4市成为新疆可持续发展实验区。

- 8月，科技型企业消除"零专利"行动启动。

- 9月，首届中国——亚欧博览会科技交流合作论坛举办，来自中国、哈萨克斯坦、吉尔吉斯斯坦、新西兰等8个国家的120名代表参会。

- 9月，新疆创新方法与技术推进生产力促进中心成立。

- 9月，首批14个新疆"十二五"重大科技专项启动实施，计划投资10.88亿元。

- 10月，《新疆维吾尔自治区科学技术发展第十二个五年规划》发布实施。

- 11月，2011年新疆下达国际科技合作计划，首批项目正式启动，经费额度为每年1000万元。

 E 创新先锋

曾凡付

新疆德蓝股份有限公司董事长，新疆水处理工程技术研究中心主任、国家水处理专业委员会委员。

新疆德蓝首担社会责任、创新科技、培养人才，围绕自治区快速发展面临生态环境脆弱和结构性严重缺水的现实，为工业企业和工业园实施水处理回用为先导的水系统一站式服务，重在解决工业环保和水循环问题。产品和项目在工业园、石油化工、煤化工、氯碱化工、矿产开发等200余家客户中应用，推动了新疆经济可持续发展。

公司是国家火炬计划重点高新技术企业，国家科技创新先进企业，公司有博士后工作站1个、工程中心2个、技术中心1个，公司聘请2名院士、15位专家致力于水处理环保事业，承担国家、自治区、市区科技项目20余项，公司获得市、自治区、国家化工行业协会科技进步奖。企业的体会是：创新是企业发展的灵魂、科技进步是企业持续成长的不竭动力。

感言：高新科技企业的发展创新更是灵魂、技术进步是企业持续成长的不竭动力；创新人才是根本，未来市场需求是创新的起点，知识产权保护是创新意识的源泉，科技投入是创新的保证。创新，一定要牢记社会责任，咬定青山不放松、锁定目标、不怕失败、把艰辛当做快乐，成功自会到来。

温 浩

新疆医科大学第一附属医院院长、新疆维吾尔自治区包虫病临床研究所所长，他带领的团队历时23年研究的成果"提高我国包虫病诊疗水平的临床应用与基础研究"项目荣获2010年度国家科技进步二等奖。他倡导"善于积累、勇于创新"的理念，保持着"滴水穿石"的执着，他说"我的事业在新疆"。

温浩教授及其研究团队结合临床诊治和包虫病普查经验，通过阶段性总结、多学科合作、持续改进及推广诊疗规范，在肝、肺、脑和骨包虫病外科诊疗技术的提高与临床应用和推广，包虫病药物治疗、新剂型研制及推广应用等方面实现了国内、国际多项"率先"，通过对包虫病外科治疗、诊断（免疫、影像）、药物治疗、专利技术转化、相关技术及产品推广和应用以及系列基础研究，全面提高了我国包虫病诊疗水平，使我国包虫病诊疗及其基础研究综合实力保持国际先进水平。

感言：自主创新是一个国家发展的原动力，是国家竞争力的核心。一个国家只有拥有强大的自主创新能力，才能在激烈的国际竞争中把握先机、赢得主动。只有极大的激发广大新疆科技工作者的自主创新激情，才能实现新疆科技事业跨越式发展。

新疆金风科技股份有限公司

该公司从"九五"以来，连续实施了国家"863"计划、国家科技支撑计划、自治区重大科技专项、自治区高技术计划等项目21项，仅"十一五"期间获得国家及自治区科研项目资助就超过5000万元，公司通过引进消化吸收进而自主研究开发了从600千瓦—3兆瓦的风力发电机组，拥有了完全自主知识产权的直驱永磁技术，形成了公司的核心竞争力，占全国市场的份额超过了20%。

新疆金风科技股份公司是中国成立最早、自主研发能力最强的风电设备研发及制造企业之一。公司主营业务为大型风力发电机组的开发研制、生产及销售，中试型风力发电场的建设及运营，是国内最大的风力发电机组整机制造商，主要产品有600kW、750kW、1.2MW、1.5MW系列风力发电机组，正在研制的产品有1.5MW部分新机型、2.5MW、3.0MW、5.0MW风力发电机组。

金风科技自创立之初，就树立了"为人类奉献白云蓝天，给未来留下更多资源"的崇高使命。截至2010年6月30日，金风科技累计销售了超过8，000台风力发电机组，相当于每年可节约700万吨标准煤，减少二氧化碳排放1，700万吨，相当于再造了950万立方米森林。

新疆绿色使者空气环境技术有限公司

该公司从购买清华大学的专利技术起步，通过承担国家科技支撑计划、自治区火炬计划、中小企业创新基金等11项研发、中试和产业化项目，解决了一系列产业化技术难题，研发出国际领先的适宜西北和中亚干热地区的干空气能制冷空调产品，拥有33项专利，成为乌鲁木齐高新区高新技术创业服务中心第一家孵化成功的企业，获得了2009年国家技术发明二等奖。新疆绿色使者空气环境技术有限公司是专业从事干空气能蒸发制冷设备开发、生产和应用的高新技术企业。公司已成功开发出干空气能蒸发制冷空气处理机组、间接蒸发式冷水机组、新风机组、冷风冷水机组等多种形式和功能的蒸发制冷产品。产品应用于干热地区制冷技术领域，较传统制冷设备可节电70%以上，且不使用化学制冷剂，无温室效应气体排放。

新疆绿色使者空气环境技术有限公司成立于一九九八年，是专注于干空气能与蒸发制冷技术、配套暖通设备和工程技术研发、生产、服务的高新技术企业，也是一家依托自主创新和专利技术起家并获得稳步发展的民营科技企业。一直致力于节能环保型和创新型的商用水蒸发制冷空调产品和相关服务，包括用于全空气系统的单级和复合型的蒸发制冷空气处理机组，用于空气—水系统的间接蒸发式冷水机、新风机组以及为用户提供基于蒸发制冷方式的节能型空调系统解决方案，不仅是国内最早将蒸发制冷技术应用于暖通空调工程领域的企业，也是国内蒸发制冷技术领域的龙头企业。

雪域高原　历史跨越

围绕特色农牧业、生物产业、藏医药业、新能源、新材料、
高原生态与环境、矿产资源开发等重点领域，
积极引进和研发新技术、新工艺、新设备，加快科技成果转化，
推广应用适宜技术，升级改造生产工艺，增加产品科技含量，
增强科技进步对经济社会发展的支撑、引领作用。

——摘自《西藏自治区国民经济和社会发展第十二个五年规划纲要》

◎ 西藏布达拉宫全景　文涛供图

　　"十一五"时期，在中央的亲切关怀和全国人民的大力支持下，西藏自治区党委、政府认真贯彻落实第四次、第五次西藏工作座谈会精神，科技工作坚持"引创结合、重点突破、夯实基础、支撑发展"的方针，把改善农牧民生产生活条件、增加农牧民收入作为科技工作的出发点和落脚点，2010 年地区生产总值达到507.46 亿元，"十一五"期间实际年均增长率达到12.4%。

一、要素投入及主要科技产出指标

　　"十一五"时期，西藏共安排国家和自治区各类科技项目应用研究与开发总经费达6.2 亿元（表1）。

　　截至2009 年，西藏各类科技人才总量达52107 人。

　　进一步加大知识产权宣传和保护力度，西藏提出实施《国家知识产权战略纲要》的意见和工作方案，建立专利数据库，5 年间累计申请专利数达893 件，专利授权658 件，比"十五"期间分别增长3.9 倍和5.9 倍（表2）。

二、自主创新能力建设主要指标

"十一五"时期，西藏科技平台建设步伐明显加快，科技资源得到有效集成；科技人才队伍进一步壮大，科技创新能力日益增强；科技成果转化推广力度不断加大，科普宣传不断深入，广大群众科学素质明显提高。

1. 重大项目

"十一五"时期，西藏共安排国家和自治区各类科技项目710项，其中国家级科技项目298项，自治区重大科技项目412项。

2. 科技创新体系建设

按照建设、集成、共享、服务的建设思路，西藏自治区在原有8个自治区重点实验室（工程中心）的基础上，先后启动建设3类科技创新平台，为区域科技创新体系建设奠定了良好的基础（表3）。

3. 科技援藏与开放合作

进一步建立和完善科技援藏和部区会商的长效机制，在农牧业科技攻关、太阳能和风能研究示范、藏药产业化、特色生物资源开发、科技创新体系建设及人才培养与交流等方面开展了广泛深入的合作。（表4）。深入推进区院科技合作，与中科院签署科技合作协议。坚持"以我为主，为我所用"的原则，拓宽国际科技交流合作领域，目前已与美国、日本、德国等10多个国家建立了科技合作交流，签订了多项合作协议，国际科技合作的范围从过去的单纯考察交流拓展到现在的学术交流、合作研究、互派学者等多种形式。

4. 政策保障

科技政策法规不断完善，出台和实施相关规范性文件，有力地推动了科技工作法制化、规范化进程，促进了科技管理体制机制的创新（表5）。

三、重点领域成果与成效

加快科技成果转化和产业化，开发了一批具有国际领先水平的重大创新技术和产品。

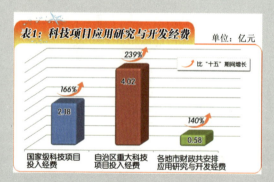

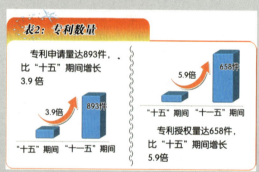

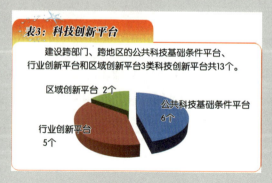

1. 高新技术产业发展

全区已发展高新技术企业21家，"十一五"期间，高新技术企业工业总产值达到91.7亿元，利税11.3亿元，分别比"十五"期间增加55.2亿元和7.7亿元，增幅达150%和200%。

藏医与藏药领域：实施藏药产业技术创新联盟工程、濒危藏药材人工种植技术研究与示范工程；开展西藏药用植物资源、濒危藏药材调查，形成各类濒危藏药材野生抚育基地4000余亩，编写10余种濒危藏药材SOP操作规程，获得发明专利4项；实施"藏成药、藏药材质量标准研究"，建立植物药材质量标准162种，矿物药材质量标准20种；开展重要藏医药文献典籍的抢救、挖掘和整理工作。

新能源领域：大力实施"金太阳科技工程"，在研发新型折叠式太阳灶，示范推广太阳能供暖、太阳能沼气等方面开展技术攻关和示范推广，在太阳能供暖、太阳能沼气技术研究和产品开发等方面，填补了自治区相关领域的空白；建立光伏组件电性能测试平台，成为我国太阳能应用率最高、用途最广泛的省份之一。

优势矿产资源领域：在区域地质、区域物探、区域化探、遥感和成矿区划等

表4："十一五"时期科技援藏

- 2007年6月，召开全国科技援藏工作经验交流座谈会，签订科技援藏项目38项，援助资金1821万元。
- 2009年8月，召开第三次全国科技援藏工作座谈会暨部区会商第一次会议，签订科技援藏项目48项，落实资金4260万元。
- 进一步建立和完善科技援藏和部区会商的长效机制，在特色优势产业发展、科技创新体系建设及人才培养与交流等方面开展了广泛深入的合作。各对口省市进一步加大对口援助力度，共安排援藏科技项目158项，落实项目资金1.05亿元。

表5：政策保障

- 《西藏自治区科技计划项目管理办法》
- 《西藏自治区应用技术研究与开发资金管理（暂行）办法》
- 《西藏自治区科技特派员工作实施方案》
- 10多项规范性文件，有力推动了科技工作法制化、规范化进程

方面取得了一定成果；开展西藏大型成矿模式、快速定位检测、勘查技术、高寒条件下低品味硫化铜矿细菌浸出技术研究；开展有色金属、贵金属和盐湖资源等的勘查与评价，形成了一批大型矿床资源和地质环境可持续发展评价体系。

生态环境保护与建设领域：实施"西藏高原生态安全屏障保护与建设关键技术研究与示范"，初步建立西藏典型生态安全屏障区保护与建设关键技术体系、西藏高原国家生态安全屏障评价系统与预警体系。

信息技术领域：实施"藏文农村实用技术信息系统"开发与示范推广，在29个试点单位开展藏文农村实用技术的推广和培训；完成西藏科技信息服务节点建设一期工程，初步构建面向农牧区的藏汉双语科技信息服务平台；实施"西藏旅游产业发展综合信息服务关键技术研究与应用示范"，建立西藏旅游电子地图GIS数据库、西藏旅游资源数据库、西藏旅游资源管理系统。

2. 高原特色农牧业领域

青稞高产优质品种选育取得新进展；优质牧草新品种引进示范取得重要突破；牦牛和绵羊胚胎移植技术取得新突破；实施"金牦牛科技工程"，牦牛胚胎移植取得重大突破，填补自治区牦牛胚胎移植技术空白；开展彭波半细毛羊种群扩繁及提高生产性能技术研究，建立核心群、育种群和生产群3级育种繁育体系；示范转化各类实用技术、新品种40多项，培育各类示范户3993户，培训农牧民35000余人（次）。

在林下资源开发等领域取得了一批科研成果，开发了野生核桃素油、罐装青稞酒、青稞牦牛奶饼干、蕨根粉等一批具有自主知识产权的技术成果和特色产品。

累计发展科技特派员2637名，其中农牧民科技特派员1663名，科技特派员创办各类协会128家，形成利益共同体348个，创办企业6家，扶持科技特派员创业大户88户。

3. 科技型中小企业发展情况

投入9100余万元，扶持培育科技型中小企业，解决企业发展中的核心技术难题。截至目前，全区培养发展科技型中小企业46家，产值达9.26亿元，销售收入9.17亿元，利税1.36亿元，科技型中小企业在特色产品开发、生物医药、生态环保等领域研发了一批具有自主知识产权的新产品、新工艺。

（以上数据主要来自西藏自治区科学技术厅）

提高民生领域科技应用水平

夏先清

"一产上水平，二产抓重点，三产大发展"，西藏自主创新工作围绕着新的工作取向，正在成为西藏提高科技水平、改善人民群众生产生活水平的的重要推手。

加快农牧业科技进步，提高民生领域科技应用水平。西藏加快育种手段创新，开展主要粮油作物、牧草新品种选育，特色畜禽品种提纯复壮和本品种选育，不断提高农牧业科技可持续发展和创新能力。

实施一批重大科技专项，加速科技成果转化。西藏巩固提高青稞产业、饲草产业、金牦牛科技工程、金太阳科技工程、生态安全屏障保护等实施成效，启动藏药产业和马铃薯产业专项。

加大应用基础研究力度，提高战略支撑产业科技创新能力。西藏突出应用基础研究在推进区域创新体系建设中的作用，加快建立以高等院校、科研院所为主体的知识创新体系和以市场为导向、产学研用结合的技术创新体系，紧密结合重大专项和平台建设，强化对特色优势学科领域应用基础研究和前沿技术研究的部署。

加大企业技术创新力度，推进科技特派员工作向纵深发展。西藏支持企业建立技术、产品研发中心，积极推动产业技术创新联盟建设，探索以企业为主体的新型技术创新和研发组织模式。

加强科技平台与人才队伍建设，加大科技普及力度。西藏明确科技平台建设总体框架、布局、重点及目标，立足西藏实际，突出特色，在重点优势学科领域建设一批有影响力的科技平台。

到"十二五"末，西藏将重点培育和扶持科技型企业40家，高新技术产业增加值占工业增加值的比重达到35%以上，力争实现科技对经济增长的贡献率达到40%，对农牧业增长的贡献率达到45%，科普率达到90%。

2011·精彩之笔

■ 4 月，组织召开科技金融合作座谈会与农牧科技工作座谈会。

■ 6 月，区（西藏自治区）院（中科院）合作工作研讨会在拉萨举行。

■ 7 月，举办"科技推动基层建设"主题科技宣传活动周。

■ 9 月，国家科技支撑项目"西藏旅游产业发展综合信息服务关键技术研究与应用示范"项目已完成景区承载力指标体系建设等研发工作。

■ 11 月，西藏自治区科技厅与生产力促进中心联合召开高原绿色食饮品产业技术创新联盟协商会。

 创新先锋

雷菊芳

雷菊芳，奇正藏药集团董事长、总经理。她是中国光彩事业促进会副会长，曾在2001年入选《中国妇女》时代人物，荣获第六届全国十大"扶贫状元"奖。她自行研制成功了老专家都没有研究出的"真空室表面洁净处理技术"，被评为甘肃省"三八红旗手"和"新长征突击手"。

雷菊芳在全国掀起了现代"藏药热"。同中小板中的大部分企业一样，奇正藏药也是在行业水平比较低下的背景下脱颖而出的。对于"藏医藏药"的深入挖掘，奇正藏药成为藏药产业中唯一一家"国家首批创新型企业"。

目前，奇正藏药旗下的甘南佛阁藏药在全国藏药企业中第一个通过国家GMP认证，获得过"中国驰名商标"称号，5种产品被列入"国家中药保护品种"，有10项国家专利，1项美国专利，1项香港专利。

2009年8月28日，雷菊芳统率的奇正藏药在深交所成功上市，成为首家登陆中小企业板的西藏企业，募集资金4.8亿元，公司市值近百亿。

感言：凡战，以奇胜，以正合。奇正之术，不竭于江河。这是雷菊芳最欣赏的一句话。

尼玛卓玛

西藏自治区农牧科学院农业研究所经济作物研究室主任、研究员。曾获中国农科院八五科技攻关荣誉称号、中国农学会青年科技奖、中国青藏学会青年科技奖、自治区农科院和农业研究所先进工作者和优秀党员等荣誉。2011年10月12日，中共海北藏族自治州第十一届委员会第一次全体会议选举其为州委副书记。

在长期的油菜新品种选育研究中，尼玛卓玛发现，由于西藏生态类型复杂，当时选育出的大多数品种只能适合在海拔3600米范围内种植。由尼玛卓玛率领的课题组根据生产要求及时转变了育种方向，开始进行高产、优质的甘蓝型油菜品种的选育工作。他们从国内外引进大量的甘蓝型油菜品种与本地资源进行杂交，育成了西藏第一个优质高产的甘蓝型油菜品种——"藏油5号"，该品种的选育填补了西藏本地无甘蓝型品种和无优质油菜的两大空白。到目前，已经累计选育出10多个品种，能够满足我区不同生态区域的实际生产需求。

从事油菜新品种选育工作30年来，尼玛卓玛筛选出稳定的品系近千份，参加西藏自治区油菜区域试验的品种60多个，其中示范推广的20个，通过审定的10个。育成的"藏油5号"，目前年播种面积已达10万余亩，占全区油菜总播种面积的27%，为改善菜籽油的品质和提高西藏自治区油菜总产做出了突出贡献，先后获得5项国家和西藏自治区科技奖。

◎ 2011 年 10 月 26 日，拉萨首座天然气站建成投产　新华社记者陶希夷摄

◎ 当雄县境内念青唐古拉雪山脚下的农牧民用上了太阳能路灯　（新华社发）

结　语

我国自主创新能力建设进入快速跃升期
——写在本报《自主创新年度报告》告一段落之际

经济日报"自主创新"调研小组

CE核心提示

对31个省区市"十一五"时期和"十二五"开局之年的创新成就和特色亮点进行梳理总结的过程中，本报采编人员深刻感受到，近年来特别是"十一五"以来，我国自主创新能力建设进入了快速跃升期：

——"创新驱动发展"的理念开始深入人心；

——研发投入和资源总量大幅增长；

——高层次创新人才加速涌现；

——产学研结合更加紧密；

——企业的主体地位明显加强；

——各具特色、优势互补的区域创新体系逐渐形成。

此外，知识产权战略实施力度明显加强，科技中介服务能力不断增强，创新合作交流不断拓展，创新文化和科研诚信建设得到重视，都在全社会进一步营造了关注创新、支持创新、参与创新的浓厚氛围。

11月21日至12月21日，本报以每天一个专版的频率，连续推出系列报道"2011自主创新年度报告"，对31个省区市"十一五"时期和"十二五"开局之年的创新成就和特色亮点进行了梳理总结。

此次推出的《自主创新年度报告》，从国家自主创新的战略布局出发，从创新要素投入、创新平台建设、创新人才培养、创新企业扶持、创新体系完善、创新政策制定、创新成果转化、创新文化培育等方面，科学统一地"丈量"出各省区市的创新资源家底、特色优势和发展路径。通过各省区市之间同台竞技，营造出"在开放中创新、在比较中创新、在竞争中创新"的良好创新氛围，有利于各地交流经验、发现差距、取长补短。报告推出后，因其权威翔实的数据、客观理性的点评、新颖独特的文风，引起社会热烈反响，受到读者普遍好评。

在组织年度报告的过程中，采编人员深刻感受到，近年来特别是"十一五"以来，我国坚定不移地走中国特色自主创新道路，把自主创新工作摆在突出位置，采取了一系列政策措施。各地政府部门、广大企业和科研机构根据国家总体部署，因地制宜整合创新资源、优化创新环境，提升创新强度、完善体制机制，使全民族的创新活力得到显著激发，推动我国自主创新能力建设进入了快速跃升期。

——"创新驱动发展"的理念开始深入人心。复杂多变的经济形势、部分企业出现的生产经营困难、节能减排的严峻形势等，使"以创新促转型、以转型促发展"成为各地政府部门、生产企业一致的现实选择。在调查中，我们欣喜地看到，各地努力推进自主创新与绿色发展、协调发展、和谐发展紧密结合，通过自主创新加快培育发展战略性新兴产业，支撑重点产业振兴和传统产业升级，促进现代服务业发展，使经济社会发展加快走上创新驱动、内生增长的健康轨道。

——研发投入和资源总量大幅增长。对自主创新工作的重视直观地反映在研发投入的增长上。年度报告显示，2010年我国全社会研发总投入达到6980亿元，是2005年的2.8倍，湖北、内蒙古、安徽、广西等中西部省份达到3倍以上；北京、上海、天津、广东、山东、江苏等沿海省份研发投入占GDP比重达到3%至5%以上。2010年，全社会研发人员全时当量达到255万人年，5年年均增长13%。一批国家（重点）实验室、国家工程（技术）研究中心、国家企业技术中心新建完成，许多省份实现了国家级实验室、研发中心零的突破。

——高层次创新人才加速涌现。人才是科技进步和创新的根本保障。年度报告显示，越来越多的地方把创新人才队伍建设摆在突出位置，特别是通过培养、引进和用好高层次创新型人才，改革完善创新型人才的教育培养模式，造就了规模宏大、结构合理、素质优良的创新人才队伍。特别是一大批年轻高层次科技领军人才活跃在创新一线，他们将目光瞄准世界科技前沿和我国产业发展需求，在各自领域内开始显现出重要的国际影响力，成为我国建设创新型国家的强大智力支持。

——产学研结合更加紧密。长期以来，科研攻关如何与市场开发对接，技术成果如何与资本等要素结合，科研优势如何转化为发展优势，是制约许多地方创新能力提升的主要瓶颈。年度报告显示，各地从打破体制、部门、区域壁垒入手，充分发挥市场机制配置科技资源的基础性作用，通过加强各类高新技术产业化载体建设，增强高新区、产业化基地、大学科技园、科技企业孵化器、技术交易市场等的服务功能，引导资本市场和社会投资更加重视科技成果转化和产业化，科技成果转化为现实生产力的能力不断加强、速度不断加快，产学研严重脱节的问题正在得到有效破解。

——企业的主体地位明显加强。企业是市场经济的主体，也是自主创新的主体。只有充分发挥企业在技术创新中作为决策、投入、组织及应用的主体作用，突出企业主体的责任和义务，才能进一步提升创新的效率。年度报告显示，我国企业创新投入的绝对值和相对占比都在提高，各类创新要素加速向企业集聚，企业发展对技术创新的依存度不断提高。目前，在资金投入、研发人员数量、专利申请量、授权量等方面，企业都占据了重要比重。以2009年国家高科技计划为例，其中35%以上的项目由企业牵头，产学研结合实施的更是占所有计划的80%以上。

——各具特色、优势互补的区域创新体系逐渐形成。各地在自主创新工作中，根据自身区域经济发展需求和科技基础，把提高自主创新能力与结构调整、产业升级紧密结合起来。年度报告显示，江苏、广东、浙江等东部发达地区开始更加注重提高原始创新能力和可持续发展能力，发展战略性新兴产业、现代服务业和先进制造业，培育产业竞争新优势；

江西、安徽、河南、湖南等中部地区重点发展现代产业体系，通过强化节能减排技术支撑和先进适用技术推广，提高了资源利用效率和循环经济发展水平。山西、内蒙古、贵州、云南等西部地区及辽宁、黑龙江、吉林等东北老工业基地，通过加强能源资源开发、生态环境保护和修复，充分发挥中心城市、科技园区的辐射带动作用，吸引创新资源向区域内流动。

此外，知识产权战略实施力度明显加强，科技中介服务能力不断增强，创新合作交流不断拓展，创新文化和科研诚信建设得到重视，都在全社会进一步营造了关注创新、支持创新、参与创新的浓厚氛围。

在为取得的成就倍感振奋的同时，我们也通过年度报告清醒地看到，各地自主创新工作仍然存在着一些薄弱环节和深层次问题，主要表现在：个别省份的研发投入持续不足、占GDP比重长期偏低，各地创新的引导方向和领域趋同，企业技术创新的活力和动力仍然有待加强，原始创新能力依然较为薄弱，高层次创新型科技人才相对匮乏，市场配置科技资源的基础性作用未能充分体现，自主创新政策的落实还要进一步深化。这就要求我们必须科学判断科技发展趋势，准确把握经济社会发展需求，发现创新差距，借鉴创新经验，培育创新文化，努力形成"在比较中赶超、在赶超中再创新、在错位中创新、在创新中错位发展"的良性循环格局。

创新驱动、转型发展已成为我国当前及未来发展的主旋律。我们相信，只要牢牢抓住科学发展这一主题和加快转变经济发展方式这条主线，坚持把实现创新驱动发展作为科技发展的根本任务，把增强自主创新能力作为科技发展的战略基点，加速健全创新体制，完善创新体系，培育创新主体，弘扬创新文化，就必将进一步推动我国大步迈入创新型国家的行列。